民国时期的公文改革与行政效率：1912~1949

李章程 著

中国社会科学出版社

图书在版编目(CIP)数据

民国时期的公文改革与行政效率：1912—1949 / 李章程著 . —北京：中国社会科学出版社，2016.6
ISBN 978-7-5161-8123-2

Ⅰ.①民… Ⅱ.①李… Ⅲ.①公文-历史-研究-中国-1912—1949 Ⅳ.①G279.29

中国版本图书馆 CIP 数据核字(2016)第 099827 号

出 版 人	赵剑英
责任编辑	宫京蕾
特约编辑	卫 国
责任校对	闫 萃
责任印制	何 艳

出　　版	中国社会科学出版社
社　　址	北京鼓楼西大街甲 158 号
邮　　编	100720
网　　址	http://www.csspw.cn
发 行 部	010-84083685
门 市 部	010-84029450
经　　销	新华书店及其他书店

印刷装订	北京市兴怀印刷厂
版　　次	2016 年 6 月第 1 版
印　　次	2016 年 6 月第 1 次印刷

开　　本	710×1000　1/16
印　　张	18.75
插　　页	2
字　　数	308 千字
定　　价	68.00 元

凡购买中国社会科学出版社图书，如有质量问题请与本社营销中心联系调换
电话：010-84083683
版权所有　侵权必究

目　　录

绪　论 …………………………………………………………… (1)
　一　研究缘起 ………………………………………………… (1)
　二　研究的空间与起点 ……………………………………… (3)
　三　概念的厘定 ……………………………………………… (9)
第一章　南京临时政府的公文改革与行政效率 ……………… (14)
　第一节　晚清（1840—1911）：半殖民半封建社会与公文的
　　　　　巨变 ………………………………………………… (14)
　　一　近代以前的中国古代公文 …………………………… (14)
　　二　鸦片战争：社会性质的巨变与公文的历史转型 …… (20)
　第二节　南京临时政府的公文改革与行政效率 …………… (22)
　　一　公文工作机构 ………………………………………… (23)
　　二　公文程式 ……………………………………………… (25)
　　三　公文处理 ……………………………………………… (30)
　　四　公文人员 ……………………………………………… (33)
第二章　北洋军阀统治时期的公文改革与行政效率 ………… (36)
　第一节　公文程式 …………………………………………… (36)
　　一　1912年公文程式令 …………………………………… (37)
　　二　1914年公文程式令 …………………………………… (44)
　　三　1916—1917年公文程式（令） ……………………… (48)
　　四　1916—1917年后的公文程式（令） ………………… (49)
　第二节　公文管理机构 ……………………………………… (52)
　　一　中央层面的公文机构 ………………………………… (52)
　　二　地方层面的公文机构 ………………………………… (62)
　第三节　公文文面款式 ……………………………………… (66)
　　一　1912—1913年公文格式 ……………………………… (66)

二　1913年《国务院厘定公文书用纸程式条例》……(67)
　　三　1914—1916年公文格式……(70)
　　四　1916年后公文格式……(71)
第四节　公文处理……(74)
　　一　中央层面官署内公文处理规则的制定……(74)
　　二　公文传递……(79)
第五节　公文人员……(100)
　　一　废提塘……(101)
　　二　重设公文人员……(102)
第六节　电报公文与行政效率……(110)
　　一　电报公文革新了传统的公牍传递体系……(110)
　　二　信息流通点点模式向点、面交相覆盖模式转变……(110)
　　三　抢占了舆论制高点，推动了政治社会化进程……(111)

第三章　南京国民政府前期（1927—1932）的公文改革与行政效率……(113)

第一节　公文程式……(113)
　　一　国民政府颁布正式公文程式前的状况……(113)
　　二　1927—1928年国民政府公文程式令……(117)
　　三　公文程式与行文系统……(123)
第二节　公文格式……(126)
　　一　公文用纸……(126)
　　二　标点、分段……(130)
　　三　公文用语……(133)
　　四　公文革新……(143)
第三节　公文机构……(144)
　　一　隶属于秘书处（室）……(144)
　　二　隶属于总务处……(145)
　　三　隶属于文书局……(146)
　　四　不设处室，另辟专职人员……(146)
　　五　地方公文机构的设置……(147)
第四节　公文人员……(149)
第五节　公文处理……(152)

一　制定公文处理程序 ……………………………………（152）
　　二　公文摘由 ………………………………………………（155）
　　三　公文处理手续之变革 …………………………………（156）
第四章　行政效率运动与公文改革 ……………………………（160）
　第一节　行政效率与行政效率运动 …………………………（160）
　　一　行政效率概述 …………………………………………（160）
　　二　行政效率运动的背景 …………………………………（161）
　第二节　行政学研究与公文革新 ……………………………（164）
　　一　《行政效率》与公文革新 ……………………………（165）
　　二　行政学专著与公文革新 ………………………………（170）
　　三　文书档案学研究与公文革新 …………………………（173）
　第三节　公文制度 ……………………………………………（174）
　　一　1933年《公文处理改良办法》 ………………………（174）
　　二　行政院行政效率促进会与
　　　　《改进各机关文书处理办法》 …………………………（175）
　　三　文书档案连锁法 ………………………………………（176）
　　四　省府合署办公与公文改革 ……………………………（180）
　第四节　公文处理 ……………………………………………（186）
　　一　公文处理的现状 ………………………………………（187）
　　二　公文处理的原则 ………………………………………（189）
　　三　公文处理的改革 ………………………………………（190）
　　四　公文传递 ………………………………………………（201）
　第五节　公文人员 ……………………………………………（208）
　　一　中央各部会公文档案管理人员 ………………………（208）
　　二　县公文档案人员 ………………………………………（212）
　第六节　行政效率与公文革新的评价 ………………………（214）
第五章　抗战时期的公文改革与行政效率 ……………………（216）
　第一节　战时公文管理机构 …………………………………（216）
　第二节　公文制度 ……………………………………………（218）
　　一　行政院公文改革的导向——《公文改良办法》 ……（218）
　　二　行政三联制与公文改革 ………………………………（219）
　第三节　公文处理 ……………………………………………（223）

一　制定公文处理办法 …………………………………… (224)
　　　二　纠正效率低的公文处理方式 ……………………… (227)
　　　三　不同类型部门之改革 ……………………………… (228)
　　　四　公文登记手续的改革 ……………………………… (238)
　　　五　公文内容改革 ……………………………………… (239)
　第四节　公文人员 ……………………………………………… (241)
　第五节　蒋介石与抗战时期的公文改革 ……………………… (244)
第六章　抗战后（1946—1949）的公文改革与行政效率 ……… (248)
　第一节　公文程式 ……………………………………………… (248)
　第二节　文书工作竞赛 ………………………………………… (254)
　　　一　《文书处理竞赛实施办法纲要》 ………………… (256)
　　　二　《缮写工作竞赛实施办法纲要》 ………………… (256)
　　　三　《档案管理工作竞赛实施办法纲要》 …………… (257)
　第三节　公文处理 ……………………………………………… (258)
　　　一　公文简化成为公文改革的主流 ………………… (258)
　　　二　公文登报制度 …………………………………… (261)
　　　三　公文用纸的统一 ………………………………… (264)
　　　四　公文传递与保管 ………………………………… (265)
结　　论 …………………………………………………………… (266)
　　　一　公文程式与行政效率 …………………………… (266)
　　　二　公文机构（人员）与行政效率 …………………… (269)
　　　三　公文处理与行政效率 …………………………… (272)
　　　四　公文信息交流与行政效率 ……………………… (273)
参考文献 …………………………………………………………… (276)

绪　　论

一　研究缘起

中华文化历史悠久、博大精深，在存留至今的浩繁典籍之中，有一类特殊的文献。它与历代官僚政治和行政相始终，直接或间接地决定、反映或折射政治行政活动与趋势，而其发展与运行机制的变化总是与政治行政的变动紧密联系在一起，此谓公文也。自古以来，公文就有强大的政治功能，"汉所以能制九州者，文书之力也"[1]。传统中国中央集权政治体制的运作，是围绕着对信息传递、政令颁行的控制而展开的。政治权力的效用功能、各层级官僚责任的实施状况，都与该时代的信息沟通方式有着直接密切的关联[2]。而作为信息、政令的主要承载物，官方公文的形成、演进和处理方式，紧密关系着国家的日常统治，体现着官僚体制的运作流程及其效能。

因历代公文的垄断性、保密性等特征，加之多出自"刀笔吏"之手，使之在许多方面鲜为人知。但就公文的政治功能来说，"以文书御天下是传统中国政治运作的重要特点之一"，且"早在秦汉时期即已成为中国古代国家官僚制度中的一个显著特征"[3]。加之，官僚政治制度下，掌控信息往往掌控权力，公文是信息的载体，可谓掌控了公文就等于掌控了权力。

行政效率是政治学、行政学的核心研究课题之一，是衡量整个国家机

---

[1]（汉）王充撰，黄晖校释：《论衡校释》，中华书局1990年版，第591页。

[2] 邓小南、曹家齐、平田茂树主编：《文书·政令·信息沟通》，上册，北京大学出版社2012年版，序言。

[3] 李全德：《从堂帖到省札——略论唐宋时期宰相处理政务的文书之演变》，《北京大学学报》（哲学社会科学版）2011年第2期。

器及其相关管理活动效果的重要标准。中国现代意义上的行政学或行政管理产生于民国时期，也正是在此段历史时期，中国的行政效率在理论与实践上得到了长足的发展。加之，20世纪前半期中国政治体制的一个最显著变化，是实现了从传统王朝政治体制向近代党治政治体制的转型。从南京临时政府到南京国民政府，各政权曾多次进行增进行政效能的行政改革，以图克时弊、强管控。客观上，20世纪20—30年代，西方各国随着政府职能的迅速扩展，纷纷在国内掀起了行政改革的浪潮。基于此，西方的科学管理不断发展形成合理化运动，行政管理研究进入了正统时期并得到快速发展，而无论是理论上还是实践上的管理学发展，都强调以提高效率为核心。与此同时，彼时的中国正面临着列强入侵、内乱不断的困境，在这样的国际与国内双重背景下，中国的工商界致力于改善政府管理的学者与官员以及南京国民政府都审时度势地对此做出了积极的回应。在各项行政改革举措中，公文作为推行政令的工具，担负着其他任何文本都不能担负而且不允许担负的特殊使命，大则关系国计民生的昌盛或衰蔽，中则影响既定决策的贯彻实施或耽搁延误，小则决定某一具体事项、活动能否顺利进行，并以特有的严密程式体现政治集团的权限和从属关系。① 特别是公文因"能尽其合理而便事尽其功"成为20世纪30年代国民政府行政效率运动的突破口，充分说明公文改革与行政效率有很大的关联。因此，历史地考察公文改革与行政效率的关系在理论与实践上具有重要的意义。

  首先，能够对公文的政治行政功能有一个全面了解，对于其在不同历史阶段的考量、测评及效果分析等有一个完整认识；

  其次，公文是档案的前身之一，在中国档案史的研究中，地位尤其重要。以公文改革与行政效率的关系作为研究契入点，从动态的视角架构起政治制度框架内的政治行政运作过程，不仅能打破长久以来公文的研究多囿于静态分析和描述的缺陷，而且能丰富和深化中国档案史的研究领域与范畴。

  最后，通过总结民国时期的公文改革与行政效率的关系，探寻其制度建设的经验教训，可为当代我国公文行政效能的发挥提供借鉴，具有较强

---

① 王铭：《文种钩沉》，中国档案出版社2007年版，绪言。

的现实意义。

二 研究的空间与起点

(一) 研究现状

我国将公文改革与行政效率结合起来进行研究,主要集中于历史学、公文档案学、管理学等领域。

1. 史学界关于此方面的研究成果多限于近代以前。代表性成果有汪桂海的《汉代官文书制度》(广西教育出版社,1999)介绍了汉代官文书的称谓、程式、运行及管理;王剑的《明代密疏研究》(中国社会科学出版社,2005)介绍了明代密疏的运行流程与功能;尹树国的《盛衰之界——康雍乾时期国家行政效率研究》(黄山书社,2008)从国家行政的角度,探讨康雍乾社会的政治体制及其运作,进而揭示出"康乾盛世"时期的某些基本特征,部分涉及公文的作用。而较能将公文与政治行政紧密结合并加以深入分析的是刘后滨的《唐代中书门下体制研究——公文形态、政务运行与制度变迁》(齐鲁书社,2004)、邓小南主编的《政绩考察与信息渠道——以宋代为重心》(北京大学出版社,2008)以及邓小南等主编的《文书·政令·信息沟通》(上、下)(北京大学出版社,2011)。《唐代中书门下体制研究——公文形态、政务运行与制度变迁》分析了公文形态与制度变迁的关系,《政绩考察与信息渠道——以宋代为重心》分析了宋代官僚责任制度的运作与信息的控制,通过这一手段,既落实了官僚责任制度,又反映出政治权力的具体运作方式;《文书·政令·信息沟通》以宋代为中心,以历史史实为基础,分析得出"信息与政令之基本载体,是当时上下流通的文书"的基本结论。

学位论文方面,杨爱净的《清代官文书稽程制度研究》(海南大学硕士学位论文,2012)分析了清代官文书稽程的程限、法律责任等,郑金刚的《"文书转述"与清代地方行政运作》(中国人民大学博士学位论文,2007)对清代中期巴县行政运作方式的个案研究,并引入"文书转述"的概念,将清代州县行政重新置于具体的、动态的历史场景中,对相对抽象的制度考证结论作进一步补充与验证,是分析古代公文行政的代表性成果之一。浙大傅荣校教授的博士论文《南京国民政府前期行政机制与行政效率研究(1928—1937年)》(浙江大学博士学位论文,2004)是目前研究民国行政能力较有代表性的一篇,该文有部分章节分析了30年代文书档案改革运动的必要性、方法和意义,是研究近代公文行政的力作;周俊红的《近代中国行政公文的演变及其规律》(河北师范大学硕士学位论文,2004)分析了南京国民政府时期的行政公文机构、公文处理程序、公文改革、保密、稽核、传递等,并进行了评价。

  学术论文方面,秦建良的《唐勾检制与行政效率》(《秘书之友》,1993年第7期)、卜宪群的《秦汉公文文书与官僚行政管理》(《历史研究》,1997年第4期)、周宝砚的《唐朝提高行政效率的若干策略》(《社会科学》,1998年第12期)、童光政的《唐代的勾检官制与行政效率法律化》(《国家行政学院学报》,2000年第4期)、方本新的《唐代行政机关管理与行政效率的提高》(《安徽教育学院学报》,2000年第5期)、孙宏云的《行政效率研究会与抗战前的行政效率运动》(《史学月刊》,2005年第2期)、蒋国杰的《甘乃光与20世纪30年代行政效率运动》[《西南农业大学学报》(社会科学版),2012年第8期]、徐宝贵的《中政会行政效率研究(1924—1937)》(《大庆师范学院学报》,2014年第5期)等对于公文与行政效率皆有多少不一、或重或次的讨论。

  2. 政治行政学界,侧重于对民国行政效率的研究。民国时期,行政效率一直是官方和学者研究的热点。这主要表现在行政效率研究机构的成立、《行政效率》和《行政研究》杂志的出版、外国行政效率著作的翻译、中国行政效率研究著作的出现等方面。代表性成果有:江康黎的《行政学原理》(上海民智书局,1933)、张金鉴的《行政学之理论与实践》(商务印书馆,1935)、林叠的《行政学大纲》(华侨半月刊,1935)、张金鉴的《人事行政学》(商务印书馆,1939)、李桐冈的《行政效率概论》(大江出版社,1942)、萧文哲的《行政效率研究》(商务印书馆,1943)、甘乃光的《中国行政新论》(商务印书馆,1943)、陈之迈的《中国政府》(商务印书馆,1945)、郑尧桦的《增进行政效率之方法》(商务印书馆,1945)、甘明蜀的《行政理论及效率》(商务印书馆,1946)等,以及《行政效率》《行政研究》《中国行政》《人事行政》等专业刊物所刊登的行政效率的论文。在上述研究范畴中,在专门行政研究方面,涉及公文、公文处理与档案管理等与行政效率息息相关的研究,成就较大。相比之下,当代的政治行政学界对此方面的研究显得冷冷清清,仅许康(《中国管理科学历程》,河北科学技术出版社,2000)的论著、李玥的《民国时期行政效率理论与运动研究》(湖南大学硕士学位论文,

2008）等极少许成果对之进行过相关的研讨。

3. 公文档案学界，侧重于公文本身、档案学理论形成的研究。20世纪30年代，行政效率运动的出现催生了公文档案研究的热潮，诞生了诸如徐望之的《公牍通论》（档案出版社，1988）、陈国琛的《文书之简化与管理》（商务印书馆，1946）、许同莘的《公牍学史》（档案出版社，1989）、周连宽的《文书处理法》（中国人民大学历史档案系翻印，1958）、梁上燕的《县政府公文处理与档案管理》（中国行政研究社，1942）等档案学十三本经典著作，使公文档案学从行政学、历史学中分离出来。这是民国时期对公文档案的论述最为系统的一次，它涉及公文内涵、作用、公文处理以及公文管理等理论与技术方面。还有靳斩的《公文法程》（商务印书馆，1938）、程守仁的《公文研究》（中华书局，1938）、孙松龄的《公文要义》（出版地不详，1942）、吴瑞书编《公文用语词典》（上海春明书店，1948）等。公文程式亦是民国时期学界所讨论和研究的热点，代表性著作有商务印书馆编译所的《公文书程式举例》（商务印书馆，1929）、教育部的《划一教育机关公文格式办法》（中华书局，1930）、南京法政讲习所的《公文程式诠义》（出版地不详，1931）、《最新国民政府公文程式大全》（大东书局，1931）、周定枚的《公文程式详论》（上海法学编译社，1932）、张锐和殷菊亭编的《公文程式与保管》（商务印书馆，1933）、吴江和朱剑芒的《国民政府公文程式大观》（世界书局，1934）、朱翊新的《现行公文程式集成》（世界书局，1936）、段世源的《新公文程式大全》（华星书局，1938）、郭际开的《中华民国公文程式》（大东书局，1945）等。上述公文程式的著述多为解读国民政府各时期所颁发公文程式的阅读本和普及本。此外，还出现一批专门研究公文处理的成果，代表性的有朱伯郊的《文书处理程序》（中国文化服务社，1946）、顾震白的《文书处理法》（耕耘出版社，1948）等。民国时期的一些期刊亦曾刊载不少公文方面的论文，或详考公文渊流，或解析公文体例，或研究文书处理方法，是典型的经验总结与较为系统的理论分析，主要有《政府公报》《行政效率》等。

新中国成立以来，对民国时期的公文与行政效率的研究侧重于以下几个方面：

首先，民国公文程式的研究。著作方面，当以王铭《文种钩沉》（中国档案出版社，2007）和沈蕾《民国时期公文程式研究》（世界图书出版社，2014）为代表。前者分为甲、乙、丙三编，乙编介绍了民国上行、下行和平行公文文种，重点对呈、详、禀、报告、饬、公函、通告等文种进行钩沉，述其来龙去脉。后者共分七章，介绍了公文文种、署名、盖印、编号、纸式及书写等。论文方面主要有张晓胜的《民国初期公文程式的演变》（《秘书工作》，1994年第10期）、吴佩华的《民国公文程式及用语浅析——〈云南民政厅呈〉考析》（《机电兵船档案》，2003年第1期）、杨璐的《国民政府时期的公文程式》（《山西档案》，2004年第5期）、侯吉永的《南京临时政府档案中的公文纸式及程式变革述论》（《山西档案》，2009年第3期）、蒋卫荣的《民国时期文书与档案工作的创新与演进——以各时期〈公文程式（令）〉的考察为中心》（《档案学通讯》，2009年第6期）、王芹的《民国公文程式演变的内在规律》（《秘书》，2009年第12期）、沈蕾的《民国时期的'公文程式'考辨》（《北京档案》，2010年第2期）、袁晓川的《民国时期公文程式解读》（《档案学通讯》，2013年第2期）等，或综论，或详指，或叙述，或梳理，或总结规律。

其次，民国时期的行政效率研究与文书档案学的诞生。代表性专著有吴宝康的《档案学概论》（中国人民大学出版社，1998）、胡鸿杰的《中国档案学的理念与模式》（中国人民大学出版社，2005）、李财富的《中国档案学史论》（安徽大学出版社，2005）、胡鸿杰的《化腐朽为神奇：中国档案学评析》（世界图书出版社，2010）等，从档案学学科产生的背景出发，探讨了行政效率运动与档案学产生的渊源。期刊论文代表性的有王德俊的《试述我国近代档案学的产生和形成》（《档案》，1987年第4期）、寒江的《中国档案学产生时代的再探讨》（《档案》，1988年第1期）、方鲁的《"行政效率运动"与中国档案学》（《档案学通讯》，2001年第5期）、傅荣校的《三十年代国民政府行政效率运动与行政效率研究》（《浙江档案》，2005年第1期）、徐辛酉的《"行政效率运动"对中国近代档案学产生的影响》（《山西档案》，2006年第4期）等。

再次，在一些探讨、研究公文档案学的书籍中，篇幅不一、深浅不一地介绍、分析民国时期公文与行政效率代表性成果有：潘嘉的《文书学纲要》（《档案学通讯》编辑部，1981）、刘雨樵的《公文起源与演变》（档案出版社，1988）、刘尽等的《中国文书史稿》（陕西人民出版社，1988）、周雪恒主编的《中国档案事业史》（中国人民大学出版社，

1994)、吕成发主编的《中国公文史》(甘肃文化出版社，1995)、杨剑宇的《中国秘书史》(上海人民出版社，2007)、李昌远的《中国公文发展简史》(复旦大学出版社，2007)、裴燕生主编的《历史文书》(中国人民大学出版社，2009)等，这些论著多集中在叙述公文本身的演变上。

赵彦昌的《中国档案史专题研究》(中国档案出版社，2009)、《中国古代档案管理制度研究》(人民出版社，2011)、《中国档案史研究史》(世界图书出版公司，2012)虽为论述古代档案史的专题，但其中的史料考辨、叙述体例、研究方法等对于民国时期的公文与行政效率研究颇有参考价值。类似的还有雷荣广、姚乐野的《清代文书纲要》(四川大学出版社，1990)、丁晓昌的《古代公文研究》(安徽文艺出版社，2000)等。

最后，为研究民国时期的公文与行政效率提供了资料汇编的，主要为中国第二历史档案馆编的《民国时期的文书工作与档案工作资料选编》(档案出版社，1987)和北京市档案局编的《民国时期北京文书档案工作史料选编》(中国档案出版社，2012)等。

此外，新闻传播学界和政治学界亦曾出现过有关联的力作，如孙藜的《晚清电报及其传播观念(1860—1911)》(上海书店，2007)、[美]周永明的(尹松波、石琳译)《中国网络政治的历史考察：电报与清末时政》(商务印书馆，2013)等。

综上所述，民国时期的公文改革与行政效率的研究，虽吸收了行政学、公文档案学、历史学的理论，强调跨学科之间的贯通研究，但仍存在如下不足：

首先，就研究内容和研究视角而言，政治行政学界将民国时期的公文与行政效率的专门行政问题置于研究的边缘，尤其是现当代的研究更是处于空白。史学界也仅仅是从政治制度史的角度进行探讨的，且多针对古代，而对于近代尤其是民国时期的研究则涉及不够、不深。公文档案学界虽涉及公文和社会形态以及行政效率的关系，但都把着眼点放在了公文的演变和用法上，未能生动地说明它们之间的关系。

其次，就研究的侧重点而言，虽然对于本专题的研究，公文档案学界的成就最大，但仍有不足：第一，缺乏一个完整性的论述。现有的研究成果，对于民国时期的公文改革与行政效率，或单论某一方面、某一层次，或聚集于某一时期，如北洋政府、南京国民政府，缺失一种更为宏观、全面的体系架构；第二，所述多是从档案学学科产生的背景出发或仅是从中国档案史的回顾来诠释的,几乎都把重点放在了"行政效率运动"与近代中国档案学的产生这种关联性上来分析,而对于档案的前身即公文与行政效率之间关系的探讨却被忽视。第三,静态的描述、阐述为主,缺乏动态的过程分析。因而,无法从动态的过程来全面领会民国时期的公文与行政效率之间的互动,来龙去脉自然不清。

最后,资料的发掘利用不够。现有的研究成果主要参考了当时国民政府发布的相关文件、参与行政效率运动的官员和学者的日记、公文档案和行政学的理论著述、《行政效率》和《行政研究》等资料,另有两方面资料参考利用不够:一是民国时期的报刊利用不足,这是最主要的利用不够。除官方学者名流外,当时报刊上刊登了不少社会学者或个人对于公文与行政效率的切中时弊的短评、书评或议论,大致有《国立中央研究院院务月报》《建国月刊》《内政消息》《社会评论》《益世周刊》《湘桂黔旬刊》《财政月刊》等不下数十种;二是行政学史中与本课题研究的资料亦挖掘不够。

(二)研究思路

首先,按照美国学者布莱克的观点,现代化的模式有两种:内生型现代化和外生刺激型现代化。在外生刺激型现代化模式中,从公文的近代化来考察一个国家的政治与行政现代化发展过程,是一个十分重要的起点和切入点;

其次,从"效率"的概念出发,深入解读行政效率的内涵及概念属性,对提高行政效率这一目标的前提性问题做出较为明确的界定。同时,以政令与信息渠道为切入点,分析与论述公文与行政效率之间的契合与统一,并以此为理论基础,对民国行政效率进行历史的考察,揭示存在的问题,分析各方面的成因,并从公文及其改革的角度对如何提高行政效率进行相关论述;

最后,从信息论的角度看,行政信息与行政管理之间存在着一个十分严密的循环系统,即"信息——决策——执行——反馈信息——新决策——再执行……"。而公文在诸多的信息形式中,具有权威性、时效性及规范性等其他信息形式所不具备的特殊优势,以及准确有效地传递权威性、凭证性信息的独特功能,从而在行政信息中占据领导地位。行政信息与行政效率的紧密关系是本课题极其重要的研究视角。

三 概念的厘定

公文的内涵历来是文书、档案学理论研究的首要课题,但该定义至今未形成系统化、层次化、深入化、一致化的格局,相关的论述、分析和研究散诸于字词典、历史典籍和文书专著(教材)中,多达数十种。而就一门学科来说,一个学科就是一个概念体系,首先得从其基本概念(或称中心概念)入手,只有正确界定了其基本概念的含义,才有可能准确地推演和把握其一般概念以及具体概念的含义,从而建构起它的科学体系。这对于正确认识公文的内涵和区分历史上所遗留下来的文书、公文、文件概念具有重要意义。但关于文书、公文、文件三者之间如何区分曾是学界讨论的热点,各执一说、莫衷一是。

(一)公文、文书、文件

就词源产生而论,文书出现最早,公文次之,文件最晚。关于它们之间的关系,曾有如下四种不同的表述:1. 文书 > 文件;2. 公文 < 文件;3. 公文 > 文件;4. 文书 = 公文 = 文件。① 为更好地对本书所使用专业概念的清晰厘定,现对此三者进行简要辨析。②

通俗而言,公文即公务文书的简称,这早在民国时便有定论。傅振伦在《公文档案管理法》中曾言:"文书有两种,'凡处理公务之文书,谓之公文'"③,孔仲文在《现代公文程式》亦曾言及:"公文是公文书的简称,也称公牍。"④ 更为权威的诠释来自民国时期各政权所颁发的公文程式,见表0-1⑤。

---

① 张瑞良:《文书、文件、公文概念之异同》,《秘书之友》1987年第4期。
② 关于文书、公文、文件三者之间关系的讨论,还可参阅:李红琼:《种差与属概念——公文定义浅析》,《浙江档案工作》1985年第9期;松世勤:《文书、文件与公文有区别么?》,《湖南档案》1986年第1期;张煜明:《文书、公文、文件的涵义及其使用辨析》,《图书情报知识》1990年第1期;杨戎:《对现阶段规范使用"文书"、"公文"、"文件"称谓的思考》,《档案学通讯》1993年第2期;吴小燕:《使用文件、文书、公文概念的思考》,《秘书之友》1995年第7期;杨其达:《文书·公文·文件辨》,《开封大学学报》1997年第2期;潘连根:《关于"文件"、"文书"、"公务文书"、"公文"关系的探讨》,《浙江档案》2001年第2期,等等。
③ 傅振伦:《公文档案管理法》,重庆文通书局1946年版,第1页。
④ 孔仲文:《现代公文程式》,光明书局1946年版,第1页。
⑤ 沈蕾:《民国时期公文程式研究》,世界图书出版公司2014年版,第41页。

表 0-1　　　1916—1942 年各《公文程式》对公文之界定

年份	发布的公文程式	公文程式第一条中公文的定义
1916	公文程式（大总统教令第 28 号公布）	凡处理公事之文件名曰公文
1917	大总统公布公文程式令	无
1927	国民政府公布《公文程式条例》	处理公事之文书
1928	国民政府公布《公文程式条例》	处理公务之文书
1928	国民政府修正公布《公文程式条例》	凡称公文者，谓处理公务之文书
1942	国防最高委员会核定《公文程式条例修正草案》	凡称公文者，谓处理公务之文书

如上所述，无论是法定程式，还是研究著述，皆认可公文是公务文书的缩称。故欲了解公文内涵，必先认识文书。为广集众长，相互比较，梳源理流，兹将历史上与今天对于文书的界定和表述引述如次。

（二）文书的内涵

1. 字、词典对"文书"的解释

（1）《说文解字》

《说文 文部》："文，错画也，象交文。"段玉裁注："象两纹交互也。"徐灏注笺："文象分理交错之形。"可见，"文""即"纹"之本字，其初始义为"刻画成纹"。这种用义一直保存在我国古代和世界各民族的风俗习惯"文身"中。后来由"刻画成纹"的初始义引申为"纹理或花纹"、"礼乐仪制"、"法令条文"和"文章"等。

《说文 聿部》："害（书），箸也。从聿，者声。"箸即著，"书写"之义。王筠注："古者书只三义，书写其本义也。因而所写之字谓之书。《尚书》者，史所书也，亦谓之《书》。"自《易传》始，"书"始为典籍之通称。从"书写"到"书"、从《尚书》再到"典籍之通称"，书的词义源流演变清晰可见。从"文"和"书"的语源来看，文书的内涵与文字的记录密切相关。

（2）《中华大字典》①

"文"释义主要有：错画也；修饰也；条件也；节奏也；威仪也；祀典也；卜也；勉也；成也；犹动也；犹美也；引兴也；篇章也；书册之总

---

① 《中华大字典》，中华书局 1981 年版，第 842 页。

名也；六艺之泛称也；法律案牍也，等等；

"书"的释义主要有：著也；文字也；五经六籍之总名也；经部之一种也；如也；记也；舒也；庶也；实录也；函信也；计帐也；诏——谕旨也；简——戒命也；刑——法律也，等等。

据上述，"文"和"书"在《中华大字典》中的合义大体与《说文解字》一致，但已更为具体，并且，"文""书"的释义已接近今天我们对于文书的理解。

(3)《辞海》[①]

《辞海》之"文书"词条释义为：泛指一切公文案牍。

(4)《辞源》

《辞源》将"文书"词条释义为[②]：

诗书古籍。《史记·秦始皇本纪》引贾谊《过秦论》："禁文书而酷刑法，先诈力而后仁义"；

公文案卷。《汉书·刑法志》"文书盈于几阁，典者不能遍睹"。

契约。《元曲选·缺名·货郎担》："情愿卖于拈各千户为儿，恐后无凭，立此文书为照。"

文章与书法。宋·张潞《浯溪诗》："两朝功罪乾坤定，二子文书日月光。"

由上得知，《辞源》对于文书内涵的高度集中概括，将中国古代与"文书"相关语义尽悉阐明，已基本囊括今天我们所理解的文书语义。

2. 历史典籍（不完全统计）中对文书的理解

(1)《经》部

是故后世圣人易之以文书，成之以契券。文书所以取其信验，契券所以取其要约。文书既立，契券既明，则百官之事皆得其治，万民之情皆得以察。（《周易口义》）

巽变成离坤，离为文书也，兑金刻木契也。（《汉上易传》卷八）

别本（《礼部韵略》）首载淳熙《文书式》数条，列当时避讳之例甚详，此本无之。（《增修校正押韵释疑》提要）

《经》部中，文书的释义主要指公文案卷、文字集合等。

---

① 《辞海》，上海辞书出版社1980年版，第1533页。
② 《辞源》，商务印书馆1988年版，第0735—0736页。

(2)《二十五史》

据辽宁大学丁海斌教授的考证,《二十五史》中,档案类的名词较多,细而述之有文书、案牍、文案(文按)、文卷、案卷、档案之类的称谓,出现频率最高者,为文书。(见表0-2①)

表0-2　　　　　　文书一词在《二十五史》使用情况统计

史书名称	出现次数	史书名称	出现次数	史书名称	出现次数
史记	12	魏书	10	新五代史	3
汉书	33	北齐书	8	宋史	92
后汉书	38	周书	4	辽史	1
三国志	29	南史	10	金史	12
晋书	10	北史	22	元史	36
宋书	17	隋书	12	明史	39
南齐书	5	旧唐书	17	清史稿	35
梁书	4	新唐书	21		
陈书	3	旧五代史	8		

通过上述检索发现,与案牍、文案、文卷、案卷、档案等词相比,"文书"一词是中国古代使用连续性最强的文档类名词之一。它是唯一在《二十五史》中都曾出现的文档类名词。"文书"一词在早期史书中词义较复杂。除文件、档案之含义外,还有诗书文章和书法等义,但主要含义仍是公文案卷。此后词义逐渐单纯,成为中国古代文档含义较为明确、其他含义较少的文档类名词之一。

(3)《子》部

孝成皇帝诏光禄大夫刘向校定众书,都记录,名古今文书《论语》别录。(《孔子家语》卷十)

秦王怀贪鄙之心,行自奋之智,不信功臣,不亲士民。废王道而立私爱,焚文书而酷刑法,先诈力而后仁义,以暴虐为天下始。(《新书》卷一)

及百姓暴被殃祸,亡失财货,人哀奋怒,各欲报仇,而将帅皆怯劣软

---

① 丁海斌、葛宏源:《从〈二十五史〉看中国古代档案名词的演变》,《档案学通讯》2003年第2期。

弱，不敢讨击，但坐调文书，以欺朝廷。(《潜夫论》卷五)

《仙公请问经》云：《道德上下经》及《洞真玄经》、《三皇、天文》、上清众篇咏等，皆是太上所撰，而为文书于南和之缯，故曰题素也。(《三洞神符记》)

《子》部文书多释义为文章、公牍等。

(4)《集部》

臣兽草莱小臣，思谋愚浅，生非千秋，职不狙练，加以新来入朝，不更郎署，摄省文书，其犹面墙。(《蔡中郎集》卷二)

臣初被考，妻子进窜，亡失文书，无所案请。(《蔡中郎集》卷二)

《汉·蔡邕·陈实碑》载有："及文书赦宥，时年已七十，遂隐丘山，悬车告老，四门备礼，闭心静居。"(《蔡中郎集》卷五)

二年，奉诏问甘州迎皇后。有文书手，仲子之归；纪裂来，卿为君逆。(《庾开府集·注》)

清新，歌几许，低随慢唱，语笑相供。道文书针线，今夜休攻。(《词苑业谈》卷一)

旧文书几阁，昏朝醉暮，覆雨翻云。(《御定词谱》卷二十七)

《集》部中对于文书的释义有：公文案牍、诗书文章等。

此外，在今人所著的各类文书学专著中，如徐积成编著的《文书管理实务》、郑崇田的《文书学入门》、张清明的《文书学及实用公文》、朱佳林等编的《机关文书学概论》、阮方等编的《文书学概要》、潘嘉主编的《中国文书工作史纲要》、梁毓阶编著的《文书学》、孙达清的《文书工作基本知识》、国家档案局教育处编的《文书学概要》、王铭的《文书学理论与文书工作》、松世勤的《文书学基础》、王健主编的《文书学》等著作中，亦有不少关于文书内涵界定的真知灼见。

综上所言，根据逻辑上的种差＋属概念的理论分析，文书是属概念，公文是种概念。但在民国时期所出现的公牍中，亦多有用文书，但其内涵实与公文无异。晚清出现的文件除外延上与公文、文书有所区别外，内涵而言，三者实无质的区分。故，本书中所出现的文书、公文、文件三个概念实为称谓有异但内涵相同，即文书＝公文＝文件。

第一章　南京临时政府的公文改革与行政效率

第一节　晚清（1840—1911）：半殖民半封建社会与公文的巨变

1840年，英国用坚船利炮打开了古老且封闭的中国大门，在随后的100年时间里，资本—帝国主义列强纷至沓来，强取豪夺。曾经创造过"源远流长、辉煌灿烂文明"的中华帝国历经割地赔款、主权沦丧、生灵涂炭，一步步陷入了半殖民半封建社会的深渊。为挽救天朝上国衰世之颓，晚清政府不得不改弦更张，进行变革。如此，已延续2000多年的政治制度渐渐向近代政治制度体系靠拢。受此影响，古老的公文与公文工作在新的历史条件下走向了自我扬弃之路。

一　近代以前的中国古代公文

（一）概况

首先，公文机构逐步完善

中国古代有代表性的公文或以公文为主的重要工作机构，上始于先秦的太史寮，下迄于明清的翰林院、通政使司、军机处等，并在长达数千年的历史发展过程中，历经从无到有、从综合到具体、从简单到复杂、从粗糙到合理的变革。

其次，公文制度较为完备

中国古代的公文制度覆盖面广，包含从拟制到发出的所有程序和步骤，诸如用印制度、贴黄和引黄制度、票拟制度、照刷磨勘制度、架阁库制度等，这不仅体现了古代公文制度的日益成熟及其和政务结合的日趋紧密，而且用国家的法典使之条文化、固定化，凸显了其重要性。

再次，公文文种种类繁多

"文种，是同一历史时期全部文书内在本质用途分工的最基本单位。文称，又曰文书名称，是对一部分文书独特用途概括的固有称谓。文种和文称是不同角度的概念，就同一部分文书独特用途概括而言，前者指其实，后者是其名。"① 先秦的文种设置仅限于典、谟、训、诰、誓、命等数种，但自秦汉以来，历代均对公文文种的性质、种类、用途等进行了规范。其基本趋势为：从行文关系和行文方向上看——给皇帝的上行文，由秦朝的一种文种"奏"逐步发展为奏、题、本、奏折、表、启、章、书状、文册、驳议、揭帖、制对、露布、译等；皇帝的下行文，由秦朝的两种文种即制和诏，逐步发展为册、敕、诰、御札、发敕、敕旨、敕书、敕牒、谕、令、檄、移、批答、赦文；机关的上行文——从东汉以后逐步发展的有咨呈、案呈、呈、牒呈、申、揭帖等；机关的下行文，秦代无，从汉后逐步发展的有照会、案验、帖、故牒等；机关的平行文，秦代没有固定的文种，汉后逐步发展的有关、刺、移、咨、牒、揭帖等。从数量和发展形态来看，呈现出从少到多，从简到繁、从粗到细的发展趋势，到了明清，公文文种的数量约有数百种之多。② 封建社会中，公文文种的变迁主要受制于以下几个因素：一是中央集权的程度。中央集权程度越高，公文机密性越强，君臣专用文种变化越大，如明清；二是地方行政层级的变迁。层级越多，行政机构越多，官府往来文种变化就越大，如魏晋南北朝和宋；三是等级制度的严密程度。等级制度越严密，官府往来文种划分越细，变化越大，如元和清。③

最后，就文书人员来说，江河日下

---

① 王铭：《文种钩沉》，中国档案出版社2007年版，第3页。
② 这方面的详细资料可参阅梁清海、黄冲寒、陈富华、舒昭玉编著《古今公文文种汇释》，四川大学出版社1992年版；王铭《文种钩沉》，档案出版社2007年版；梁青海主编《历代公文文种大全》，巴蜀书社2011年版；等等。
③ 何庄：《古代公文文种变迁原因探析》，《档案学通讯》2012年第3期。

表1-1　　　　　　　　古代文档工作者称谓及职责

朝代	官职	职责	地位	作用
夏	太史令	天道：即掌握天文术数，如占卜、祈祷、祭祀等；认识：即保管文献、记录时事、起草文书、宣达王命、献文规谏、讲讼史事	非常高，是当时最高的知识分子巫史合一	建立档案工作，参与政治，甚至与王权制衡
商	收藏史，又称内史、史			
西周	五史：大史、小史、内史、外史、御史	太史执掌司天及日、月、星辰，祭祀、哀葬等事务；内史协助周王处理国家大事；御史"掌赞书"；小史主要掌握星历及协助大史工作	很高 巫史相分	教育贵族子弟，参与国家大政，学在官府
春秋	太史、御史、外史、大史	太史除了记录时事、掌管历法和祭祀之外，还增加了编修国史、制作典册这项任务	尊贵（春秋初期），地位有所下降（春秋中期开始）	参与国家大政（初），专掌记注和典守档案（中）
秦	太史令、尚书令	掌历法、记事，保管文书档案	地位下降	专掌记注典守档案
两汉	史、尚书史、兰台令史、立书、主事	各级官府中，都设有主管文书档案的官员，他们负责文书处理工作；一般文书档案工作人员，从事文书收发、抄录、存档、保管等具体事务，如令史、书令史、主书、主事	官，位尊地要；一般掌管人员地位下降，为社会所歧视	专掌记注和典守档案
唐	甲库令史、令史	监修国史；一般史官（修撰国史、实录）；勤杂人员（为修撰史书提供各种服务）	地位俗下，已经不能参与政事，修史时由奉相牵头	为人事档案的建立起到很大作用，建立专门档案库
宋	架阁库管勾、主簿	管理档案		有利于档案的有序化管理，加强档案馆建设
元	架阁库管勾、经知事、照磨历等	文书处理、档案管理	很受重视	对档案工作发展起到积极作用
明	书吏、幕友	记录政事、管理档案	特别低	
清	书吏、幕友	缮写文书，收贮档案	身份卑微，被沦为吏役之类	由于腐败，档案工作受到很大影响

古代的公文（档案）人员名目繁多、称谓不一（见表1-1①），但中

---

① 赵彦昌：《中国古代档案工作者地位变迁考》，收录于瞿林东、葛志毅主编《史学批评与史学文化》，黑龙江人民出版社2009年版，第365—366页。

心工作始终离不开文书的撰制、处理和管理工作。其中，有三类公文代表群体不能不引起重视，即主簿、首领官和幕友。各代表某一时代公文人员的职掌、地位及作用，是分析古代公文人员的三个坐标。据相关学者研究，古代文书人员的专职范围处于分工渐细、地位渐下、人数渐多的状态，特别是其地位经历了两次大变迁之后，文书人员的地位急剧下滑，直至沦为胥吏之列。①

尽管如此，公文人员虽地位卑微，但在传统行政系统中的作用仍不可忽略，赵世瑜先生在《吏与中国传统社会》一书中，对吏（公文人员在内）在行政信息传递过程中的作用加以肯定②：

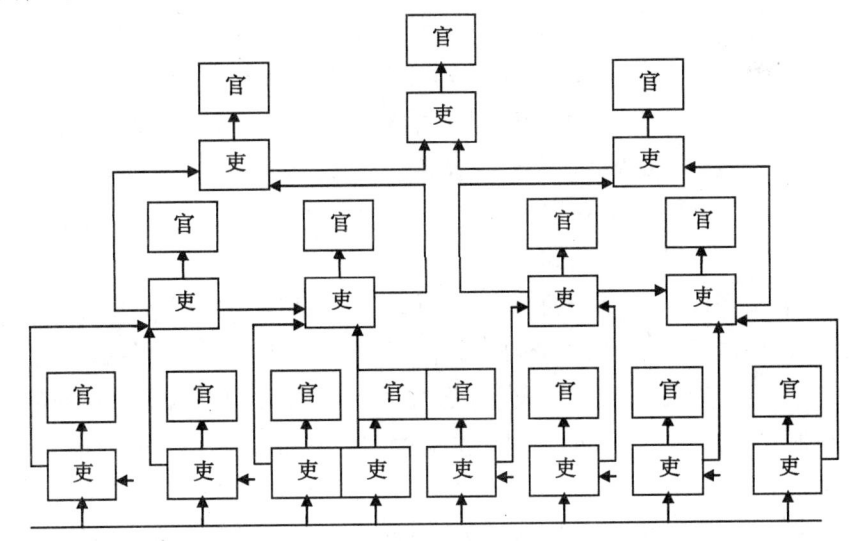

（二）作用及痼疾

古代公文及公文工作的发展，不仅对于封建国家政务信息渠道的构建、政权统治起到了重要推动作用，而且，留下了数量极其庞大的档案文献，成为我国丰富的历史文化宝库中的一颗璀璨明珠。古代公文虽有积极的一面，但也有落后的一面，特别是到封建社会的晚期，这种消极、破坏的作用就更大，对社会进步的阻碍作用就更明显。

首先，深深的封建君主专制主义的烙印

---

① 何庄：《历史文书、档案人员地位变迁的政治分析》，《档案学通讯》2006 年第 6 期。
② 赵世瑜：《吏与中国传统社会》，浙江人民出版社 1994 年版，第 199 页。

自秦汉以来，君主专制主义中央集权的一步步强化，到了明清，发展到了巅峰。专制主义皇权的强化深刻地影响了中国古代的政治制度，使包含公文和公文工作在内的各项官僚政治体系打上了深深的君权烙印。就文种设置来说，秦始皇改"命为制，令为诏"①，为皇帝个人所专用。大臣上书，一律用奏、议，摒弃了上古以来的公文习惯性使用传统，建立了全新的封建专制制度下特有的封建等级名称。此后，君命文种有增无减，到了两汉，新增了策、戒，明代又增了谕旨，清代，又增加了"廷寄"。"廷寄"不走正常的文书处理程序，极为机密和迅速。就公文的抬头和避讳来说，凡与皇帝及皇帝相关的尊称，一律抬头顶格书写。上行文，前衔一般要署行文者的官衔全称及姓名；如果前衔只写官员的官衔及姓，不写名字，在文尾年月日下要具后衔，即写出行文者的官衔及姓名。平行文与下行文前衔下只写姓，不写名，表示发文者的威严。避讳制度更是皇权至高无上的表现，凡遇皇帝名字及先帝的庙号、谥号等相同字眼，须改、缺、空字，或可用同音字代替。

其次，陈腐的公文格式

"公文格式，包括结构程式、文面款式、载体规格。公文程式，是公文各若干组成部分的整体结构方式，及某些特定结构部分的固定要素、特殊用语之组合规定。文面款式，是公文文字的书面位置安排。载体规格是指质地和型制。"② 秦汉时期对公文的程式已有相关规定，多为首称、正文和末称。因古代文书既无标题，亦无句读，故文种的判定主要依赖上述三要素，至少封建社会前期的公文是这样。不过，因为皇权的不断强化，公文程式难免具有君权至上的浓厚色彩。以君命文种诏来说，其首称在秦汉时并无固定格式，元时为"上天眷命皇帝诏曰"，明太祖朱元璋认为这不能体现对上天"尽谦卑奉顺之意"，遂改为"奉天承运皇帝诏曰"，成为定制，并为清所沿用。诏书的末称元时为"故兹诏示，想宜知悉"。明代多写作"故兹诏示，咸使闻知"。清代则多用"布告天下，咸使闻知"，或"布告中外，咸使闻知"。而上奏文书的君尊臣卑的色彩则更为浓厚。以表为例，秦汉时，表的首称为"臣某言"，末称为"臣某诚惶诚恐顿首顿首死罪死罪"。

---

① 《史记·秦始皇本纪》。

② 王铭主编：《公文选读》，辽宁大学出版社2000年版，绪论部分第3—4页。

到了明清时期，不少公文程式更是充满了陈腐之味。以乾隆二年七月的《闽浙总督专管福建事郝玉麟谢恩奏本揭贴》为例，其首称为"闽浙总督衔专管福建等处地方军务兼理粮饷兵部尚书兼都察院右副都御史世袭骑都尉加七级纪录四十二次次加一等 赦为恭谢天恩"，大量沿用虚浮套语，形成呆板格式，装叙即为其中之一。所谓装叙，是"指一篇旧式公文写作中，引用已有公文（或法律规章、书报文字、口述言辞）的内容，来说明本文的背景、缘由、依据等事项的一种常用的重要表述方式。"① 它又可以分为并叙和套叙，经过的衙门多了，不免形成多层装叙来文，层层转引来文的方式，如清代档案《巴县为打捞沉船铜料申重庆府详文》的正文结构就采用了层层套引的构篇方式，颇为僵化，非有专业知识便不能通晓其义，再加上晦涩陈古的语言，使得封建公文弊端丛生。

再次，腐败的公文人员

历史上的公文人员尤其是基层官署多不入流品，为人诟病。典型者莫如明清以来的书吏和幕友。

书吏是明朝从中央到地方的官府中，从事具体文书事务的办事人员的统称。具体来说，有书办、书吏、书手、典吏、令史、里书、算手等。这些人员，在政治上并无权力，地位亦很低，但它是影响整个明王朝政权发展的重要力量，已成为当时社会的一个阶层，并对后世产生了深远的影响。到了清朝，书吏之害愈演愈烈，形成"清代与胥吏共天下"② 的局面。康熙初年，就有人指出："今天下之事权归六部，六部之权总在吏役。部臣才识既劣，懵然无知，又不肯略加查询。偶有实心任事者，因头绪烦多，力不能察，则亦苟且任之。吏役祖孙父子兄弟亲戚蟠踞衙门，何事不熟，何弊不作？唯恐例之不多，可以纷乱耳目，变化腾挪，如鼠之窟穴越多，越可藏匿。"③ 道光年间，一位部书吏把情况说得非常形象，大是不敬："凡属事者如客，部署如车，我辈如御，堂司官如骡，鞭之左右而已。"④ 雍正、乾隆时，曾对中央部院、督抚藩臬、道府州县的书吏进行过整顿，但收效甚微。造成书吏篡权的因素既有与防范官员的预设目标

---

① 王铭：《文种钩沉》，中国档案出版社2007年版，第628页。
② 徐珂：《清稗类钞》，第11册，胥役类，中华书局1955年版，第5250页。
③ 魏际瑞：《四此堂稿》卷十，《奏对大略》。
④ 朱克敬：《瞑庵杂识》卷一，《部胥之权》。

及主官集权的思路、文牍过繁、官不习事、官不久任，且所学非所用有关，又与当时体制未能将胥吏正式纳入官僚制系统中，促使胥吏走向招揽事权的道路有联。①

二 鸦片战争：社会性质的巨变与公文的历史转型

1840年，中英间的鸦片战争以中国战败、割地、赔偿、开放通商口岸而告终，中国开始了近代百年屈辱的半殖民地半封建社会的近代化进程。随即，中国古老的政治体制系统由此而产生积极或消极的改变，就像"多米诺骨牌效应"一样，一个很小的初始能量就可能产生一连串的连锁反应，公务文书亦面临着"千古未有之变局"。

一是外交文书的变化，照会即为典型之一。清代，照会本是对宗藩使用，鸦片战争前扩大至西方国家，以示天朝唯我独尊之心态。然而，鸦片战争后，"照会"用途骤变，从之前清朝自以为是的宗藩关系变成了与曾被视为夷的英国之间的对等关系。自此，"照会""申陈""札"等成为中外政府官员外交的常用文种，新用"照会""札""申陈"等，实现了英国之前对华不曾实现的外交文书的"平等性"。②

二是新型公务文书载体的出现。鸦片战争前，清朝官方公文上传下达的途径主要有驿传和邸抄，以比较传统但又相对有效的方式实现了全国范围内的公文传递。不过，自乾隆朝以后，公文传递的效率已大打折扣，以至到了鸦片战争爆发时，其弊端立现。当时，"从广州到北京，若以普通速度，驿递需时约30至35天；若以'四百里加急'，需时约20多天；若以'五百里加急'，需时约16至19天。至于'六百里加急'、'八百里加急'，速度当然更快，但会跑死驿马累死驿卒，一般不采用。"③ 可战争形势瞬息万变，不能及时了解敌情是兵家之大忌，换言之，及时掌握战场信息是正确决策的重要基础。但纵观第一次鸦片战争，清政府得到的信息往往是滞后和混乱的，如1840年6月中旬林则徐从广东向道光皇帝报告英

---

① 王雪华：《清代官弱吏强论》，《武汉大学学报（人文科学版）》2008年第3期。
② 郭卫东：《"照会"与中国外交文书近代范式的初构》，《历史研究》2000年第3期。
③ 茅海建：《天朝的崩溃：鸦片战争再研究》，生活·读书·新知三联书店2005年版，第164页。

夷情况的奏折到 7 月 17 日才收到①，而彼时情形已非此时情形，战机已贻误，效率根本不会提高，这样怎么能打败英军呢？1880 年，李鸿章奏设天津至上海线，晚清大规模自建电报活动开始发轫，至 1911 年，共建报线 100002.03 里，局房 503 所，遍及除青海外所有省区②，基本建立起全国范围的电报网，并与国际电报网实现多方位链接，中国通信近代化迈出了重要一步。电报的引入，对晚清政府的现行文书制度产生了冲击。

由此，电报公文的出现，改变了原有的信息传播和控制方式，"清廷社会信息传播的体制模式，呈现为'枝杆型'或'丁字型'，其信息总是从最高权力中心，沿水平或垂直的渠道在统治集团内部流动；就传播观念而言，与此种传播模式、传播制度相伴随的，是这样一种认识：信息传播是政治控制的重要形式，军国要务的传递是维系自上而下政治控制的根本途径之一，它必须由传递的速度和机密性作保证，一旦延迟或泄漏，就会对控制形成'掣肘'"。③

三是新型公文机构（部门）的设立。第二次鸦片战争后，为应对夷务而设立办理洋务和外交事务的总理衙门。其内部机构始按国分为英、法、俄、美四股，文书工作由各股司员兼办。同治三年（1864）因清政府"立约又增数国，各处税务，章程益密，案牍因之愈繁，加以修理清档一事，并入日行事件办理，事务亦因之愈剧"④。于是，总理衙门设置了司务厅和清档房两个文书档案机构。

1911 年 5 月，清政府正式颁布《新内阁官制》，正式成立"责任内阁"。新内阁体制内部新增设弼德院，是为制约内阁权力而设置的。其下设秘书厅，掌本院文牍、会计、议决记录及一切庶务。秘书厅设秘书长一人，承院长、副院长之命总理本厅事务。秘书厅设秘书官若干人，承院长、副院长及秘书长之命办理本厅事务。

四是裁汰旧式公文机构和人员的改革。早在戊戌变法期间，光绪皇帝

---

① 茅海建：《天朝的崩溃：鸦片战争再研究》，生活·读书·新知三联书店 2005 年版，第 165 页。
② 交通史编纂委员会编：《交通史·电政编（第 2 册）》，民智书局 1936 年版，第 73—74 页。转引自夏维奇《排拒与接纳：晚清朝野关于自建电报的论争——从中国首条自建电报线问题说起》，《学术研究》2010 年第 9 期。
③ 孙藜：《晚清电报及其传播观念（1860—1911）》，上海世纪出版集团 2007 年版，第 23—24 页。
④ 《筹办夷务始末》，同治朝卷二十八。

发布各项推动变法的谕旨，要求裁汰闲衙冗员。但变法触及了旧官僚的利益，仅103天便因慈禧发动的戊戌政变而告终。1901年，清政府在内外交困下，进行了"新政"变法，裁汰了通政使司。通政使司于明代设立，清沿用，其职能是"掌受各省题本，校阅送阁，稽覈程限，违式劾之。"①清末新政之所以要裁汰通政使司，是因其"专管题本，现在改题为奏，其官缺着即一并裁撤"。②至于旧式文书人员，上已提到，书吏之害与有清一代相始终，清前期曾对之进行了整顿，但无果而终，书吏依旧把持着地方政权。鸦片战争后，特别是甲午战争后，维新变法的思潮顿时响彻中华大地，改革成为社会的时政热点。而当时行政之一大弊在于冗员充斥，效率低下。如，六部之中，堂官委之司员，司员委之书吏，"以至要之咨，移为具文"，"六堂花押，累月始毕"。③咸丰年间有人提出制订一部类似法规性质的《简明则例》，建议把一切条例、成案全部销毁；取消书吏，改用读书人办公。④光绪皇帝变法所实行的官制改革中，开始裁撤闲散衙门，如詹事府、通政司。1901年，清末新政，下令销毁六部残存案卷，驱逐书吏。六部衙门裁汰书吏是1904年首先从兵部开始的，然后陆续推广到其他各部。但六部裁汰书吏并不彻底，新制规定各部院书吏称为供事、书记、录事等名目，由考取的举人、贡生、监生、生员充任，同时仍允许招募其他人，这就使原来的某些书吏有可能继续留任。不过原来六部书吏的地位和作用，确实是被大大削弱了。

第二节 南京临时政府的公文改革与行政效率

1911年10月10日，武昌起义爆发，各省群起响应，纷纷宣告独立，晚清统治土崩瓦解。翌年1月，孙中山在南京宣誓就任中华民国临时大总统，正式成立南京临时政府，宣告了中国封建君主专制制度的终结。南京临时政府是资产阶级民主革命的产物，是一个以资产阶级为主体的政权。

---

① 《清史稿·志九十·职官二》。
② 朱寿朋：《光绪朝东华录》，中华书局1958年版，总第4830页。
③ 国家档案局明清档案馆编：《戊戌变法档案史料》，中华书局1958年版，第201页。
④ 冯桂芬：《校邠庐抗议》上卷，《省则例议》、《易吏胥议》。转引自张我德、杨若荷、裴燕生编著《清代文书》，中国人民大学出版社1996年版，第279页。

新旧政权、政体和制度的更迭、嬗变，加之民主共和的理念日益深入人心，建立适应新政权需要的各项举措旋即被提上政治日程，包括仿效欧美的总统制、更设行政组织、保护私产与人权、改革教育、禁绝陋习等。但南京临时政府存在的时间极其短暂，各项制度与政策尚未落实、效果尚未显现便已中道崩殂，旋为北洋军阀的统治所取代。尽管如此，在民主政治蓝图的设计、构建与落实中，南京临时政府所推行的公文工作却有开创性的功绩，其突出表现为公文机构的设置、文种的变革、公文处理的革新和公文人员的聘用四大方面。行政创制直接影响公文工作的变革，公文工作的创新又能促进行政效率的提高，起到验证行政创制效果的作用。这种互为促进的作用使得南京临时政府的公文变革渗透着"民主共和""效率"和"现代国家"的理念，尽管仍有较大的欠缺，但为后世公文工作奠定了基础。

一　公文工作机构

公文工作机构隶属于行政部门，行政建设和改革直接影响或决定公文机构设置的简繁、科学与否等。

中国古代的行政与百姓的关系是典型的官民关系，特别是随着君主专制主义中央集权的强化，封建官僚体系日益庞大和臃肿，官僚主义、文牍主义盛行，人浮于事泛滥，行政效率低下。晚清曾多次进行官制改革，其行政机构的布局和内部结构虽渐趋合理，但皇权至上的思想根本无法克服，改革亦因种种不可克之因素而失败。民国成立后，为"揖美追欧"，践行"民主、自由"和"天赋人权"的理念，实现行政的科学管理，南京临时政府本着"官厅为治事之机关，职员乃人民公仆"[①]的基本精神，在行政机构改革方面创榛辟莽、破旧立新，创建了一套符合资产阶级共和国的新行政体制。它的组织仿效美国总统制，按照资产阶级三权分立的政治原则，由立法、行政、司法机构构成，即立法机关（临时参议院）、行政机关（总统、行政各部）、司法机关（中央审判所）三部组成。至于地方政治制度因起义或独立的方式有别，形式多样，颇不统一，十分紊乱，甚至因袭晚清。行政建设方面，采用"总统制"，下辖陆军、海军、内务、外交、司法、教

---

① 《令内务部通知各官署革除前清官厅称呼文》，《临时政府公报》1912年03月02日。

育、财政、交通、实业九部。各部置总长、次长各一人，下设承政厅、司局、科等职位，由各部部长按照部事之繁简，合理酌定人数。可见，临时政府的机构设置体现了精简、因事设职的特点，打破了以往冗衙冗员的格局，有利于行政效率的提高。公文机构（部门）作为行政建设的一部分，同样要追求科学、合理和效率，要体现中华民国的"新政"特色。

（一）总统府秘书处

南京临时政府实行总统制，不设国务总理，由临时大总统实际兼任行政首长，直接统辖、指挥各部。总统和各部总长组成"国务会议"，决定一切重大政务。但是，"国务会议"并非内阁制的内阁，各部总长也不是"国务员"，他们没有副署权。如此，总统府直属的秘书处就成为中央秘书机构。秘书处下设总务、文牍、军事、财政、民政、英文、电报七科，并收发、招待二所。其中：

秘书长——1人，承总统之命，总理本处事务，监督所属职员；

秘书——若干人，具体办理秘书处的各项事务。

秘书处是唯一直接为总统工作服务的办事机构，收受各部、局之呈文，以及各机关团体和军民之递送的呈件，或直接批答，或转呈总统。秘书处人员亦可提出一些有益于国计民生的建议，得到秘书长及总统的同意后，通令施行。

（二）行政各部的文书机构

行政各部的公文机构无统一名称，有的沿袭清末官制改革后的名称，曰"承政厅"，如内务部；有的改称"秘书处"，如外交部。

承政厅为各部的办事机构，以负责文书工作为主，兼负会计、庶务等。置秘书长一员，承总长之命，总理厅务，并掌管机要文书。分科办事，一般分四科至六科，也有的称处，如内务部承政厅分纂辑处、文牍处、收发处、监印处、庶务处、会计处，置秘书六员，承总长之命，分掌其事务。其中，纂辑处负责纂辑关于本部各种文件，并编制统计；文牍处掌理草拟公文函件；收发处统辖收发及保存公文函电；监印处监管典守印信。

地方上，以南京府最为典型。南京府置秘书厅，"掌管机要，典守印信"，"收发并纂辑公文函件"。南京府知事下设秘书长1人，秘书2人。[①]

[①]《大总统宣布南京府官制公布》，《临时政府公报》1912年03月10日。

(三) 参议院秘书厅

参议院秘书厅职责范围是"掌本院文牍、会计、编制各种记录，并办理一切事务"。秘书厅设秘书长一人，"承议长之命，管理本厅一切事宜"；设秘书人员若干，"承秘书长之命，分掌各科事务"。此外，若有必要，可设置其他职员，"由议长酌定"。[①]

二 公文程式

关于公文程式，目前学界没有一致的说法，有"公文程式，一般包括以下几个部分：公文名称（即标题），主送机关，公文内容（即正文），附件，签字盖章，发文的年月日，抄送单位，公文上的各种标记（如机密等级、缓急程度等）"[②]说；有"公文程式即公文格式"[③]说；有"公文格式，包括结构程式、文献款式、载体规格"[④]说；有民国时期的公文程式"源于古义，意为政府及有关部门在公文方面的规程或规则，由中央政府或有关部门以令或规则、条例等文件形式发布"[⑤]说，有"'公文程式'这一概念在民国时期已普遍使用，当时主要是指公文文种的设置和用途"[⑥]说等，颇不一致。

民国时期，学界对于公文程式的解读同样是公文写作领域所关注的重点。公文程式"即指制作公文之规程与款式而言"[⑦]；周定枚认为"公文程式 则所以规定各公文各类之内容 而指示其如何适用之方式者也"[⑧]。整书分为公文类别、公文结构、公文用语、经办公文手续、公文用纸等方面；朱翊新认为，"严密规定一定之格式，以作公共遵守之标准，谓之程式。所谓公文程式，即由国家严密规定文书之定式，制为公文程式条例，

[①] 中国第二历史档案馆编：《中华民国史档案资料汇编》（第2辑），江苏人民出版社1981年版，第130—131页。

[②] 辛白：《公文程式杂议》，《秘书之友》1985年第1期。

[③] 赵彦龙、李晶：《西夏公文程式初探》，《西夏学》（第八辑），上海古籍出版社2011年版，第311—318页。

[④] 王铭主编：《公文选读》，辽宁大学出版社2000年版，第3页。

[⑤] 沈蕾：《民国时期的"公文程式"考辨》，《北京档案》2010年第2期。

[⑥] 王芹：《民国公文程式演变的内在规律》，《秘书》2009年第12期。

[⑦] 南京法政讲习所发行：《公文程式诠义》，江苏第一监狱印刷科1931年版，第1页。

[⑧] 周定枚：《公文程式详论》，上海法学编译社1932年版，第3页。

以作公共遵守之标准也"。①

对于古今公文程式解读之比较，再纵观南京临时政府所颁布的各项公文规定及所刊发的官报公文，笔者不揣浅陋，大致认为，公文程式有内外特征之别。内部特征主要指文种所对应的公文结构，包括文头、事由、正文、致达语、附件标注和落款；外部特征主要指公文的文面款式和载体规格。②

（一）文种

辛亥革命爆发到南京临时政府成立期间，各独立省份政制不一，公文办理各行其是，这对于新生的资产阶级共和国来说是十分不利的。为统一政令，1912年1月26日，法制局拟制并由内务部颁行的新公文程式，设置了令、谕、咨、呈、示、公布、状、照会等文种。

  甲　上级公署职员，行用于下级公署人员，曰令；公署职员行用于人民者，曰令或谕。

  乙　同级公署职员，互相行用者曰咨。

  丙　下级公署职员行用于上级公署职员，及人民行用于公署职员者曰呈。

  丁　公署职员公告一般人民者曰示，但经参议员议决之法规应由大总统宣布者曰公布。

  戊　任用职员及授赏徽章之证书曰状。③

各公署行用于外国之公文，亦照前条办理。

随后，又增设批等。这样，南京临时政府初步构建了上行、下行、平行和外交文书的行文方式框架和雏形，初步实现了所有行用公文程式的"以期划一，而利推行"的初衷，以与资产阶级民主、平等理念相适应。该公文文种设置有如下特征：

---

① 朱翊新编著：《现行公文程式集成（第11版）》，世界书局出版1946年版，第1页。
② 关于公文程式的理解，笔者较为赞成胡元德在《档案与建设》2008年第2期《古代公文程式解析》一文中所提出的，公文程式既有表层程式（语言结构），又有内部程式（逻辑结构），即"依据""引申""归结"。
③ 《内务部咨行各部及通令所公文程式》，《临时政府公报》1912年01月30日。

首先，数量极为精简。南京临时政府初次刊布的公文文种为五种（实为八种），这与封建社会多达数十种、名称繁复的公文文种设置形成了鲜明的对比，体现了效率、实用的理念。而临时大总统所使用者多为令、批一类，这与封建帝王数量众多的君命文种又形成了明显的反差。

其次，渗透了平等的理念。《内务部咨行各部及通令所公文程式》第一条规定"凡自大总统以下各公署职员及人民一切行用公文俱照以下程式"①，可见，南京临时政府的公文不单独设置国家最高领导人所使用的文种，这就从法令条文上废除了国家元首的特权思想，贯彻了平等的精神。其他诸如废除帝王纪年、革除封建等级称谓等皆是公文平等精神的体现。

最后，体现了法理权威。马克斯·韦伯把权威分为三种：传统权威——其基础是对古老传统的神圣不可侵犯及在其之下实施权威合法性的牢固信念；法理权威——对规范法则模型的"合法化"和在此规则下提升权威发号施令的权力的信念；感召权威——对个体特定和特别的神性、英雄主义或典范特征的崇拜，以及对由他或她提出或颁布的规章的崇拜。② 南京临时政府公文文种的设置既异于传统的家国同构形式下的封建公文文种，又更多地倾向于非人格因素的法理结构，从而体现了法理权威的原则。

当然，因南京临时政府成立之初便面临列强虎视眈眈、袁世凯耍两面派以伺机窃取革命果实、内部立宪派和旧官僚也蠢蠢欲动等不利局面，其所颁布和采用的各项政策紧迫而仓促，缺乏更为缜密的思考，更缺少实践的检验，文种设置亦不例外。文种的设置并非随意而为，而是决定于实际政务活动的繁简。故，文种的数量不是越少越好，更不是越多越好。就南京临时政府的公文文种设置来说，有两方面问题：

首先，公文文种在使用过程中，有为下属部门不甚理解处。如，南京临时政府于1912年1月26日颁布公文程式，江宁巡警厅就发函内务部，对公文程式的"令""谕""批""状"和"照会"的使用提出质询，是谓："细释文义，凡上级之行用于下级者，除令布、令行、令知等令而

---

① 《内务部咨行各部及通令所公文程式》，《临时政府公报》1912年01月30日。
② ［美］W. 理查德·斯格特：《组织理论》（第4版），黄洋等译，华夏出版社2002年版，第40页。

外，应无二致。而局中接奉大总统批答之件，则仍曰批。未审是否专行者则曰令，答复者曰批？但程式中未经载明，局中接收地方团体或个人禀牍，凡答复之词，向时统谓之批，令遵程式自宜用令；如果专行者乃曰令，答复者曰批，程式中又未载明。"至于"又令一式，局中前奉都督答复之词，有事实相等而有教令、指令之分，未审是否教令属于普通，指令限于一事。然就教令、指令两项，答复之词细释之，又似无界线者。局中对于各区区长呈文之，应用何令"①。诸种不解导致江宁巡警厅在执行新式公文程式过程中，出现"局中无从遵守"、"亦难遵守"等局面。

1912年3月13日，内务部函复江宁巡警厅，对其疑问一一作了答复，"至批、谕、令等之义别，凡上级公署职员命下级公署职员或职员人民者曰令，凡命令含有劝导之意者曰谕，凡受有呈词而裁决判断之者曰批。"②

其次，公文文种在使用过程中，存在不规范或不能体现《公文程式令》的现象。一是公文标题难窥公文文种，如《陆军部申报启用关防》、《陆军部颁行维持地方治安临时军律文》等公文的类似标题在《临时政府公报》中出现的频次较高，但均无法确定公文文种；二是公文标题虽有文种，但却不见于《公文程式令》中，如《大总统复参议会论国旗函》、《总统府收发处通告》等中之"函"、"通告"。

（二）文面款式与载体规格

1. 纸式。南京临时政府所收发的各类公文中，上至临时大总统，下至基层官署，公文用纸颜色和图案整齐划一，"一样皆用白纸，且无任何图案"③。

2. 公文用折及封套式样。《内务部拟定公文用折及封套式样答各部暨各都督文》规定了咨、令、照会、呈、谕五种公文的用折及封套样式，进一步完善了公文格式，促进了文书工作的规范化。

至于纸幅大小虽未予以正式规定，不过，"从现存南京临时政府档案来看，这五种折式公文纸幅大小大体一致：纸幅一般高18—25厘米，宽

---

① 《江宁巡警厅质询内务部行用公文程式往复函件》，《临时政府公报》1912年03月13日。
② 同上。
③ 侯吉永：《南京临时政府档案中的公文纸式及程式变革述论》，《档案管理》2009年第4期。

约10厘米。幅面印有竖格，也有不印竖格的。每幅写作4—9行不等"①。

3. 字式。"字式凡在咨、谕、照会、令等文，其折石之咨、谕等字及折内职名、人名各字，均比叙事字约大一倍，在呈文，则一律相等。"②

4. 文式。"文式勿论何项公文不限页数，随文而止。"③

5. 废除封建文书的抬头、避讳制度。文书抬头、避讳制度不仅人为割裂了文句的连续性，徒增撰写和阅读的难度，更反映了君权的至高无上，实为文书写作的一大弊端。南京临时政府规定，"行文除首尾职名人名及叙事中应行另提勿论外，其叙事终了处，即紧接此谕、此咨等字样。"④

6. 采用公历纪年。"凡关于公私文契……在改正朔前所订，现在尚未完结者，概依旧历计算。奉文以后，所订一切契约、合同及一切关于日期之计算事件，均以新历为准。"⑤

7. 落款。"凡公文皆须盖印签名，并署年月日"。并在实际办理过程中做到变通，如"人民行用于公署职员之呈文，得免其盖印。"⑥ 不过，文献款式在实际文书办理过程中遇到了不少阻力，尤以文书署名为最。文书署名能确保"负担责任"和"分析权限"，更能防止伪造、矫制，是文书具有法定效力的标志要素之一。然，民国初年，文书不署名的现象时有发生，甚至十分重要的部门亦难避免。如陆军部曾规定，"禀函文件，例须署名"，但出现了"各处函禀纷至沓来，内多不署姓名"的现象。更有甚者，虽署名，但"假称、别号，或用不著名之团体名义"充斥其间，致使陆军部"披阅之下，不胜诧异"，特别下令，以后禀函文件"不著姓名者，概不收受批答"⑦。此外，地方省份对于公文署名更有怀疑或不甚

---

① 侯吉永：《南京临时政府档案中的公文纸式及程式变革述论》，《档案管理》2009年第4期。

② 《内务部拟定公文用折及封套式样答各部暨各都督文》，《临时政府公报》1912年02月27日。

③ 同上。

④ 同上。

⑤ 中国第二历史档案馆编：《中华民国史档案资料汇编》（第2辑），江苏古籍出版社1991年版，第29页。

⑥ 《内务部咨行各部及通令所公文程式》，《临时政府公报》1912年01月30日。

⑦ 《陆军部总长布告禀函文件须署名以明责任文》，《临时政府公报》1912年02月13日。

理解者。如，四川镇抚使夏之时就公文署名向大总统府呈文咨询，提出"若谓民国无等级上下之分 上下相对若一 何以公文程式又明列上级下级等字样 又何以上级对下级公文用谕 用令 下级对上级及平行之公文用呈用咨 显有上下等级不同之别 又公文程式皆系署名又不知谕令普通人民之公文仍须署名否"①的疑问，为此，孙中山亲自给予答复："公文程式必须盖印署名者，所以示负担责任，权限之至意。行政阶级既有上下之分，即有命令服从之别，此公文格式所以有咨、呈、令等之区分。然负责任，分权限之精意，初不因行政之阶级而生歧异之点，亦不致以对于下级官署公文署名遂损上官之尊严也。"②

三 公文处理

公文处理的速度与效率直接关乎行政事务解决的快慢、速缓，是文书工作的核心和关键环节，是衡量文书之于行政要素中所占之地位及价值的重要标尺。民国初创，政务工作千头万绪、纷繁复杂，既需要各部各司其职，即"事权以分任为主"，亦需行政事务处理的快捷，即"公务以敏迅为归"。作为行政效率提高的重要手段的公文处理的迅捷则是实现"公务敏迅"的重要途径。

有清一代，虽有关于公文处理的种种规定，但总的来说，收效不大。以江西与京城之间的公文传递来说，效率居然是这样的："凡部中发现公文，由驻京提塘发交塘兵逐站递送，江西距京三十余站，部文迟至八十余日始行递到。本年八月初二日接到京塘发递文报二十六封，共有三百余件，多系五六月间所发。"③ 言下之意，从京城传递到江西省的公文，大多数要花费两个多月的时间，不可谓效率不低。因此，民国初年，如何避免有清一代以来公文处理的濡滞现象，如何使公文处理做到敏迅就成为南京临时政府公文工作的重要方面。

（一）制定公文处理规则

南京临时政府对于公文处理规则或办法并无统一规定，多由各部门依

---

① 《蜀军政府镇抚使夏之时呈请核示公文程式电文》，《临时政府公报》1912年第44期，另，本段引文原文无标点，句读系作者所为本书中凡出现引文有句读而无标点情况，皆是如此。

② 中国第二历史档案馆编：《民国时期文书工作和档案工作资料选编》，档案出版社1987年版，第8页。

③ 《清实录》（第30册），中华书局1985年版，第159页。

据实际办文情况自行拟定，并经核准后登报公布。如，总统府收发处曾发《通告》，对于来府投递文件的相关事项，诸如盖戳、验阅、延宕、收受范围、存查等一一进行了相应的规定[①]；财政部和司法部亦各自刊布了《财政部办事通则》和《司法部办事通则》，就文牍事项作了明确的说明，其他各部情况大致类似。

（二）界定文书处理流程

无论收受抑或发出公文，应明确处理程序、步骤、阶段，确保不因公文处理部门、人员涉及多而致耽搁或延误或推诿。如财政部规定：财政部各司厅的办理程序为挂号、呈阅、办稿、缮校、发送、归档。具体来说有：[②]

挂号　收到文件，将事由登记收文簿内，另编本厅司号数，并注明收到日期；

呈阅　文件登记完毕，由厅司长阅过，分盖各科戳记，每日一次汇呈总长披阅，如属重要文件，由厅司长或主任人员亲呈总长办理；

办稿　到文发科后，应办稿者，由主任人员办理，经该签事盖章送厅司长核定，再送总次长判行；

缮校　已判行之稿，交录事缮写校对，送承政厅印信课用印，送总次长署名盖章；

发送　发文封固，将事由登记发文簿内，一并送承政厅收发课；

归档　文件发行后，仍由各科将所收原件及拟办之文稿，分别类目归档，以备检查。

（三）限定公文处理期限

内政部规定"各公文除特定有施行期限者外，京城以登载临时政府公报之第五日为施行期；其余各处，以公报到达公署之第五日为施行期"[③]；财政部规定："各厅司除紧要公文即时赶办，或重大问题尚待研究外，其余各种事件应限定日期，当时挂号，次日呈阅发科，第三日办稿，第四日送稿判行，第五日清稿发送，自收文至发送，不得逾五日"[④]；司

---

① 《总统府收发处通告》，《临时政府公报》1912年02月15日。
② 《财政部办事通则》，《临时政府公报》1912年03月12日。
③ 《内务部咨行各部及通令所公文程式》，《临时政府公报》1912年01月30日。
④ 《财政部办事通则》，《临时政府公报》1912年03月12日。

法部规定:"各厅司办理文件,限当时挂号发科,次日办稿,第三日送稿判行,第四日缮写发送,自收文至发送,至迟不得逾四日。但紧要公文须及时赶办,或事关重大不能卒办者,不在此限。"① 由上可见,南京临时政府各部所限定的办事时限大致为4—5日,相对较为合理。此外,总统府秘书处曾设立揭事处,专门批答投递总统的文件,"以三日为限,过期揭去"。②

（四）规定公文登报制度

除机密文件外,南京临时政府规定"凡大总统及各部所发之公文,有通行性质者,皆须登于公报。"③ 且不再另行文。公文登报一方面有助于迅速传达政令,畅通文书信息的传递渠道,另一方面有助于简化和完善信息处理流程,促进行政效率的提高。公文登报虽非民国所独创,但它涉及面之广、政策性之强、导向性之显却是前所未有,有助于传达政策、晓谕民众、凝聚人心、巩固政权。

对于公文处理程序,南京临时政府秘书处及各部的规定不可谓不贴近实际政务,相对于晚清封建公文处理来说,无疑是科学和进步的。但是,政局的不稳、政策的不完善,尤其是现代国家事务管理理念、方法仍很欠缺等带来了公文处理工作中诸多突出的问题。民国元年二月中旬,总统府秘书处就曾制定过公文处理基本规范,但公文办理的"呈请转饬"之风愈演愈烈,严重影响了政务处理的效率。孙中山颁发的《临时大总统关于各部局等互相咨商文件应直接办理毋庸呈请转饬致黄兴令》就指出:"近来各部局应行直接自办之件,每每呈请转饬前来,既滋旷日之嫌,复乖负责之义,殊属不合。"并下令,"以后除呈请核办存案备查及呈候咨交参议院决议等类,应行具呈本府外,其各该部局等互相咨商之件,统应直接办理,以期简当,而明事权。"④ 财政部和司法部随后亦制定了相应的文牍办事准则。不过,这种文牍主义风气并未根治。

---

① 《司法部办事通则》,《临时政府公报》1912年04月02日。
② 《总统府秘书处设立揭事处的广告》,《临时政府公报》1912年02月14日。
③ 《内务部咨行各部及通令所公文程式》,《临时政府公报》1912年01月30日。
④ 中国第二历史档案馆编:《中华民国史档案资料汇编》（第2辑）,江苏古籍出版社1991年版,第34页。

四 公文人员

"为政之要，莫若得人"，人是生产力中最活跃的因素，历朝历代都十分重视贤才治国的作用，对各级官吏的铨选都曾做了详细的规定。在传统中央集权制背景下，处理文书一类事务的人员统称为吏。封建王朝统治的加强，尤其是君主专制统治的强化，离不开对于重要信息的掌控和处理，尤其是需要从政治系统的外部反馈各项政策的落实执行情况，从而作出有利于强化统治的正确决策，"而这个传通系统主要就是由吏职构成的"①。在长达两千多年的专制社会里，主书、书佐、令史、主簿、首领官、书吏、幕友等就成为不同历史时期的吏职的具体称呼，虽然具体名称和职掌范畴大小不一，但"掌官书以赞治"的政治功能却是共同的。然而，唐宋以降，尤其是明清两代，吏职多陷于贪腐之中，巧取豪夺、颠倒是非、为祸一方，"与胥吏共天下"即为有清一代吏治腐败的生动写照。清人陆陇其亦曾说："本朝大弊，只三字，曰例、吏、利"②，便是对于吏职弊端的最好概括。

孙中山指出，"国家除了官吏之外，还有什么最重要呢？"③南京临时政府成立后，本着"立国之道，在乎立本，立本之道，在乎任贤"④的原则，努力建立适应新政权的官吏制度。为革除前清书吏祸政之弊，南京临时政府采用了新的选拔文书人员的程序、方式。

（一）公文人员来源及选用

南京临时政府的公文人员，"主要来源于革命党人"和旧政权中"原有的幕僚、书吏"⑤，其在新政权中的任职主要采用了选聘的方式。即，从立场坚定、拥护民国的革命党人中聘用高级文书主管人员，以保证新政权的正常运转，如孙中山聘请了吴玉章任南京临时政府总统府秘书处的秘书；通过明察暗访，甄选人品端正、办事谙练的前清幕僚、书吏为普通文书人员。

---

① 赵世瑜：《吏与中国传统社会》，浙江人民出版社1994年版，第198页。
② 《清稗类钞·胥役类》。
③ 《孙中山全集》（第9卷），中华书局1986年版，第350页。
④ 中国第二历史档案馆编：《中华民国史档案资料汇编》（第2辑），江苏古籍出版社1991年版，第28页。
⑤ 杨剑宇：《中国秘书史》，上海人民出版社2007年版，第295页。

考试选用公文（秘书）人员则更具民国"新气象"特征。南京临时政府是根据五权宪法来组建的，考试被置于同立法、行政、司法、监察同等重要的地位。与之相对应的，用人的首要原则是"任官授职，厥为考试"[1]，铨选主要依据《任官令》、《文官考试令》等，由隶属于总统府秘书处的铨叙局来负责文官的考录、任免、升迁等事务。

南京临时政府的文官大致分为简任官、荐任官和委任官三种。

简任官由临时大总统任命，主要包括各部总长、次长、总统府直辖各局局长、南京府知事、各省都督等；

荐任官由各部总长推荐，由临时政府批准后任命，主要包括各部秘书长、局长、参事、调查员、公报员等；《修正中华民国临时政府组织大纲》第三章第十九条亦规定：各部所属职员之编制及其权限，由部长规定，经临时大总统核准施行。

委任官由各部总长委任，主要包括各科科长、科员、秘书等。《中华民国临时政府中央行政各部及其权限》第三条亦规定：各部局长以下各员，均由各部总长分别荐任、委任。

由上可知，公文人员采用了荐任或委任的方式，常见的是荐任。如，外交部秘书处处长（1人）、秘书（4人）全部采用了荐任的方式，商务司、编译司的签事（各1人）亦采用此种方式。[2]

（二）公文人员的职能、数量

各部的专、兼职秘书官员有：秘书长——承总长之命，主管承政厅（或秘书处）的工作，协助长官处理重要政务、事务；秘书——负责办理重要文书、协助秘书长处理要务。厅（处）下如分科办事，一般得分别兼管各科事务；参事——负责审议重要文件、法规和草拟文稿等事项，直接协助部长工作。部以下司、局也设有专职秘书人员，称为：录事——负责本司（局）内各种记录、誊抄、登记、保管文书等事项。

南京临时政府实行"简政"政策，公文人员作为行政系统的人事职员，且是辅助性人员，其数必不为多。通常秘书处长为一人，秘书处长以下的普通文书人员如秘书、收发员、书记员、录事、佥事、公牍员等数人左右。详见下表的不完全统计：

---

[1] 《孙中山全集》（第2卷），中华书局1986年版，第134页。
[2] 《外交部职员名单》，《临时政府公报》1912年02月28日。

表 1-2　　　　　　南京临时政府各部公文人员的设置（部分）

部门		职位	人数	职能
内务部	承政厅	录事①	若干	承上官之命，缮写文件，从事庶务
		佥事、公牍员、收发员②	4人、3人、2人	—
	警察局③	录事	4人	承上官命，从事记录、缮写等事
	民政局④	录事	4人	承上官命，从事记录、缮写等事
	土木局⑤	录事	原文缺	承上官命，从事记录、缮写等事
	礼教局⑥	录事	8人	承局长及科长之命令，从事缮写、检存及一切事务
	卫生局⑦	录事	5人	承局长及科长之命令，从事记录、缮写及一切事务
	疆域局⑧	录事	原文缺	承上官之命，从事记录、缮写等事
法制局⑨		参事、秘书	3人、1人	—
外交部⑩		秘书处秘书	4人	—
实业部⑪		书记员、参事、收发员	3人、4人、2人	—

南京临时政府的行政创制与公文工作之间有着十分紧密的关系，政制完善带来公文工作的进步，公文工作的科学、合理能促进行政效率的提升。但因临时政府的政局不稳、政策多为仓促，公文工作虽有所创新，但没有稳定的内外环境，终究无法取得大的成效，其影响力远大于实效。但不能否认的是，南京临时政府的公文工作奠定了后世公文工作的基础。

---

① 中国第二历史档案馆编：《中华民国史档案资料汇编》（第2辑），江苏古籍出版社1991年版，第39页。
② 《内务部职员名单》，《临时政府公报》1912年03月02日。
③ 中国第二历史档案馆编：《中华民国史档案资料汇编》（第2辑），江苏古籍出版社1991年版，第40页。
④ 同上书，第41页。
⑤ 同上书，第42页。
⑥ 同上书，第43页。
⑦ 同上书，第44页。
⑧ 同上书，第45页。
⑨ 《法制局荐任职员名单》，《临时政府公报》1912年02月11日。
⑩ 《外交部职员名单》，《临时政府公报》1912年02月28日。
⑪ 《实业部职员名单》，《临时政府公报》1912年03月14日。

第二章 北洋军阀统治时期的公文改革与行政效率

北洋军阀统治时期，政权更迭频仍，政权管理形式变化多端，先后实行过总统制、责任内阁制、君主立宪制、地方自治制以及执政制和大元帅制。按其历史发展顺序大致可分为：袁世凯统治时期（1912年4月—1916年6月），皖系军阀统治时期（1916年6月—1920年7月），直系军阀统治时期（1920年7月—1924年10月）和奉系军阀统治时期（1924年10月—1928年4月）。

第一节 公文程式

北洋政府在统治中国的十六年时间里，颁布了大量繁杂、分散、多变的行政法律法规，构成了北洋政府的行政法体系，包括行政组织法、行政行为法和行政救济法。其中，行政行为法又涵盖政治、经济、文化和军事四大方面。公文程式则属于行政行为法之范畴，行政行为法主要是规定了行政机关和行政相对人的权利、义务关系的法律规范。查北洋政府的行政法律法规，民国元年至民国16年，行政行为法所规定的公文程式主要分布于民国元年、民国2年、民国3年和民国5年这4年中，分属于南京临时政府和袁世凯北洋政府统治时期。袁世凯之后，公文程式恢复民国元年状况，此后，行政法律法规里不再有公文程式的规定。

就公文程式本身来说，北洋时期的公文程式既维系南京临时政府的"肇始之功"，又在不同时期进行适调，甚至出现过短暂的复古。上涉大总统，中至国务院行政各部，下连各部之处室及各省、县军政长官，旁及行政、军事、司法等内容。可见，北洋政权建立的最初几年，在公文工作方面的重点之一是制定公文程式，作为公文行文、运转和处理的基本规则，它的创设、变动、调适无一不反映了北洋各时期行政法制定者的政治意图与权利争夺。

临时政府时期，公文程式较为简易，共分令、示、咨、呈、状五种。元年十一月，重颁程式令二十条，分公文为令、布告、咨、公函、呈、批六种，尚足以供政治上之应用。三年又改定程式，区分大总统公文、大总统府政事堂公文，及官署公文三种，较前为繁。五年七月，复经改定，大体与元年旧制相仿，唯增咨呈一种，专为特任官行文国务院之用。这其中，影响最大的三次分别是1912年颁布的《临时大总统公布公文程式令》、1914年《大总统公文程式令》和1917年《大总统公布公文程式令》。

一 1912年公文程式令

（一）第一次公文文种

南京临时政府短期而殁，北洋继起，但对公文程式的疑窦反而愈演愈烈。各地政权机构之间的公文往复之新旧杂糅、新旧不分、既新又旧、既旧又新等混乱不堪之状延续至袁世凯北洋政府颁布新式公文程式令之前。其中，较为突出的是对照会文种的理解和使用。照会本是明清时设置的、针对不相隶属的官署间使用的、间或带有准下行属性的平行文种，如1910年，晚清政府颁布的《府、厅、州、县地方自治章程》之《文书程式》就曾规定："府厅州县议事会或参事会行文府厅州县长官及监督官府用呈 府厅州县长官行文议事会或参事会用照会"。[①] 晚清时期，对外国公使、领事行文亦用墨笔照会，这就使得照会的使用兼有内外通行之弊。南京临时政府成立后，沿用明清照会文种，但将其界定为行用外国之使用。照会的使用本随南京临时政府的成立而改弦更张，应用新制，然而，事实情况远非如此简单。民国成立后，照会在使用过程中并未因政权更迭、制度变更而发生变化。以蒙藏事务局（蒙藏事务局于民国元年设立且直属于国务院，民国3年改为直属大总统的蒙藏院，是较为重要的中央机关）为例，民国成立后，所辖地域"各路将军都统办事长官等行文各蒙旗仍有沿用札饬字样"，与民国共和政体极不为合。1912年，蒙藏事务局发文规定：嗣后，本局及各路将军都统都督办事处长官等行文蒙旗王公札萨克

---

① 《行政编查馆奏定府厅州县地方自治章程》，《国风报》1912年3月31日。

等一律改用照会。各蒙旗王公扎萨克等行文本局及各路将军都统都督办事长官等一律改用咨呈，以昭划一。①虽然蒙藏事务局本身有其政治上的特殊性，但毕竟是中华民国主权范围之内的一个地方行政区域，公文文种的适应自然需要向中央看齐。但民国成立之初，就有不遵规范之例，即使发文规定使用民国所规定的公文办法，却仍沿用旧制。可见，蒙藏事务局宣称要与民国共和政体相衔接，却又将照会适用于"本局及各路将军都统都督办事处长官等行文蒙旗王公札萨克等"相互行文中，显然保留了其明清平行性质的旧文种特征。因此，民初地方政权在适用公文程式中出现了新旧交替的困扰与不适，但更多地倾向于"沿用旧例"，体现民国民主、共和精神的新公文程式遭遇重重阻力。

若袁世凯北洋政府重新颁行新公文程式令，此问题是否自会迎刃而解呢？毕竟袁氏的北洋政府代表的是大地主、大官僚及买办势力的利益。但后来的结果表明，答案并非如此。

1912年11月初七日，北洋政府颁布了第一个《临时大总统公布公文程式令》，明确界定了令、布告、状、咨、公函、呈、批七种公文的适用范围，兹为：

  令：分大总统令、教令、院令、部令、委任令、训令、指令和处分令；
  布告：凡事实之宣示及就特定事项对于一般人民命其"行为"或"不行为"；
  状：任命特任官、简任官、荐任官及委任官时所颁发之证书；
  咨：参议院与大总统或国务员之往复文书；
  公函：行政各官署无隶属关系者之往复文书；
  呈：人民对于大总统及行政各官署之陈请、下级官署或官吏对于上级官署或长官之陈请报告；
  批：行政各官署对于人民之呈分别准驳之文书。②

---

① 《蒙藏事务局通行酌定各将军都统都督办事长官对于蒙旗王公扎萨克等及王公扎萨克等对于本局及各将军都统都督办事长官公文程式请照饬办理文》，《政府公报》1912年9月23日。
② 《临时大总统令》，《政府公报》1912年第190期。

与南京临时政府的公文程式相比,北洋政府的第一个公文程式具有如下特点:首先,增设新的公文文种。1912年1月,南京临时政府公布的公文文种主要是令、谕、咨、呈、示、公布、状、照会等。1912年11月,北洋政府公布的公文文种除部分沿用南京临时政府的规定外,还增设了布告、批等,尤其是公函的增设具有特别的适用性。南京临时政府虽未设函,但用公函行文却常常见诸报端,此次增设,当为有意义;其次,用途有所变化。令的用途范围已大大拓展,南京临时政府令主要是上级公署职员行用于下级公署人员或公署职员行用于人民,而北洋政府的令已进一步细分为大总统令、院令、部令、委任令、训令、指令和处分令。但同时,令的用途的扩大明显是扩大大总统的权力;咨,南京临时政府界定为同级公署职员互相行用,而北洋则将此项功能赋予了公函,咨则指参议院与大总统或国务员间之往复文书。

可见,新文种的增设、旧文种的废除或用途的转移,皆使得北洋政府的第一个公文文种更具有行政的适用性和现实性。加之,北洋政府初期的政治制度为责任内阁制,突出特点是分权,尤其是大总统的权力还受到诸多限制,袁世凯的羽翼尚未丰满,还需要在"民主制度"的外衣下发展自身的势力。故,对于这样限制大总统权力的公文程式并未提出异议。

北洋政府第一次公文程式颁布后,理当使得南京临时政府公文程式的不解之风得以遏制,真正使得新文种能在强权政治的推行下得以平稳过渡与接受,但事实上远非如此简单,反而愈来愈复杂。

首先,中央和地方行文方面。1912年11月12日,《临时大总统公布公文程式令》公布数日,棘手问题随即而来,而且麻烦很大。这体现于国务院向袁世凯的呈文中,内称:"现在京各院部衙门均已一律遵行 惟查院部对于各省都督往复文书向用咨行 现在地方官制方在筹议一切 既暂仍旧制 似公文程式亦不得不量予变通"①。咨在南京临时政府颁布的公文程式中,其用途为"同级公署职员互相行文时用",而1912年袁世凯北洋政府的《临时大总统公布公文程式令》规定其用途为"参议院与大总统或国务员往复文书时用",平行性质十分明显。而除咨外,公函的平行性质则更为突出,但公文程式令既已明确规定咨适用于"参议院与大总统

---

① 《国务院呈大总统酌拟公文书程式令变通办法请批示遵行文并批》,《政府公报》1912年11月13日。

或国务员之往复文书",显然属于专用。而院部与各省都督往复行文在公文程式令中并未说明,既然不相隶属,当用公函较为妥当。问题在于,民国前用的是咨,民国成立后,既已规定新的文种,当依新式办法执行,国务院或许是"万般无奈"地向袁氏呈文,提议院部与地方都督行文可变通酌用旧制,从这一举动已然可见,11月初七日颁布的《临时大总统公布公文程式令》因"地方官制尚未制定"这一"客观"的原则致使其在中央与地方都督行文的上不得不向旧制靠拢。解决这一困局的办法似有两途:一是仍沿用旧制,待地方官制公布实施后再实行新公文程式令;二是强行命令执行新公文程式令。若是沿用旧制,新的公文程式的颁布岂非一纸空文,袁氏政府的权威何在?若是强行命令地方执行,地方群起抗议导致新式公文执行难产,岂非雪上加霜?说到底,是新式公文程式适应现行政治、行政现状,还是现行政治、行政现状适应新式公文程式?这一问题确成为相当棘手的难题。为此,国务院建议:"拟请于省制未定以前 仍暂循咨行之例"①,言下之意,中央院部与地方都督的往复公文仍沿旧制,北洋政府的新公文程式暂成"一纸空文"。

其次,官方与民间社会团体(个人)行文方面。无论是南京临时政府(1912),还是北洋政府(1912)的公文程式,主要是规定各官署间及官署内行文规范,对于官署与社会团体或个人公文关系的规定语焉不详,或简略至极,导致地方或基层官署在此方面行文时似懂非懂,甚至弃新沿旧。如,1912年,如皋民政长曾向省民政厅呈请明定官厅对于团体人民用照会与令之区别,省民政厅虽作出"所称用照会者 系指县制第八十一条规定之民政长对于县议事会或参事会 市乡制第一百六条规定之民政长对于市议事会市董会及乡董事之类而言"、"官厅对于团体人民分别用照会用令一语"②等答复,但收效并不明显。此案例表明,北洋政府第一个公文程式令颁布后,地方基层袭用照会一如既往,且易与令混淆。省民政厅虽作出粗略之解释,但并不具有说服力。类似这种让下属机构捉摸不定的公文程式说明,易招致混用或沿用晚清旧制之现象。1913年2月4日,针对各地公文程式仍暂沿旧制情形,江苏省民政长不得不再次强调"各

---

① 《国务院呈大总统酌拟公文书程式令变通办法请批示遵行文并批》,《政府公报》1912年11月13日。
② 《民政:规定民政长对于团体人民之公文程式》,《江苏省公报》1912年第66期。

行政议事机关查照省颁公文书程式 毋庸依据旧例"。① 可见，旧例公文程式的影响仍根深蒂固。

再来看，1912年十一月初七日，《临时大总统公布公文程式令》颁布之后，民间团体（个人）与官署之间行文沿用旧制是否得以改观了呢？1913年，吉林商会向工商部发呈文，提出对新公文程式的异议："暂时办法非特不能简单 更为繁琐 且商会系商人性质 与官僚衙署局所不同 所称对于分会用知会 对于各商仍用传单 各商递呈请批则用答复 牌示之件则用宣布牌"，并表示"本会对于司道各署用咨 分会对于本会暂用咨呈"。②吉林商会所遵旧制实为清光绪三十四年二月间制定的行文程式。此种异议反映了《临时大总统公布公文程式令》颁布后，沿用旧例之习并未锐减。

民初的公文程式较之前清，确实简易得多，执行起来理应更便于操作，更能有利于提升行政效率，为何吉林省商会会有"更为繁琐"的认识？吉林商会"固执己见"的一个理由即为商会"与官僚衙署局所不同"，故而致使其认为在与官方打交道并使用公文程式过程中，可以循旧法、沿旧例，适应新公文程式或与其旧有习惯性做法相悖，或与官署的公文程式对商会并不具有强制性有涉。但不管怎么说，从商会对待新式公文程式的态度来看，民国的诞生并未给专制时代所延续下来的封建官场文化带来致命的冲击，坚持使用旧式的"知会"、"传单"，反映了民国初期新旧思想、新旧理念、新旧制度之间的抗争与较量。对此，工商部作出明确批示："各节种类纷杂 殊欠妥洽 在商会新章未颁布以前 除商会对于各部及都督民政长自应用呈外 其余各项一律用函 所有知会 传单 答复 牌示 咨呈等名目应即取消 以归简易"。③

当然，官方与民间团体之间的行文亦有另外一种情况，即所制定的公文书程式令并未囊括一切，从而造成民间团体对于其与官署相互往来该如何行文确无所适从，从而提出咨询。如1913年2月，宝山县知事向省长发呈，请示县知事公署与本地方商会往来公文应用何种程式："训令第一百七十四号 公布制定公文书程式条例八条等因 奉经遵行在案 查条例所载

---

① 《省行政公署训令：江苏省训令第四百七十二号（各行政议事机关查照省颁公文书程式毋庸依据旧例）》，《江苏自治汇报》1913年第1卷第1期。
② 《工商部批批字四五六号（中华民国2年二月五日）》，《政府公报》1913年2月17日。
③ 同上。

于各级行政机关与议事机关应用各种公文程式分别至为明显 至地方团体若农会商会之属 初未用何种规定 县行政机关与县属各农会 按照部定规程有主管关系 固已当然用令用呈 惟境各商会新章尚未奉颁布 旧章虽似无统属关系 究应适用何种程式 自未便擅行 为特备文呈请民政长迅即指令遵行"。① 上文中提及"训令第一百七十四号"是指1913年省民政长公布的《各市乡文》，主要规定了行政机关与议事机关之间相互行文的规定。

当然，地方上亦有根据自身情况制定公文书程式条例的，如1913年，江苏省就制定了《公文书程式条例》八条，规定：

第一条，县知事公署、市董事会、乡董为行政机关；

第二条，县议事会、县参事会、市议事会、乡议事会、乡公民会为议事机关；

第三条，行政机关上行下用令、下行上用呈，不相统属者用公函；

第四条，议事机关行文上级行政机关用呈，同级行政机关用公函；

第五条，行政机关行文下级议事机关用批，同级议事机关用公函；

第六条，议事机关相互行文均用公函；

第七条，议事机关与下级行政机关及行政机关与上级议事机关不得直接行文；

第八条，本条例以民政长命令行之。②

随后，为较彻底贯彻省颁公文程式，使各项公文工作归于一律，1913年，江苏省又颁布省长训令，即《省长训令各行政议事机关查照省颁公文书程式毋庸依据旧例》③，再次强调新公文程式的适用。

---

① 《呈省长文（请求县智囊公署与本地方商会往来公文应用何种程式）》，《宝山共和杂志》1913年第6期。

② 《本省法令：省长训令制定公文书程式条例》，《上海公报》，1913年第3期。

③ 《本省法令：省长训令各行政议事机关查照省颁公文书程式毋庸依据旧例》，《上海公报》1913年第4期。

(二) 民初公文程式遇阻的原因

首先，民初地方政制、机构设置不一。武昌起义后，各省革命或宣布独立的途径有别，造成民国初年各省的官制、行政机构设置等迥异，较为混乱。省一级组织一般称为都督府，实行军政和民政合并管理。而县一级组织，南北方差异较大：南方多自定官制，北方多沿袭晚清旧规。加之"共和初建，中央方注意于军事财政外交诸大端，而未暇顾及地方官厅之组织，遂致各省组织纷歧，莫衷一是"。① 地方官制的未定一统导致地方在行政过程中有较大的自由裁量权和活动空间，这种"自由权"反映于地方政权与中央关系的问题上，就表现为诸多不适，甚至冲突。如此一来，不统一的政权驾构、中央的权威相对缺失导致了中央在推行政令时，必然会与"诸侯割据"的地方政权出现利益博弈的情况。如此，颁布适用于全国的公文程式令时，招致各地"问询"、"质疑"，甚至"反对"就不言而喻了。

其次，传统社会的政治与行政的模式是"政出一孔"，但晚清以来，这种模式遭遇"瓶颈"，尤其是中央与地方的关系上。如清末的立宪运动，其一开始就表现出地方与中央争权的强劲态势，各省坚持要独立决断本省的民政、财政、教育等大政方针。清亡民兴，更加速了这一政治走势。各省的用人权、军政权、财政权均集中于都督一人之手，导致"在权力行使上，中央受制于各省者多，而各省听从中央命令者少"②。无论是孙中山，还是袁世凯，在总统任内都注意到了这一政治上的异动，故将"民族之统一、领土之统一、军政之统一、内治之统一、财政之统一"视为最高的政治目标，但都无力遏止弱干强枝的政治走向。相反，中央与地方的关系更加疏远，从而出现"民初，中央政府未遑注意于地方自治，各省率沿清制"③ 的局面。如此一来，民初各地公文程式仍沿用旧制便不难理解了。

最后，从中央与地方的官吏成分来说。民国元年，随着中央各部官制的制定，文官制度已基本形成。然而，民初各部、各地官员并未像《文官任用法》和《文官考试法》所规定的那样，"从新旧官吏的结构变化

---

① 钱端升等：《民国政制史》（下册），上海人民出版社2011年版，第351页。
② 胡春惠：《民初的地方主义与联省自治》，中国社会科学出版社2001年版，第43页。
③ 钱端升等著：《民国政制史》（下册），上海人民出版社2008年版，第685页。

看，中央和省一级的民国官员新旧比例都各有一定的成分。但是省以下几乎全为前清官吏把持"①。这在1912年初黑龙江省呈国务院核准其所任官吏的一文中可窥一斑，"照国体初更 一切官制官规尚未分别厘定 所有本省大小各官 均系暂行照旧办理 以重职权"②。政治上继续以旧收新，新的政治体系却仍是旧的官僚群体，加之中央权威的缺失，熟谙旧制的旧官吏在使用新式公文程式中出现新旧杂陈的现象便不足为奇了。

二 1914年公文程式令

（一）第二次公文程式：1914年三个公文程式令

1914年5月26日，北洋政府公布了《大总统公文程式令》、《大总统府政事堂公文程式令》、《大总统公布官署公文程式令》，重新界定了之前所颁布过的令、咨等文种。

大总统公文程式。《大总统公文程式令》主要规定了大总统享有的策令、申令、告令、批令、咨文种的适用范围。以策令与申令来说，与之前公文程式所颁行之令的变化极大：

策令适用范围：任免文武职官、颁给爵位勋章并其他荣典。

申令适用范围：公布法律、公布教令、公布条约、公布预算、对于官署及文武职官之指挥训示、其他大总统依其职权执行之事件。③

该公文程式令的最大特色是废除了总统公布法律、公布教令、公布条约、公布预算须经国会议决或同意的规定，仅由国务卿副署，而国务卿又为袁氏心腹，事事听命于袁，实际上只是大总统说了算，从而反映了修改约法后总统权力的急剧扩大。

政事堂公文程式。《大总统府政事堂公文程式令》规定了国务卿与各部、各省最高级官署行文的文种，基本是套用或沿用清代公文的名称，诸如封寄、交片，另有咨呈、咨等，表明袁世凯已经在公文程式上向帝制迈出了重要的一步。其主要规定如下：

---

① 章猷才：《民国初年社会结构论稿》，人民出版社2009年版，第141—142页。
② 《咨文：东督等咨呈国务院东省司道等官衔名请鉴核备案文》，《政府公报》1912年5月11日。
③ 中国第二历史档案馆编：《民国时期文书工作和档案工作资料选编》，档案出版社1987年版，第57页。

第二条　国务卿面奉大总统谕与各部院行文时，以封寄或交片行之；

第三条　国务卿面奉大总统谕与各省最高级官署行文时，以封寄行之；

第四条　各部院各省最高级官署与政事堂行文时，以咨呈行之；咨呈之答复，由国务卿以咨行之；

第五条　国务卿对于各部院各省最高级官署，遇有商议事件时，以公函行之。①

封寄正式成为法定文种虽首次见于《政事堂公文程式》，但封寄之做法，清代业已盛行。如清初，机密谕旨由军机大臣封寄。交片同样如此，但在清初，交片已是官署正式文书的一种，是军机处按照皇帝旨意发交各衙门办理公事所行之文书。这种公文名称上的复古，反映了袁氏帝制之野心。

一般官署公文程式。《大总统公布官署公文程式令》②主要规定了各级官署之间呈、详、饬、咨、咨陈、示、批、禀八种公文的使用。

但因该公文程式几乎完全袭用了封建王朝的公文名称与做法，在公文程式上实行了总统皇帝化、命令上谕化，为以后袁世凯龙袍加身做准备。时人有诗暗贬云：

知否堂堂国务卿　先从文牍益求精　凤皇厘定公文式　一纸风行又变名　文呈元首界分明　机密尤须用密呈　记否当年对奏式　双抬从此要流行　属吏陈言改用详　副详批答亦堂皇　事关机密详宜密　怕有旁人耳属墙　长官令出冀惟行　名目何妨屡变更　训令从今行不得　一经饬到属员惊　外官巡按职非轻　各部休将令行　往复文书须变体　咨行两字始欢迎　高官部院本平行　说到公文转启争　仿佛春秋严一字　咨陈毕竟胜咨呈　官署人民阶级分　终嫌布告不成文　如今宣誓新程式　示谕通衢使众闻　上官裁答以批行　僚属人民莫妄争　准驳自由权在手　文书十上事无成

---

① 中国第二历史档案馆编：《民国时期文书工作和档案工作资料选编》，档案出版社1987年版，第58页。

② 同上书，第59—60页。

人民陈请赖呈文　民国于今亦习闻　花样翻新须上禀　五行牢记莫胡云　精神形式本相连　形式而今已变迁　但愿精神齐抖擞　莫将文义苦拘牵。①

紧接着，袁氏又在公文上进一步复古，一步步向帝制靠拢。首先，停用大总统令。袁世凯于接受帝制之后、正式当皇帝之前，既不愿再用大总统的名义发布各种命令，又未便以皇帝自称。为解决此矛盾，于1915年12月16日修改了政事堂组织令第四条与第五条，规定"大总统发布之命令由政事堂奉行，政事堂钤印，国务卿副署"，从此大总统令停止使用，而代之以政事堂"奉策令"、"奉批令"等办法公布命令，但究竟是奉皇帝之令抑或奉大总统之令，故意不予言明。其次，更改纪年。1915年12月31日，政事堂发布申令，自1916年1月1日起，改纪年为"洪宪元年"。"大典筹备处"也发布通告，自是日起"所有奏、咨暨一切公牍，只署洪宪元年某月某日"。最后，复活"奏折"。1916年元旦以后，随着袁世凯改用洪宪纪年，所有上报袁世凯的文件，全都袭用封建时代臣民呈报皇帝的奏折格式与用语。

（二）第二次公文程式颁行后的执行情况

首先，警政公文的使用。因为1914年的公文程式较之民国元年又有大幅改动，加之基层官署之间职权划分并不十分完备，故在适用上，仍然遭遇不解。如黑龙江巡按使曾呈文内务部，询问县警察所与县知事往复公文用何种程式。内务部答复如下："查县警察所所长按照官制 系以县知事兼任 惟所长与县知事虽属一人 而机关究属有二 往复公文当然以咨行之 至警察分所对于县警察所为下级机关 公文则应用详 以分所长名义行之 县警察所对于分所则应用饬 以所长名义行之 其警察分所对于县知事公文应详由警察所转行 如关于寻常事项 用函用报告 均无不可"。② 内务部的答复已经说得很清楚了，但仍然有几个问题要解决：第一，按官制规定，既然县知事兼任警察所长，军政合一，警察所若向县知事行文首先必得经过所长批示同意方可，以警察所的名义向县知事行文，实际上只是知事一人在其中起核对与关键作用，身兼二职如何区分不同职权？第二，寻常事

---

① 《游戏诗：杂咏（新定官署公文程式）》，《余兴》1914年第3期。
② 《内务公报》1915年第19期。

项，警察（分）所向县知事行文用函用报告均可，此二者到底区分度在哪里？既然均可，为何不只用其中一个？既然均可，为何不加以合并，省累赘之繁？按照第二次公文程式的规定，官署之间的行文没有函和报告，函是在《政事堂公文程式令》中规定的，其用途为①：

"国务卿对于各部院各省最高级官署，遇有商议事件时，以公函行之"。如果是这样，县级基层政权的使用时，又如何对三个公文程式令加以区分？这些，在内务部的答复中显然找不到答案。尽管如此，对于警政公文的适用毕竟给出了一个相对明晰的参考，使之适用并固化，从而使得警政公文适用和服从于三个公文程式令。

其次，变通特任将军的公文程式。早在1913年12月19日，北洋政府就公布了《各省军事长官公文程式章程》，规定了护军使、镇守使行文都督的文种使用："一、护军使、镇守使对于都督，均应用呈，都督对护军使、镇守使应用令；二、现有都督之省分，其护军使、镇守使官阶同级者，来往公文，均用移文，护军使官阶较崇者，镇守使应用移呈；三、现无都督之省分，镇守使对于护军使应用呈，护军使用令；四、护军、镇守使对于参谋本部及陆军部均用呈。"② 袁世凯为称帝做准备，竭力控制地方，特任自己心腹将军担任各地将军，如策令特任王占元为壮威将军、郑汝成为彰威将军、曹锟为虎威将军等。不仅如此，连在其公文程式上亦有特殊之处，袁世凯所特任的这些将军现任职务均系师长或镇守使，隶属于本部指挥，与各省将军微有不同。故，所有公文程式"凡各该将军于师长镇守使职务以外 因他项事务与本部之公牍 自应单用将军名义以咨陈行之 其对于各省之军政民政各长官无直接指挥之统系者 无论因何事 一律用咨 至于因师长或镇守使职务所关 对于本部之文牍则应单用师长或镇守使名义 仍以详文行之 其对于现驻地之军事长官有明文受其节制者亦然"。③ 查，1914年5月26日发布的《大总统公布官署公文程式令》规定："各省最高级官署对于各部院之陈请报告，以咨陈行之。"而袁氏所特任的各

---

① 《大总统府政事堂公文程式令》，《政府公报》1914年第738期。
② 《陆军总长段祺瑞呈大总统拟定护军使暂行条例暨各省军事长官公文程式章程缮具清折请鉴核文并批》，《政府公报》1913年12月21日。
③ 《陆军部呈拟请变通壮威将军等公文程式仰祈示遵文并批令》，《政府公报》1915年第1236期。

地将军，与各部院行文同样使用咨陈，这就从公文程式上使这些特任将军取得了与各省最高官署同样的权力与名义，军政公文又实现了统一与强化。

最后，司法公文的修正。1914年5月30日，司法总长章宗祥发布饬文，要求司法官署公文书程式应遵照之前颁发的三个公文程式令加以修正，具体内容为："除批文一项仍旧适用外 凡关于向用呈令布告各项文书应即一律改为详或饬或示 并查照此次公布之格式办理 至同级或无隶属关系之司法官署暨对于司法官署以外之官署所有文书往复 概仍准用公函仰即遵照 此饬"。① 如此一来，司法公文又得到了修正，与上述警察、军队两者公文使用相结合，形成了军、警、司三者在公文程式上的统一，并得以贯彻执行。这些都表明，1914年的三个公文程式令在其颁布后，上至中央各部、下至基层均予以认真执行，这对于统一政令、提升行政效率不无裨益。

三 1916—1917年公文程式（令）

洪宪帝制失败以后，黎元洪继任总统，北洋政府进行了第三次公文程式立法，主要是废除袁氏当政期间所颁发通行的公文程式。早在袁死后当月，外交部对于公文程式即进行了重新规定，"迳启者：奉总长面告：现在政局变迁，公文程式必将重加订正，在未经订正公布以前，本部所具呈文，暂照元年公布程式缮递等语。特此奉此"②。也就是说，外交部重新恢复了民国元年的公文程式。1916年7月29日，大总统教令第二十八号公布新的《公文程式》，设置了大总统令、国务院令、各部院令、任命状、委任令、训令、指令、布告、咨、咨呈、呈、公函、批等文种，界定其适用范围。7月的公文程式，既不是民元公文程式的原封不动，亦不是袁氏当政期间公文程式的翻版，而是根据政务运行的实际需要，混合了两者的适用之处。1917年11月6日，北洋政府又颁布了《大总统公布公文程式令》，进一步废弃了1914年三个公文程式令，基本恢复至民元时公文程式，并一直沿用至北洋政府统治的覆亡。

---

① 《政府公报》1914年第743期。
② 中国第二历史档案馆编：《民国时期的文书工作和档案工作资料选编》，档案出版社1987年版，第98页。

四 1916—1917 年后的公文程式（令）

袁氏"洪宪帝制"破灭后，公文程式的界定逐步回归民元时期。虽回归"民主"，但历经多次风波，新公文程式的推行一如民初公文程式推行的那样，颇不顺利。

1917 年，公立第八高等小学学校向教育局行文屡用公函，遭致该局发文指正："查公文程式第二条第十一项内载 呈 下级官署对于上级官署有所陈报时用之 第十二项载 公函 不相隶属之官署用之 各等语 学校虽非官署 但既为本局所隶属 颁有校章 自以用呈为宜"。①

教育行政机关与学校之间的往复行文之间的争议尚小的话，警察与司法机关的公文程式问题则显复杂，需要加以清晰界定。

警察官署的公文程式，无论哪一年的规定，多为大概所指，并不具体，尤其是警察官署之间及其与其他官署间的行文规定鲜有涉及。各省曾就此问题先后向内务部进行多番咨询，征求解决建议。1918 年 12 月 30 日，内务部参照旧案和现行公文程式，酌情制定了《警察官署公文程式划一规则》，规定了呈、公函、训令或指令、咨呈、报告诸文种的适用情况：

第二条 关于警察官署上行公文用呈如下列
一 警察总监 警务处长对于内务部
二 警务处长 警察厅长 局长 所长对于省长 督军 都统
三 警察厅长 局长 所长及县知事对于警务处长
四 省会以外之警察厅长对于驻在同一地方之该管道尹 但依地方警察厅官制第一条第二项 但书之规定 经内务部认为有特别情形之商埠 警察厅长准用第六条之规定
五 警察厅长 局长对于特别管辖之文武长官
六 警察局长对于访管道尹或特别管辖之县知事
七 以警佐充任之警察所长对于该管县知事
八 警察分所长对于警察所长

---

① 《京师教育报》1917 年第 42 期。

九　警察厅局所之署队对于警察总监厅长局长所长

十　警务处之属官对于警务处长

十一　警察厅局所之属官对于警察总监　厅长　局长　所长

第三条　关于警察官署平行公文用公函，如下列

一　警察总监　警务处长对于各简任官署

二　警察厅长对于警察局长　所长及县知事

三　警察厅长对于非访管道尹及与道尹相等之官署

四　警察局长对于警察所长

五　警察局长对于非该管道尹及非特别管辖之县知事或与道尹及县知事相等之官署

六　警察所长对于县知事

七　县警察队对于警察分所长

第四条　关于警察官署下行公文用训令或指令，如下列

一　内务部对于警察总监　警务处长

二　省长　督军　都统对于警务处长警察厅长　局长　所长

三　警务处长对于警察厅长　局长　所长及县知事

四　省会以外驻在同一地方之该管道尹对于警察厅长

五　特别管辖之文武长官对于所辖之警察厅长　局长

六　该管道尹或特别管辖之县知事对于警察局长

七　该管县知事对于以警佐充任之警察所长

八　警察所长对于警察分所长

九　警察总监　厅长　局长　所长对于该管之署队

十　警察总监　警务处长　警察厅长　局长　所长对于各该官署之属官

第五条　警察总监对于不相隶属之特任官署用咨呈

第六条　省会警察厅长遇有应行分报驻在同一地方之道尹事件用咨呈　道尹封之用公函

……

第九条　凡上行公文遇有寻常事件得以报告行之①

---

① 《咨：内务部咨各省长、各都统、川边镇守使阿尔泰办事长官厘定警察官署公文程式划一规则通行查照文（中华民国7年十二月三十日）》，《政府公报》1919年1月8日。

该项规则实际已囊括警察官署之间及其与其他行政机构之间行文的方方面面，虽非包揽一切，但也界定得较为清晰了。

至于司法部门与社会团体及人民之间公文往来行文问题，既有文种问题，又有邮费问题。1917年11月初七日公布的《大总统公文程式令》规定："人民对于大总统，及行政各官署之陈请用呈"，但若有民事诉讼之类，民众向司法部门所递之公文却不是用呈。如司法部规定：人民递呈须于呈文开首处贴用印花票一角。但"人民因诉讼事件向司法衙门呈递与呈文用途各殊 不容相混 查近来人民呈递本部文件 往往误用民刑状纸"①。此外，社会团体或人民向司法部所递之公文，又有"不照章贴用印花"之问题。司法部不得不再次申明："嗣后 人民若向本部有所陈述 须一律用呈 并贴印花票一角 如仍用状纸及不贴印花者 概不受理"。② 其实，不光是司法部，行政官署亦曾遇到类似问题。1922年7月，针对"前因各团体各人民向本署陈请之案往往有用信函及快邮代电者"③ 之问题，江苏省省长发布布告，重申："有陈报事件均须一律用呈 并须粘贴印花 倘有不合程式之信函及快邮代电以违式论 概不批答"。④

1916年后的公文程式还有另一个重要特征，即除有中央统一规定的公文程式外，各部门还都有各自不同的专业文件，还有诸如"代电刀"、"通知刀"、"移付"、"手折刀"、"说帖"、"意见书"等，其中"代电"一项，由于没有繁琐的程式，简捷方便，因而大量使用。⑤

除上述几次极其重要的公文程式（令）外，北洋政府在其存在的10多年间，还先后颁发过其他公文（档案）方面的条例和规则，"据不完全统计，从1912年11月6日北洋政府颁发《临时大总统公布公文程式令》，至1926年9月1日北洋政府结束前夕签发的《国务院秘书厅对执政府时一切公文宣布无效致内务部函》的15年时间内，从中央到地方，从国务院到各部院，前后上下共制定颁发了近百个文书和档案工作法令、章程、规则、条例、办法、细则等法律和规章"⑥，虽纷乱多变，但仍足见其在

---

① 《政府公报》1920年9月30日。
② 同上。
③ 同上。
④ 《江苏省公报》1922年第3077期。
⑤ 李柞明：《1916年后北洋政府的文书制度》，《历史档案》1983年第4期。
⑥ 徐绍敏、李统祜：《档案立法研究》，浙江大学出版社2003年版，第140页。

北洋政府行政体系中之重要性。

第二节 公文管理机构

公文管理机构属于政治上层建筑的重要组成部分，它受到政治制度、政体形式和权力角逐的影响。从1912年到1928年，北洋政府的确是作出了一些"民主"的姿态，譬如内阁制、宪法和议会，甚至发动社团参与政治竞争，从而创造了"由传统时代封闭单一的政治进入现代公开而竞争的政治的重要途径"①。然而，北洋政府的政治格局从本质上来说并非民主的形式，而是军阀实力的相互角逐。以内阁制来说，北洋政府前期，即从袁世凯到曹锟，内阁更动达37次之多，23人担任过内阁总理，任期最长的不到两年，最短的只有几天。政治上的走马观花式的轮流，带来的是制度的不断调适以达到新一轮执政的目的和初衷。从机构的组成到部门权力的更张，从人员的安排到核心权力的争夺，无一不体现在诸次官制改制中。就公文管理机构来说，亦受到一定程度的影响。

袁世凯篡夺辛亥革命的胜利果实后，"顺应"民主共和的潮流，承袭了南京临时政府的资产阶级共和国模式的国家制度，机构设置效法西制，是按资产阶级立法、行政、司法"三权分立"的原则，由总统、参议院、国务院、大理院等组成。在公文机构管理设置方面，基本沿用南京临时政府的做法，并有所变动。袁死后，北洋军阀集团陷于分立，虽国家政权管理形式和官制几经变更，但文书管理机构保持了相对稳定的延续性，并在南京临时政府的基础上有所发展。大体来说，北洋政府的公文管理机构有以下几种形式：

一 中央层面的公文机构

(一) 隶属于秘书厅（处）

北洋政府形式上标榜近乎西方的民主制度，在这一"民主幌子"的外衣下，中央政府机构的设置大体有总统府、国务院及行政各部、国会、司法机构等。在这些机构中，文牍（书）管理机构的设置有隶属于秘书

---

① 张玉法：《中国现代政治史论》，东华书店1989年版，第143页。

厅的，这在总统府、国务院以及行政各部等机构设置上皆能得以体现。

秘书厅的主要法规是元年七月十八日公布的《国务院秘书厅官制》，袁世凯解散国会后，一般官制都有修改，二年十二月二十一日公布《修正国务院秘书厅官制》，略有变更。国务院设秘书长一人，简任，承国务总理之命，掌理秘书厅事务。秘书长有事故时，得令首席秘书代理。秘书六人，荐任，分掌宣达法令、撰拟及保管机要文书、典守印信等。佥事六人，荐任，分掌撰拟文书、编纂纪录、保管文书图籍、翻译文电、核对文稿、收发文件，以及掌理会计、庶务等项。主事六人，委任，辅助佥事分办各项事务。《修正官制》取消首席秘书，改定佥事为十二人、主事为二十四人。秘书厅设参议八人，职掌略同各部参事，主要是审议法令。秘书厅分课办事，主要情况如下。依二年十一月一日公布的《国务院秘书厅分课办事规则》的规定。秘书厅共分三课：第一课办理机要，第二课办理一般文书和统计。第三课办理出纳、庶务、交际等项。但依三年一月十七日《政府公报》所载，秘书厅是分八课办事，即总务、内政、外交、财政、边务、军政、编纂、庶务等八课。

1. 总统府秘书厅

袁世凯责任内阁时期，大总统并不是实际的行政首长，而是居于国家元首的地位，享有若干特权，但许多只是一种名义，或由别的机关行使，或受限制。如，依照《临时约法》的规定，临时大总统提出法律案、公布法律、发布命令需要经过国务员的副署，才能发生效力，其设置之初衷本就是为限制袁世凯的权力与野心，从而确保民主政体的延续。但军阀的特点是军权支配一切，一旦有实力的军阀担任大总统，绝不会受责任内阁政体抑或《临时约法》的约束，势必要在机构的设置与调整上做些文章，总统府秘书处的设置即是这种较量的产物。该机构初为秘书处，袁世凯为集中政权、军权和财权，于是将秘书处扩大为秘书厅。[①] 秘书厅是最重要的中央秘书机构，在多数情况下，是唯一的秘书机构。据《梁燕孙年谱》载：总统府秘书厅成立于1912年4月22日。[②] 秘书厅置秘书长一人，掌管秘书厅事务；参议若干人，负责审议法令；秘书若干人，分掌秘书厅的

---

① 李进修：《中国近代政治制度史纲》，求实出版社1988年版，第199页。
② 凤冈及弟子编：《三水梁燕孙先生年谱》（上），第1163页。转引自李进修《中国近代政治制度史纲》，求实出版社1988年版，第199页。

具体事务，其中参与机要者又称机要秘书，袁世凯统治时期设秘书六人，三人为机要秘书，后又专门设有英文秘书、日文秘书，以应付外事方面的机要联络工作。秘书厅下又分设总务、文牍、军事、法制、财政、民政、英文、电报八科。

由于袁世凯一心想复辟帝制，曾一度取消了秘书厅的名义，而改称内史厅，将总统秘书改为内史，秘书长改为内史监。总府府收文处也更名为奏事处，另还有承宣司。1916年，袁世凯称帝失败，才又恢复了秘书厅的名义，仍设秘书长、秘书等职。

袁世凯还曾一度设置总统府政事堂，将其作为自己的办事机构。1914年5月1日，袁世凯公布《中华民国约法》，实行总统制，废弃《临时约法》与责任内阁制，从而迈出了走向独裁统治的重要一步。同日，宣布废止《大总统政事党组织令》，完成从内阁制向总统制的改组，一年后又修改政事堂组织，向帝制过渡。政事堂内的专职秘书机构是机要局。根据1914年5月5日公布的《大总统政事堂机要局官制》的规定，机要局的职权主要有：（1）颁布命令，"恭请铃章"；（2）撰拟命令及各项文电；（3）收发京外官署文牍电信；（4）典守印信；（5）审核各部事务；（6）关于清室来往文件；（7）关于立法院来往文件；（8）与各部院接洽文件；（9）与本堂（政事堂）各局所人员接洽事件；（10）保管图书；（11）编辑档案。① 从上述编制和职掌来看，机要局在当时权力极大，职掌颇宽，是袁世凯实行独裁统治的得力工具。机要局与政事堂同始终，帝制破产后，袁世凯于1916年5月8日被迫恢复国务院，取消政事堂，机要局也同时被裁撤，权力复归秘书厅。

可见，袁世凯统治前后，总统府的公文管理机构主要有2个，即文牍科和机要局，文牍科隶属于秘书厅。而袁世凯帝制失败后，机要局的裁撤又复使秘书厅成为典型的公文管理机构。

2. 国务院秘书厅

国务院组织体系有国务会议、辅助机构、直属机构和行政各部。秘书厅属辅助机构，职责是协助国务总理处理日常工作，其主要法规有民国元年七月十八日公布的《国务院秘书厅官制》和二年十二月二十二日公布

---

① 《大总统令（中华民国3年五月五日）：教令第五十八号：大总统府政事堂机要局官制》，《政府公报》1914年第717期。

的《修正国务院秘书厅官制》。厅下设课（科、处），数目无定制。1913年11月1日公布的《国务院秘书厅分课办事规则》中，规定秘书厅分三课办事，一课掌管机要文书、编纂纪录事项，下分二股：机要股主管机要文件、典守印信及电报处；文书股负责其他文件收发；二课办理一般文书，三课办理出纳、庶务、交际等项。另设有编档处，负责编档工作。[①] 1914年，该厅机要文书由秘书掌管，第一课改称总务课，只负责文书收发及一般文件之处理。[②] 1926年3月26日《国务院秘书厅办事规则》公布时，秘书厅又设五科二处办事，一科负责发布命令、公报、人事、典守印信；二科负责撰拟文稿；三科负责编辑、谒见、档案；四科办理庶务；五科掌理会计。会议处负责会务工作，电务处负责电报事务。[③] 可见，不管国务院秘书厅的科（课）室设置如何变化，办理公文必为其必不可少的职能之一。

民国16年（1927）六月十八日，张作霖在北京怀仁堂就任大元帅职，成立军政府，颁布《军政府组织令》，对之前的官制重新进行更设。7月13日，颁布《国务院官制》，其中，秘书厅掌管"关于法令之宣达事项；关于国务会议事项；关于撰拟及保管文书事项；关于文卷编纂纪录事项"。秘书厅置秘书长一人，秘书十人，荐任；佥事二十四人，荐任；主事七十二人。[④]

3. 参、众议院秘书厅

两院秘书厅皆分科办事。参议院秘书厅分置文牍、议事、速记、公报、会计、庶务6科；众议院秘书厅分置议事、速记、文书、会计、庶务5科。[⑤]

两院秘书厅是常设机构，除开会时中心任务为会务工作外，平时也有日常程序的工作任务，并负有秘书工作以外的其他职责。两院秘书厅理应是中央秘书机构，但因国会实际不起多大的政治作用，只是形式上存在，作为所谓"民主共和"制度的装饰品，或只能做表面文章，或

[①] 《院令：国务院院令第二十号（中华民国2年十一月一日）：国务院秘书厅分课办事规则、国务院秘书厅第一课办事细则等》，《政府公报》1913年第538期。
[②] 李柞明：《袁世凯时期北洋政府文书工作制度》，《历史档案》1983年第2期。
[③] 代继华、谭力、粟时勇：《中国职官管理史稿》，法律出版社1994年版，第1075页。
[④] 《国务院秘书厅官制》，《政府公报》1917年第4031期。
[⑤] 钱实甫：《北洋政府时期的政治制度》，中华书局1984年版，第22页。

沦为军阀的御用工具。因此两院秘书厅在当时的中央秘书机构中并不重要。①

另有宪法会议，是两院联合会的形式，共同议定宪法。宪法会议也置秘书厅，下分设议事、文牍、速记、庶务4科。② 宪法会议秘书厅只是临时性机构，多为联合会召开期间开展文牍、议事及其他诸事项，在功能和规模上远不如两院秘书厅。

当然，北洋政府不同的时期，对于公文机构的隶属多有相沿袭者。民国14年五月一日，段祺瑞执政府颁布《修正临时参政院条例各条》③，参议院设秘书厅，秘书长一人，由执政派充，综理厅务；秘书六人，掌机要事务，分文书、议事、速记、编辑、会计、庶务等科。

4. 内务部直辖机关之临时执政时期的国民代表会议筹备处

依照十四年五月一日公布的《国民代表会议筹备处条例》的规定，筹备处置评议厅和秘书厅。评议厅设评议长一人、评议八人，办理关于各地方执行选举程序的监督和审查。秘书厅设秘书长一人、秘书十人，分置文书、编辑、会计、庶务、会务五科。④

5. 币制局秘书处

仿照七年官制，局内分置参事室、调查室、秘书处（机要、文牍、会计、庶务四科）。⑤

6. 财政部直辖机关之中国银行

二年四月十五日公布《中国银行则例》，分置秘书处，下设文书、检查、证券、营业、出纳、发行、国库、计算八局。⑥

7. 新约法时期的政治会议（二年十二月十五日至三年五月二十六日参政院成立）

政治会议设议长一人，副议长一人，由大总统从议员中任命之。议长之下设秘书厅，掌理：关于政治会议之预备开会事项；关于政治会议之准备议事及整理议案等项；关于政治会议之文书记录及其他庶务事项。秘书

---

① 聂中东主编：《中国秘书史》，中州古籍出版社2000年版，第711页。
② 钱实甫：《北洋政府时期的政治制度》，中华书局1984年版，第23页。
③ 《政府公报》1915年5月2日。
④ 同上书，第179页。
⑤ 同上书，第162页。
⑥ 同上书，第187页。

厅设秘书长一人，由大总统派充，受议长之指挥，综理本厅事务。秘书六人，由秘书长呈由议长呈请大总统任命，此外由秘书长任命书记员、庶务员，并可酌用速记员及雇员等若干人，办理琐事。①

8. 约法会议

民国3年，为增修约法而筹备召开的会议。约法会议设秘书厅，分文书、议事、纪录、庶务等四科，分掌各项事务，秘书长一人，由大总统任命，受议长之指挥，综理本厅事务，监督本厅职员，秘书科长共九人，由秘书长呈请大总统任命，此外尚由秘书长委任科员、速记员、书记员等若干人。②

9. 善后会议

段祺瑞在民国13年十一月二十一日宣告入京就职时，在通电中主张于一个月内召集善后会议，三个月内召集国民代表会议。十二月二日，国务会议通过一善后会议条例，规定：善后会议下设秘书厅，掌文书、议事、速记、会记、庶务等事。设秘书长一人，秘书五人，事务员四十人。③

10. 参政院

参政院置秘书厅，由大总统任命秘书长一人主持；设秘书六人、佥事八人、主事十六人，速记和书记若干人，分办各项事务。④

段祺瑞执政府时期：临时参政院置秘书厅，由临时执政特派或简派秘书长一人综理厅务。秘书六人，厅内分置文书、议事、速记、编辑、会计、庶务六科，各设科长一人，科员共六十人。⑤

（二）隶属于总务厅（处）

国务院行政各部均设总务厅和司（局），厅、司（局）之下分科办事。多数部的总务厅是唯一的秘书机构，另有陆军、海军、农商、交通四部还设有参事厅，其中农商部除参事厅外，复设秘书处。总务厅的职掌主要有：（1）掌管机要；（2）典守印信；（3）统计、报告；（4）登记职员

---

① 钱端升等：《民国政制史》（上），上海人民出版社2007年版，第72页。
② 同上书，第75页。
③ 同上书，第151页。
④ 钱实甫：《北洋政府时期的政治制度》，中华书局1984年版，第47页。
⑤ 同上书，第52页。

进退；（5）纂辑、保存、收发各项公文函件；（6）办理本部预算、决算；（7）稽核会计；（8）管理本部官产、官物；（9）办理其他不属各司事务。

总务厅一般不设主管的厅长，多由秘书或参事分掌，但有若干别的名义。如陆军部在元年即有"管理总务厅事务"名义，往后他部也有类似办法。如农林部有"掌管总务厅事务、佥事"名义，交通部有"管理总务厅事务、参事"名义。海军部更有"管理总务厅事务、次长"和"帮理总务厅事务、参事"两个名义。①

总务厅分科办事，各科名称一般冠以所学事务。据1912年北洋政府颁布的《官制》通则中明确规定中央各部设总务厅，其下设机要、文书二科。有的部还在机要科或文书科之下设有电报处（如外交部、农林部）、收发处（如教育部、农商部），专掌收发文件、电报事宜。不设秘书厅或总务厅的中央机构，其文书处理工作，有的由秘书负责，如国史馆；有的由书记室负责，如审计院。部属的厅、司、科，也指定专门的科、室或人员，具体负责本单位文件的承办、处理工作。

总部总务厅所设科没有统一规定，视情况而定，各时期也分合不一，大致为三科至八科，以分四科或五科为多。五科者为机要、文书（文牍）、会计、统计、庶务，四科者少机要科。这几科中，除会计科外，其余各科多为专职秘书部门。其中，机要科、文书科、统计科的主要职掌大致如下：

机要科——处理机要文电、典守印信。

文书科——负责登记、收发、编译、誊录各类文件及保管图书。

统计科——负责汇编、辑纂各类表册、文件，保管档案。

各部总务厅与国务院、参议院、众议院的秘书厅相同，均为综合性的办事机构，以负责秘书工作为主，同时兼负本部人事管理、财务管理、物材管理等机关行政事务管理，以及不属各司、局的事项。②

除行政各部的总务厅外，其他大总统府直属机关亦设有总务厅，如蒙藏院等。

---

① 钱实甫：《北洋政府时期的政治制度》，中华书局1984年版，第90页。
② 聂中东主编：《中国秘书史》，中州古籍出版社2000年版，第711—712页。

具体到行政各部而言，其大体情况详见表2-1①：

表2-1　　　　　　北洋政府行政各部公文机构设置一览

各部	隶属机构	科（课）
外交部	总务厅	元年五科，包括机要科（电报处）、文书科（收掌处、图书库、印刷所、阅报室）、统计科（档案房）
		二年五科：文书科、统计科
	编纂处	十二年六科：文书科（收掌处、学务处、图书处）、电报科
		十六年五科：文书科
		十六年二股、三课：档案课
内务部	总务厅	元年四科：文书科、统计科
财政部	总务厅	元年四科：文牍科、庶务科（电务所、监印所、档案所、承值所、编纂处）
		二年一室、二科：秘书室（监印、电务二课）、文牍（收发、编译、档案、誊录四课）
		十二年五科：机要、文牍、统计
司法部	各务厅	元年五科：文牍科、统计科
教育部	总务厅	元年四科、三处：文牍科、统计科；秘书处、编纂处
		二年三科、一处：文牍科
		十三年四科、一处：文牍科
工商部	总务厅	元年五科：文牍科、统计科
农商部	总务厅	三年四科：文牍科、统计科
		十二年五科：文牍科、统计科
农工部	总务厅	十六年四科：文书科、统计科
交通部	总务厅	元年五科：机要科、文牍科、统计科
		三年三科：机要科、文牍科
		十二年八科：机要科、文书科、统计科
		十六年六科：机要科、文书科
蒙藏院	总务厅	分设编纂、统计、文牍等六科

此外，内务部与交通部直辖机构中，督办安徽赈抚事宜处和铁路管理局是比较特殊的。前者于九年十一月公布的《督办安徽赈抚事宜处章程》

---

① 根据钱实甫：《北洋政府时期的政治制度》，中华书局1984年版，第119—125页的相关内容整理。

中规定，分置内勤二科外勤四科，其中，总务科包含4个部门，分别为文牍、收发、编查、庶务，基本是关于公文工作[①]；后者于八年十二月十六日交通部呈准公布的《京汉京绥铁路管理局编制专章》中规定，分置六处，其中，总务处设文书等七科。[②]

（三）隶属于书记厅（处、室）

1. 书记厅

司法机关之大理院置书记厅，设书记官长一人，主持书记厅工作。书记厅下辖总务处、民刑事处。总务处分设文书、卷使、统计、会计四科，均由书记官兼充科长。文书、卷使、统计三科负责全院的秘书工作。民刑事处分设民事一科至四科，刑事一科至二科，各科也由书记官兼充科长，掌理本科各类司法文书。

省级司法机关高等审判厅和高等检察厅。高等审判厅设置书记厅，其内部结构与大理院书记厅大致相同，仅各处所设科数略少。

2. 书记处

依照九年四月五日公布的《总检察厅办事章程》规定，总检察厅置书记处，分设文牍、统计、会计、庶务四科。各科设主任书记官一人，掌理本科事务；书记官若干人，分掌各项事务。

平政院也置书记处，分设记录、文牍、会计、庶务四科，由书记官分掌。

县级地方审判厅置书记处，设书记长一人主持，分设文牍、记录、统计、会计四科。

3. 书记室

省级司法机关省高等检察厅置书记室，设书记官长一人，分设总务、记录、监狱三科。总务科辖文牍和会计庶务两股，文书股又辖收发处、文件保存处等。

（四）单设科室

1. 农商部直辖机关

民国五年（1916）周自齐任农商总长时，曾有设立"林务局"的计

[①] 钱实甫：《北洋政府时期的政治制度》，中华书局1984年版，第180页。

[②] 同上书，第199页。

划，以农商部次长为总监督，下设文牍各部。①

2. 财政部直辖机关之全国烟酒公卖局

依照四年五月三十日公布的《全国烟酒公卖局暂行章程》和《全国烟酒公卖暂行章程》的规定，全国烟酒公卖局附设于财政部。下设总办、会办各一人，置一处三科。文牍处设文牍主任员二人，下辖三科。

3. 修订法律馆

七年（1918）七月十三日公布《修订法律馆条例》，就法律编查会改设修订法律馆，职权如旧。仿照七年七月二十九日公布的《修订法律馆处务规则》的规定，馆内分置文牍、会计、调查三科办事。②

4. 总统直辖机关之审计处

审计处主要掌理全国会计监督事务，设总办一人，掌理全处事务，分置五股办事，其职掌如下：

第一股　掌办撰拟关于审计的文牍函电，厘定计算书及证凭、单据的格式，及其他不属各股的事项。③

5. 县公署

公署内部分设各科，视各县事务繁简，分置二至四科。第一科掌办总务，包括机要、印信、统计、收发、档案、庶务等秘书事项及人事、会计工作。

6. 临时法制院

民国13年十二月四日，段祺瑞执政府下令废止国务院法制局官制，公布临时法制院官制④。其中，临时法制院下设事务厅，分设文书、调查、会计、庶务、保管等五科。⑤

北洋时期的中央层级的公文管理机构的设置大体呈现出如下特征：首先，纵然各时期政体形式多变反复、官制制定不尽相同，但公文机构的设置保持了大体的稳定性，即隶属于秘书厅（处）、总务厅（处）、书记厅（处）或单独置科。1916年前，公文机构主要是总统府的秘书厅、政事

---

① 钱实甫：《北洋政府时期的政治制度》，中华书局1984年版，第198页。
② 同上书，第159页。
③ 同上书，第153页。
④ 《政府公报》1914年12月4日。
⑤ 《临时法制院办事规则》，《政府公报》1915年1月12日。

堂，以及中央各部的总务厅。而文书科或文牍科负责一般文电的收发登记和档案保管工作，有的部还在机要科或文书科之下设有电报处、收发所或档案所等机构，分别处理文电的收发、保管事务。1916年后，总统府、国务院仍由秘书厅负责文电的收发保管、文卷的编纂以及文件的撰拟记录事项。中央各部设总务厅，负责掌管机要、典守印信、纂辑、保存并收发各项文电；不设总务厅或秘书厅的中央部门，其文书处理工作由秘书或其他机构负责。[①] 其次，北洋公文管理机构的设置明显延续了南京临时政府的做法，具有外在的"揖美追欧"之势。南京临时政府采用西式资本主义国家民主政体形式，倡导三权分立，职官设置多仿效欧美，公文管理机构亦不例外，尤其是秘书厅机构的设置。北洋政府统治时期，虽不是典型的资本主义国家，但"民主"政体形式依旧保持，公文的管理机构较之南京临时政府既是继承，更是新时期的扩大和拓展。再次，公文机构无论隶属于哪种机构，一方面是由所在部门的地位与职能所决定，地位越高、权限越大则越接近权力核心，秘书厅、总务厅就是两种典型的高级别的公文工作管理机构。往下的部、司、局、会等组织既可设置上述二者，亦可另设书记厅或单独设科，不同的公文管理体现了不同级别与地位。最后，无论是隶属于哪种形式的机构，始终保持不变的是：以公文及其处理为核心。

二 地方层面的公文机构

民国初年，地方仍设22省，一切地方官制一如旧制，均无变化，但各省省制甚为紊乱。次年1月8日，大总统发出《划一现行各省地方行政官厅组织令》12条，明令各省为国家之行政区域（蒙古、西藏、青海除外），设省行政公署，以民政长为行政公署之长官。在未设民政的省份，以都督兼任民政长，为该省行政长官。民政长由大总统直接任命，隶属于大总统。[②] 钱端升先生在《民国政制史》中，将北洋地方官制分为3个时期，即第一期省行政机关（民国二年八月一日至三年五月二十三日）、第二期省行政机关（民国三年五月二十三日至六年九月六日）、第三期省行

---

① 李柞明：《袁世凯时期北洋政府文书工作制度》，《历史档案》1983年第2期。
② 《临时大总统令（中华民国2年一月八日）：划一现行各省地方行政官厅组织令》，《政府公报》1913年1月9日。

政机关（民国六年九月六日至南京国民政府成立）。

（一）第一期省行政机关：隶属于总务处

1913年1月8日，北洋政府颁布《划一现行各省地方行政官厅组织令》，省行政长官称为民政长；省行政机关，称为行政公署。同年3月，颁布《各省行政公署办事章程》，规定行政公署下辖总务处之执掌：

一、关于机要事项；
二、关于印信事项；
三、关于统计及报告编制事项；
四、关于职员履历及进退纪录事项；
五、关于文件之收发、分配、保存、编纂事项；
……①

5月23日公布《省官制》，将民政公署改称为巡按使公署，公署长官称为巡按使。1916年，黎元洪又把巡按使公署改称省长公署，公署长官称为省长。

（二）第二期省行政机关：隶属于总务科，或专设处室

1914年5月23日省官制颁布，省设巡按使为全省最高行政长官，全省行政机关称为巡按使公署。公署内设政务厅，辅佐巡按使掌理全省事务。政务厅内复分设总务、内务、教育、实业四科。至于科下分职，各省并不一致。以河南巡按使公署为例，依照《河南巡按使公署政务厅修正暂行章程》②，总务科下分设考绩、印电、收发、支应四处。

印电处：
一、关于印信事项；
二、关于译电事项。

收发处：
一、关于收发文件，并分配、编号事项；
二、关于保管档卷事项。

---

① 《国务院致各省都督兼民政长各省民政府长电（附各省行政公署暂行办事章程）》，《政府公报》1913年3月23日。
② 《政府公报》1915年8月11日。

政务厅内四科,为省官制所规定,为各省所共有。但除此四科外,当时各省政务厅另有设组织机构者,河南省的秘书处与湖南省的办公室为典型。

河南省政务厅于四科外,另设有秘书处。置秘书及书记官各六员,秉承政务厅长之命,受巡按使之指挥,按照各项章则,处理所掌事务。各该员之职掌,依该章程规定:秘书系核办财政、司法、交涉、军事等项特别事件,及办理机要呈电咨饬,并其他不属于各科事项;书记官掌管机要呈电咨饬文件,并缮写呈饬秘密事件。①

1915年,湖南省巡按使公署修订组织条例规定②:巡按使公署于政务厅以外更设办公室。办公室与政务厅分承巡按使之指挥,执行各项事务。办公室设立监印员、译电员等。其主要职责如下:

监印员:掌关于典守印信事项;

译电员:掌关于收发官电,及翻译码文电事项;另设电报房,专司其事,仍由译电员随时稽核。

(三) 第三期省行政机关

经过前二期行政机关的筹设,到第三期时,各省的行政机关的设置相对较为完备。各省行政机关皆分科治事,科下设秘书人员,具体统办文牍事宜。

(四) 其他地方军政机关

1913年1月8日,中央颁布现行都督府组织令,各省始据此为最高军政机关组织之根据,全国各省最高军政机关之组织,因之划一。省最高军政机关之组织中,设书记1人,承长官之命,办理文牍事宜。将军行署编制令将书记改称书记官,而事务仍旧。③

1913年1月8日,北洋政府公布了《划一现行各道地方官厅组织令》,规定道行政长官名观察使,道行政机关称观察使公署。1914年的《道官制》改观察使为道尹,观察使公署改称道尹公署。道公署内务科的职掌相当于省总务、内务两科的职掌,内务科设科长1人,科员若干人。秘书、科长、科员均为正式官员。另可置若干掾属,办理具体事务,由道

---

① 《政府公报》1915年8月11日。

② 《政府公报》1915年2月5日。

③ 《政府公报》1913年1月9日。

尹自行委插，但须呈报省行政长官核定，并咨陈内务部分别叙等注册。

巡阅使署下设各处，具体设置由巡阅使定之。根据直鲁豫巡阅使公署组织令①规定，巡阅使公署下设秘书处，负责秘书、密电方面工作。

1913年9月，陆军部呈准颁布《镇守使署条例》②，在镇守使署设书记，人数二员，委任，承长官之命，办理文牍事务。此外，镇守使署因缮写文牍及办理庶务，得酌用雇员。③

省议会。省议会更设秘书，暂行法规定由议长任免，承议长之命，经理文牍、会计及一切庶务事宜；其员额及办事细则，由省议会自定。④

特别区域行政机关之热察绥之行政机关。民国三年七月六日颁布之《都统府官制》⑤规定，都统府置书记官三人，承都统之命，掌理机要事宜，由都统委任，惟兼任都统府总务处处长之书记官，应由都统经由内务部荐请总统任命。

至于县，1913年1月8日公布的《划一现行各县地方行政官厅组织令》，把原来凡有直辖地方的府、直隶厅、直隶州和厅、州等地方，一律改为县，行政长官一律改称县知事，行政机关则一律改称为县知事公署。下设佐治员科长、科员，各县知事公署为缮写文件办理庶务得参照现行官制之例，酌用雇员。⑥有的省对县制的规定较完备，如浙江省就规定各县设置知事、参事（即后来的秘书）、科长、科员、书记、掾属等职。参事辅佐知事总理各科事务，知事有事故时代理其职务，书记主要从事记录等庶务事项。

就地方公文工作机构而言，各省（巡按使）公署设总务处（科）全权管理文电的收发、分发、传递及档案保管事宜，县公署则设专员对之进行掌理。

---

① 《政府公报》1920年10月18日。
② 《政府公报》1913年9月7日。
③ 钱端升等著：《民国政制史》（下），上海人民出版社2007年版，第429页。
④ 同上书，第443页。
⑤ 《大总统申令（中华民国3年七月六日）：都统府官制》，《政府公报》1914年7月7日。
⑥ 《临时大总统令（中华民国2年一月八日）：划一现行各县地方行政官厅组织令》，《政府公报》1913年1月9日。

第三节　公文文面款式

一　1912—1913 年公文格式

南京临时政府时期，各地对于公文文面款式的使用仍较混乱，此种状况一直持续到北洋政府初期。公文纸式大小不一、参差不齐，尤为突出，诚如1913年2月18日江苏省行政公署发布的训令所指出的："各署局所行用沿误 且所用纸式大小长短各不相同 装订卷帙参差难齐"等，只得"饬令江苏省立印刷厂特制各项公文书纸张并印成各种模范纸式"，"各署局所计量每月需用各项纸张若干应先期向省立印刷厂定购稿纸一项"，"至人民所用呈纸由印刷厂颁发各县，委托店铺代售，以便人民随处购用"。并声明，须于"三月一日一律换用，以收整齐划一之效。"① 同年，南京警务厅发布《警厅饬遵公文程式》，针对"近来商民人等 投呈本厅公文 仍多沿用旧式白禀者 并不遵照颁定公文程式 殊非整齐划一之道"之现象，南京警察厅作出相关回应："商民人等 嗣后呈递公文 均须遵照定章 迳赴印刷店或代购店购用程式呈纸 以昭划一 否则概不受理"。② 上例中所言之"禀"，原为下级官署向上级官署报告情况和陈述事宜时所使用的上行公文，始于魏晋南北朝时期。隋唐时简化了文书种类，禀废而不用。最迟在宋朝，禀逐渐演化为书札的一种。清乾隆年间，禀文取得公文的地位，是下级对上级、属员对长官、民众对官府陈述事宜的上行文种，称"禀文"和"禀帖"。就用途而言，清代的禀分为红禀与白禀：凡上司在衔名手本上批示，退交下级据以执行后与禀稿一起存档者，称为红禀；凡上级衙门在禀文上照录批语后归档备查者，称"白禀"，多"用于普通叙事"③，并于民国成立后被废除。江苏省行政公署及其下属机构的公文用纸的现状及其相关法规规定，可以说是当时各地一个缩影。既有混乱情

---

① 《本省法令：民政：江苏省行政公署训令第六百四十二号（中华民国2年二月十八日）：令各县知事各货物税公所各厘局各警察厅：特制各项公文书程式并印模范纸通颁遵照》，《江苏省公报》1913年第109期。

② 《纪事：本省纪事：警厅饬遵公文程式》，《警务丛报》1913年第2卷第18期。

③ 《辞海》，上海辞书出版社1989年版，第1446页。

形，又要进行整顿，这就引发后来国务院对公文用纸的统一规定。文面款式的参差不齐不光是省属各署局如此，哪怕是外交部如此重要的部门亦不例外，1913年10月14日，外交部就曾发文指出："本部各厅司呈递总统文件款式，不甚划一"。①

可见，从南京临时政府到北洋政府，各地公文的纸幅、尺寸、规格等不尽一致。可是，即使后来出台了相应的条例，这样的乱象并未戛然而止。

二　1913年《国务院厘定公文书用纸程式条例》

国务总理熊希龄既知晓国内行政公署公文用纸的混沌现状，又看到了西方国家的公文用纸都有一定的程式，遂于1913年10月16日上书《关于厘定公文用纸程式致大总统的呈文》，指出：

> 窃为政策昭宣，必资文告，古今述作，体制各殊，虽无取铺张扬厉之为，要当有划一整齐之例。其在泰东西各国官书用纸，具有定程颁之，曹司视同科律，典章美备，此其一端。民国成立，庶政聿新，公文书程式，自奉元年大总统教令公布，各官署业经一律遵用，惟纸幅尺寸，多有参差，自非厘定划一规章，殊不足以资循守。兹就原定程式，悉心斟酌，举凡纸幅之广狭，格式之纵横，详细区分，咸归一致，并酌订条例十条，俾各官署有所考镜，庶免纷歧，其施行期间，拟自三年一月一日为始，通行遵用。至在京官署以及距京较近交通较方便地方，仍应于接到公报后，提前实行。如蒙允准，所有公府文件用纸，并请饬下，一律照办。②

1913年10月16日，袁世凯批准熊希龄总理提交的《厘定公文书用纸程式条例》（1914年1月1日执行），该条例规定了公文书用纸程式十条，主要涉及公文书纸幅、尺寸、纠错、封筒、用纸、印刷等诸面：

---

① 中国第二历史档案馆编：《民国时期文书工作和档案工作》，档案出版社1987年版，第58页。
② 中国第二历史档案馆编：《民国时期文书工作和档案工作资料选编》，档案出版社1987年版，第108页。

第二条　公文书纸幅，均须连续，其公文简单者，用篇幅较短之纸，长者用篇幅较长之纸，或以数纸接连均可，惟须于接连处，盖用官署印信。

第三条　公文书用纸周围划线，横线四寸一分，纵线六寸一分。上方留边二寸一分，下方留边一寸零半分。左方留边五分，右方留边一寸六分，以便汇案装订。其内容行格均分六行，表面背面不划行格线，用红色。

第四条　公文书如有添注涂改之处，只盖监印人员图章，不盖用官署印信。章式如下：长六分，宽四分，问曰：某某官署监印员章。

第五条　公文书封筒纸幅，横六寸五分，纵九寸八分，表面中间划以长方形线。横线一寸二分，纵线八寸九分，线用红色。

第六条　各官署应用稿纸除格式自由酌定外，其纸幅及留边分寸，准用公文书用纸之规定。（以上尺寸均以中国营造尺为准）

第七条　附随公文书之清册用纸，除报销册式应适用财政部审计处规定格式，及其他官署如司法机关并各项行政机关所定各种册式仍继续遵用外，其纸幅尺寸及周围留边分寸，准用公文书用纸之规定，以便附随编档。惟纸幅可不必拘定连续，其内容行格之疏密，由各官署酌定之。

第八条　公文书用纸悉用本国所制素所习用之纸料，总以坚结耐久者为主。

第九条　京内各官署公文书用纸，均向印铸局购用。外省设有官纸局者，应即照式印刷。其未设局者，由省行政公署指定处所，照式印刷，分别划定价目。[①]

并特别规定："凡京外大小官署，应一律适用……以昭划一。"

国务院关于公文书用纸的规定已较为详细与具体，尺寸、纸式、纸料皆已明文下发通行，要求各级官署遵照办理。公文用纸是配套公文程式而为，其程式的颁布，目的是使官署用纸出现整齐划一的局面，改变现有官署用纸各行其是、标准不一、尺寸各异的混乱局面。而且，从公文档案保

[①]《政府公报》1913年10月21日。

管的角度而言，纸张作为文书档案的载体，它的尺度统一将有利于文书档案的组卷、装订以及档案室的排架及利用。故此条例一出，立获地方支持响应。

1913年12月，浙江省行政公署颁发了《指定官用纸处所》的布告，根据"浙省官纸局停办已久 是项公文用纸自应由本公署指定处所 分别办理"的现状，决定"兹查有省城贫民工厂堪以暂行承办 除将价目另行规定外 仰各官署局所暨学校自三年一月一日起 所需公文书各种纸张应即直接向该厂按照本公署核定价目 分别购用"。[①] 统一订购、统一印制固然是好事，但离省城较远之县署又该如何决定？况且，12月底所规定之布告，需于下一年的1月1日开始执行，限期紧迫，是否有变通处理办法？松阳知事湖耀南呈文省行政公署，询问公文用纸可否由县自制。浙江省行政公署以指令回复如下"查此项公文用纸 本署规正指定处所 依式印制 惟限期已迫 该县距省较远 姑准先行依照印制 以备需用"[②]。换言之，特殊情况下，基层官署的公文书纸式可以适用变通的做法，即自制。

1913年12月15日，江苏省行政公署发布训令，嘱令淮阳观察使、徐州观察使、各货物税收等："一体遵照 迅速备价 向省立印刷厂依限购买 并不得私行仿制 致违定例"[③]。1914年，江苏巡按使公署再发文规定："查各官署收受公文有非遵用本省官纸局印行官纸者 照章须将原文退回 不予批示"，此规定比之浙江省更为严厉，江苏省巡按使公署这种"苛令"是事出有因的："惟恐吏胥藉端作弊 …… 从中渔利 或捏造批语施其诈术 不可不防"。[④] 不管此种担忧是否属实，但至少能从法令层面规范公文用纸统一的问题，而且能起到以上慑下、上令下服的效果。随后，江苏省所属之上海县发布训令，要求下属行政官署根据省公署的规定，"迅速

---

① 《浙江行政公署布告指定官用纸处所：照式印制公文纸并分别划定价目由》，《浙江公报》1913年12月28日。
② 《浙江公报》1914年第680期。
③ 《本省省令：民政：江苏省行政公署训令（中华民国2年十二月十五日）：令淮扬观察使、徐州观察使各货物税公所、厘捐局等：公文书用纸条例程式》，《江苏省公报》1913年第191期。
④ 《江苏省公报》1914年第312期。

备价向省立印刷厂依限购用 并不得私行仿制 致违定例 切切"①。

公文用纸混乱现象本应就此纠正，但用纸划一的结果并未出现。以农商部为例，自公文用纸程式条例颁布后，"各省农工商总分各会对于各地方官署往来公文参差不一 以致各省行政公署及各会纷纷来部（农商部）询问 甚或各省因此争执 援引从前旧例为词辩理 殊非一律"②，这种现象到了1914年依然盛行。农商部不得不于1914年1月14日发布饬文，勒令："所有前清光绪三十四年二月间前农工商部所定行文程式及上年（1913）二月间前工商部所批吉林商务总会暂时行文办法概行作废"。③ 1914年1月22日，农商总长张謇发布《农商部布告第一号》文，再次申明："嗣后来部（农商部）具呈 务须一律遵照新定呈式缮写 以昭划一 违式不收"。④

三　1914—1916年公文格式

公文的文面款式随公文程式的改革而变动，1914年3个公文程式令公布后，文种名称、用法等均有变化，故公文的文面款式亦作相应变动。1916年8月7日，江苏省政府公署训令："查公文程式业经奉令变更 已饬官纸印刷厂按照新颁程式分别赶制 所有从前各该官署颁存及访厂印就之旧式官纸未便废弃 即粘贴改用 如详改为呈 饬改为训令 余类推关颁发行官纸章程仍继续有效"。⑤

上述所涉及仅为行政官署而言，对于其他诸如警察、军队、交通等基本没有明文规定，如司法部门，1915年前的公文纸式仍是参差不齐、大小不一，亟须厘定。1915年9月14日，司法部制定了《司法官署公文用纸式》，拟定了司法官署咨、详、饬、公函用纸式，司法官署附随公文书

---

① 《本县县令：训令十九市乡总乡董暨各局处所奉颁公文书用纸条例程式》，《上海公报》1914年第16期。
② 《农商部通咨名省民政长、各省都统、各驻外公使订定农工商总分各会公文程式请分别饬遵文》，《政府公报》1914年第609期。
③ 同上。
④ 《部令：农商部布告第一号（中华民国3年一月二十二日）：查公文书程式业于元年十一月六日奉大总统令公布》，《政府公报》1914年1月24日。
⑤ 《江苏省公报》1916年第964期。

之清册钞件用纸式，司法官署副详用纸式，以及司法官署公文书封筒用纸式。①

司法官署咨、详、饬、公函用纸式方面：纵营造尺八寸八分 横五寸八分 周围划线 横线四寸四分 纵线五寸九分 上方留边一寸九分 下方留边一寸 左方留边一分半 右方留边一寸二分半

司法官署副详用纸式：留边分寸 周围划线统查照用纸式一

司法官署公文书封筒用纸式：封筒用纸幅纵营造尺九寸四分 横六寸二分

批用纸式：纵营尺八寸八分 横一尺一寸 周围一线纵七寸 横九寸

四　1916年后公文格式

袁氏洪宪帝梦破产后，公文程式随之复进行调整与改革，基本是恢复民元时的公文程式。如此一来，公文文面款式亦随之产生变动。

首先，未采用规定公文纸式的现象仍然存在。1920年4月25日，江苏省警务处发布公文程式纸张遵照定章办理的训令，指出："近阅各警察局所来呈 多不一致 有文首仅书为呈报 呈请 呈复字样 而不摘叙某某事由者 文中又多不叙明奉文年月日及令文号数 暨随文附呈之件文后 亦不写明附呈何件及件数者 公文纸张又多不用官纸"，不得不强调："嗣后公文务须查照程式办理纸张 亦须遵用官纸"。② 铁路部门亦存在类似现象，1922年，交通部全国第一次铁路文书会议上就指出，"查文书处理以简捷为主，而关于各项文书纸类尤须有划一之规定，简捷办法乃有可言。各路文书用纸，彼此参差，至不齐一，非图表面上攸关，而手续之繁简，亦不免因此殊异"③，"公文程式，久经颁布施行，其款式及纸张大小均有定程。查现在各路所用公文等类纸张，其格式不等与定章不合，且此路与彼路互异。此虽形势上之关系，与公事无涉，然即属一部分机关，殊非整齐划一之道。且于编卷时因宽狭长短之不同，亦感种种之不便。"④

---

① 《司法公报》1915年第42期。
② 《江苏省公报》1920年第2283期。
③ 中国第二历史档案馆编：《民国时期文书工作和档案工作资料选编》，档案出版社1987年版，第203页。
④ 同上书，第202—203页。

其次，制定公文书用纸格式。公文书用纸程式虽规定了各级官署公文书用纸一律向印铸局订购，但总有官署未遵此办理。如京内各级官署中，"惟外交部仍照章向（印铸）局购用，其他官署久不奉行"，导致印铸局"积存公文书用纸甚多，压款为数亦巨"，于是印铸局呈文国务院，并奉准转各机关。1921年9月9日，印铸局向各级官署发出通知，要求"各机关，仍照旧章，一律由局购用。"① 1922年，交通部全国第一次铁路文书会议上针对文书用纸不统一的现象，也提出了各路文书用纸之划一案。该年4月11日，交通部发布训令，同意公文用纸划一的议案，并要求各铁路于1922年5月1日起开始执行。（见表2-2②）

表2-2　　　　　　　　交通部铁路文书用纸说明书

号数	品名	纸质	长、宽度	用法
总、甲、一	到文面	重纸	三十公分、二十二公分	于收到文书时装入到文面并摘由编号登簿送阅
总、甲、二	稿面	重纸	三十公分、二十二公分	于拟稿时之第一页用之拟稿员并署名摘由呈阅
总、甲、三	稿纸	重纸	同上	于拟稿时之第二页以后用之拟具其他草案或抄附稿内之文件亦通用
总、乙、一	呈文面	重纸、礬纸、透明纸	二十八公分、二十公分半	于缮写呈文时之第一页用之并填明事由文面之左下端发时填注号数其文缮写者用重纸压印者用礬纸打字者用重纸或透明纸
总、乙、二	令文面	同上	同上	于缮写令文时之第一页用之余同上
总、乙、三	训令面	同上	同上	于缮写训令时之第一页用之余同上
总、乙、四	指令面	同上	同上	于缮写指令时之第一页用之余同上
总、乙、五	委任令面	同上	同上	于缮写委任令时之第一页用之余同上
总、乙、六	批文面	同上	同上	于缮写邮寄之批文时之第一页用之余同上
总、乙、七	咨文面	同上	同上	于缮写咨文时之第一页用之余同上
总、乙、八	公函面	同上	同上	于缮写公函时之第一页用之余同上
总、乙、九	代电纸	同上	同上	于缮写快邮代电时之第一页用之余同上

---

① 中国第二历史档案馆编：《民国时期文书工作和档案工作资料选编》，档案出版社1987年版，第110页。

② 《铁路公报 京汉线》1922年第50期。

续表

号数	品名	纸质	长、宽度	用法
总、乙、十	公文纸	同上	同上	于缮写总乙一至总乙九及总乙十三各项公文时之第二页以后用之抄附他项重要公文亦通用
总、乙、十一	公文底	同上	同上	于缮写总乙一至总乙八之各项公文时之第末页用之
总、乙、十二	抄件纸	同上	同上	于缮写文书附抄文件时用之
总、乙、十三	誊电纸	同上	同上	于誊正来电时之第一页之誊毕并填明收电时日装入到文面
总、乙、十四	信笺	宣纸、重纸、礬纸、透明纸	二十六公分、二十公分	于缮写寻常公事往来信函之缮写用宣纸或重纸压印用礬纸打字用透明纸
总、乙、十五	呈文封	双表皮纸	三十公分、十四公分半	封寄呈文时用之
总、乙、十六	令文封	同上	同上	封寄各种令文或批文时用之
总、乙、十七	咨文封	同上	同上	封寄咨文时用之
总、乙、十八	公函封	同上	同上	封寄公函时用之
总、乙、十九	大号信封	粉连纸表	二十六公分、十三公分	封寄寻常信函及其他表件用之
总、乙、二十	中号信封	同上	二十二公分、十一公分	同上
总、乙、二十一	小号信封	同上	十八公分、九公分	同上
总、乙、二十二	代电封	同上	二十二公分、十公分	于封送快邮代电时用之
总、丙、一	送文件夹	双表皮纸红色	三十四公分、二十四公分	于局内呈送核阅急行文件时用之
总、丙、二	同上	质同上粉红色	同上	于局内呈送核阅重要文件时用之
总、丙、三	同上	质同上淡绿色	同上	于局内呈送核阅次要文件时用之
总、丙、四	同上	质同上白色	同上	于局内呈送核阅例行文件时用之
附记	一、各项公文用纸之大小悉照规定 其格式之宽狭亦一律依照各种样式制备； 二、机关名称（如某某铁路总公所或某处某课）及职名（如督办会办）得依各路现行职制酌为变更； 三、商办铁路公司及轻便专用各铁路一律通用			

再次，系统间统一用纸格式。警察与司法事务始终相维系，双方之间互行公函之纸张尤为统一之必要。若悬殊较大、差异较多，会导致管理上的困难。诚如1925年12月1日司法部就诉讼公文用纸格式给京师警察厅的咨文中所说："诉讼事务原与警政相维相系，理合双方进行，似难偏

废。兹查贵厅及所属区署现用诉讼上供单及移送公文各项用纸尺寸格式,虽系取法公文程式令,然为旧日折叠式与法院卷宗纯取装订式者大相悬殊,页数既狼籍不分,装订亦犬牙交错,参差凌乱,有碍观瞻。"① 鉴于此,司法部提议:"请贵厅及所属区署今后对于诉讼上用纸择其简单易行费省用宏者,如供单用纸,其尺寸格式查照本部样本第三卷第一百九十五号,及其他诉讼用纸确与法院方面有关连者,酌量情形照样办理。"② 并送样本四卷,以资参考。京师警察厅回复认可司法部的提议,只是要求酌量增加样本数量,司法部同意追加至 39 部,共 120 卷。

此外,1916 年前后,"在一些非政府官署机构的公文中,已有信笺式公文纸的应用,并出现了用钢笔书写的公文和油印公文,只是没有得到更广泛的推广和应用罢了。"③

第四节 公文处理

公文处理的速度和效率紧密关乎着政令传达、署务办理和行政机器的运转,从某种程度上来说,是政务活动的枢纽与关键。

不同时期的公文处理方法、内容迥异,南京临时政府成立后,虽在公文处理上作了某些条文性规定,但因民主政体初建,各项制度建设均不成熟,又是短期而殁。所以,北洋政府的公文处理大体上是在摸索中前进,基本上重新确立各级官署公文处理的制度规定。而这种制度性架构又分为官署内公文处理规则的制定与官署间公文传递的运行。

一 中央层面官署内公文处理规则的制定

北洋军阀时期,官署内公文处理规则的制定主要涉及官署公文处理的时限、步骤或程序、公文的内容等方面。而且,北洋中央各部基本制定了各自的公文处理细则,大致有:1912 年 9 月 27 日,司法部制定《司法部文件保存细则》;1912 年 11 月 27 日,外交部制定《收发文件办理规则》;

---

① 北京市档案局(馆)编:《民国时期北京文书档案工作史料选编》,中国档案出版社 2012 年版,第 35 页。
② 同上。
③ 于桐:《北洋政府的文书和文书工作制度》,《档案学通讯》1984 年第 6 期。

1913年9月25日，国务院制定《交部文件收受办法》；1913年11月1日，国务院制定《秘书厅第一课办事细则》、《秘书厅第二课办事细则》；1913年11月25日，教育部制定《文书处理办法》；1916年11月3日，内务部制定《各司科缮办文件办法》；1921年2月21日，陆军部规定《各司处收文办理期限》；1921年4月7日，航空署制定《文件处理规则》；1922年，司法部公布《公文简便办法》；等等。总而言之，上述办法、细则、规定、规则之要点有：

（一）公文处理机构

公文处理机构与公文机构既有两者合一之态，又有分级管理之状。如前所述北洋政府的公文机构譬如秘书厅（处）、政务厅等，是综合性管理机构，既负责公文的收发、处理与管理，又负责公文格式、档案保管等。加之，公文处理历经多道手续，每一或多个手续必经一个部门负责。所以，中央各部对于公文处理往往有专责处理机构。如司法部总务厅第二科，它就负责备置文件领收簿，该簿又分为正辑文件领收薄（凡文件可为将来引证之例规者）、要辑文件领收薄（凡文件可备查考而无须永远保存者）、杂辑文件领收薄（凡系例行文件而无关紧要者），还负责正辑、要辑、杂辑之区别有混淆时，应通知各该主务机关，使之更正或注意。① 外交部收掌处、电报处对于所收公文、电报按照日常程序进行处理。② 国务院秘书厅第一课、第二课等亦如此。当然也采用专人的办法，如肃政厅即是如此。

（二）公文处理程序

从南京临时政府至北洋政府，虽然公文程式历经多次改革与调整，但对于公文处理的程序或手续多无统一之规定，各官署在处理公文时多采用自制方法，当然亦受传统公文处理程序之影响。

国务院文件收受办法。1913年9月25日，国务院制定交部文件收受办法，规定："所有迳递院文电，而系本部主管者，逐日开列事由单，将原件送交本部核办，并加注办法于原件之上。此项文件，本科均照普通收文方法，办理挂号，分司检阅，该院所送事由单，其有分致部院文电原

---

① 《司法部文件保存细则》，《司法公报》1912年第2期。
② 《部令：外交部部令第四号（中华民国元年十一月二十七日）：兹定本部收发文件办理规则》，《政府公报》1912年第213期。

件，本部业经收受者，亦一并列入，并盖有：'部有电不别交'之戳记，在该院不别抄送。"① 至于其所属秘书厅亦有相应办法，如1913年11月1日，国务院制定秘书厅第一课办事细则：对于机要文件，"法令事项拟办后，送由总理核阅发缮，复送由总统府盖印，并分送阁员署名，讫即交由文书股公布。"对于普通文件，经由登记、编号、分送、核办、缮校、盖戳。对于某些重要的环节还作出具体的说明，如"应交各部局办理文件，均分别发交各处派员带回，并于簿上注明，随时稽核已办未办，以免延滞。""紧要文件应派信差专送者，当视道路之远近限定时间"。②

外交部公文处理的基本流程为：收掌处每收到文件，不得拆封，只须将该件封面编号书明何处来文，即送到秘书处，由秘书拆阅，阅后如关秘密，即书明密件字样，应归何司，知照收掌处登簿，文件仍存秘书处，随时呈于次长。如寻常事件，即交还收掌处，摘由登簿；各司发文，由各司自行分别摘由登簿，封固后连由交总务厅分别登簿发出，总务厅不再编总号；收掌处、电报处不得随意任人进出，如有人擅动公件，该值日员就当场栏阻，并报知总次长查究，勿得隐徇；每日密件，收文由次长交于各厅司长后，再由各厅司分交各科办理，督率各科，谨守秘密，由各厅司长担负责任。③

1913年11月25日，教育部制定文书处理办法。对于公文办理的顺序为挂号、呈阅、办稿、缮校、封发、归档。④

1914年，肃政厅规定："收发人员将每日收到文电连同收文簿，于次日上午十点汇送书记官长，签拟办法，转呈都肃政史核定"，"密文密电须随时送阅"。⑤

1916年11月3日，内务部制定《各司科缮办文件办法》，规定："凡收到公文除应存文件外，凡例行事件由司即日拟稿，连同到文于次日送呈总、次长核阅，但紧急文件，须提前送呈。"所有发文处理程序"完竣后，如在办公时间以内，应即全数分别封发，其附件较多者，至迟不得过

---

① 中国第二历史档案馆编：《民国时期的文书工作与档案工作资料选编》，档案出版社1987年版，第137页。
② 同上书，第138—139页。
③ 《政府公报》1912年11月30日。
④ 《政府公报》1912年12月2日。
⑤ 《政府公报》1914年8月17日。

次日"。①

除了程序的规定外，亦有公文内容方面的处理规则，主要针对语句简洁方面。如1922年，司法部公布《公文简便办法》，指出："本部及所属各厅处临所，往来公文甚繁。叙事虽不厌详明，但词句贵乎简洁。往往例行事件数言可了，亦复转辗声叙，累幅未尽。省览费时，甚属无谓。"鉴于此，为废弃无用之语句，司法部决定对于首句、转叙、转载原文等三种情况制定了简便之法。②

虽然中央各部的公文处理程序不尽相同，但"一般都经收文、登记、核阅、交办、拟稿、呈判、缮写、用印、封发、归档等过程"，具体来说为："（一）外来文件先由收发部门拆封、粘面、摘由、注明日期、编列号数后，依次记入收文簿；（二）已登记之到文呈送主官核阅后分交各厅、司或室办理；（三）各厅、司、室收到公文后，另编本厅、司号数，注明收到日期，将文件事由登入收文簿，然后由司长或科长核阅，分交有关人员办理；（四）到文应办稿者，由拟稿员办理，送司长或科长核阅，再呈送主官核定；（五）已核定之稿经缮正、校对毕，呈总次长核阅，分别署名或盖印，然后登记封发；（六）文件办理完毕，将所收原件及所拟文稿分别类目归档。"③

此外，地方省份也制定了相应的公文处理办法。但因各省地域、省情、经济水平、人口等不同，公文的数量、规模等自有区别，公文处理的要求亦不尽相同。譬如湖南省，1915年2月2日，湖南省巡按使公署发布《文书处理办法》，规定：政务厅各科收到文件，由科长分归各主管科员拟稿，办公室收到文件，即由各专员拟办。遇有关系重要事件，应请政务厅长转陈巡按使核示办法，然后起稿。……凡拟办稿件，应先由承办员及主管员署名签章，其在政务厅如系科员拟稿者，则送由科长复勘，汇送厅长核阅，均须署名签章，然后陈送巡按使核判。其在各专员亦经由政务厅厅长复核，转陈巡按使判。④ 此种办法，大体把收受、分发、拟稿、批

---

① 中国第二历史档案馆编：《民国时期的文书工作与档案工作资料选编》，档案出版社1987年版，第171页。
② 《政府公报》1922年6月10日。
③ 李柞明：《袁世凯时期北洋政府文书工作制度》，《历史档案》1983年第2期。
④ 中国第二历史档案馆编：《民国时期的文书工作与档案工作资料选编》，档案出版社1987年版，第256—258页。

示、审核、复核、签章、核判等公文处理手续包括在内，基本上已具省级官署公文处理程序的模式，即"文件到署后，由总务科负责收发的机构拆封、摘由登记，分别重要、次要、例行暨主管科室，送由政务厅长或巡按使核阅批办，再分送主管科室办稿，拟完稿后由科长、厅长复核，送巡按使判行，然后缮写、校对用印，交收发处登记封发，最后文稿由总务科归档保存，其属于一案之各件，顺次粘连，组成案卷。"①

（三）公文处理时限

公文处理的快慢，决定行政事务处理的效率。北洋政府各官署对于公文处理的时限进行了不同的规定，期冀政令的快速传达。但拖、拉、阻、滞在公文处理中总成痼疾，颇难消解。如1919年，内务部发现，"查本部日行公文，往往有已经呈定稿件，迟至数日或十数日始行发文者，在各厅司主任各员，虽无怠驰积压情事，而缮发延缓亦殊足碍事务之进行。"②即表明在内务部这样重要的部门，公文发、缮处理的迟缓，延宕长达十数日之久，实属令人震惊。即使非公务人员主观所为，但客观上之延缓已是不争之事实，1922年吴佩孚也指责电报慢于邮件的怪现象。为此，各部制定了公文处理的时限：

1912年9月27日，《司法部文件保存细则》规定，凡已经过保存期限应行抽毁之文件，由总务厅第二科主科与各该主务机关协议后，即行抽毁。③

1913年，教育部对于普通文件处理时限进行了规定："应限定日期，总务厅文书科当时挂号呈阅，翌早传观，分发参事室及厅司办稿，呈送签名、清稿、封发，自收文至封发，至迟不得逾六日。"④

1915年2月2日，湖南省巡按使公署规定："惟紧急稿件，应随到随办，重要不得过一日，次要不得过二日。例行至迟不得过三日，但有特别情形，经巡按使或政务厅长许可者，不在此限。"⑤

---

① 李柞明：《袁世凯时期北洋政府文书工作制度》，《历史档案》1983年第2期。
② 中国第二历史档案馆编：《民国时期的文书工作与档案工作资料选编》，档案出版社1987年版，第175页。
③ 同上书，第118页。
④ 《政府公报》1913年12月2日。
⑤ 中国第二历史档案馆编：《民国时期的文书工作与档案工作资料选编》，档案出版社1987年版，第256—258页。

1919年8月30日，内务部规定："嗣后各员司，所有主任事件，应随到随办，对于缮发尤当认真督促，从速办理，不得任意稽延，是为至要。"①

1921年，陆军部发现，"各司处所办文件，仍有迟延情事"，便于2月21日制定《各司处收文办理期限》，指出："各司处每日所收文件，应即从速办理，以免积压。前经订立甲（当日速办复）、乙（三日内办复）、丙（七日内办复）、丁（七日外办复）期限，通行遵守在案。"并"特再重申诰诫。嗣后务望遵照期限，从速办理，并仰庶务科将核销文件表，逐日持赴各司处查明填注，以资整顿。"②

1921年4月7日，航空署制定《文件处理规则》，规定：各处厅科办理文电之限期为——重要为临时酌定；次要为二日；急行为即日；例行为三日。③

二 公文传递

（一）官署制发公文数量

有公文传递，得先由公文制发，公文制发的数量越多、越庞大，越表明公文传递的重要，越能引起统治当局对于政治信息传输与控制的重视。北洋时期，公文制发的数量并无绝对精确的统计，但各级官署需将每一年度的公文发文号数编列清单，且登于公报，既可统计，又能明了特定时期内不同公文的规模与数量。试以民国5年（1916）至民国12年（1923）直隶省公署所各种类文件数量为例，加以说明之。

表2-3 直隶省长公署民国5年分发文分类编号统计（1916—1923）

公文类别	年份 编列号数							
	1916	1917	1918	1919	1920	1921	1922	1923
呈文	65	23	32	37		21	12	10
咨呈	42	75	39	47	139	17	119	158

---

① 中国第二历史档案馆编：《民国时期的文书工作与档案工作资料选编》，档案出版社1987年版，第175页。

② 同上书，第177页。

③ 同上书，第181—182页。

续表

公文类别	年份 编列号数							
	1916	1917	1918	1919	1920	1921	1922	1923
咨陈	1344							
咨文	1037	320	2380	2303		2108	1659	2033
照会	2	4	4	33		8	1	5
公函	639	498	305	322	1471	457	338	378
公电	2356	3288	3002	957	2545	1418	1053	1806
移文	17	3						
饬知	6407							
训令	4348	8126	7449	7221		6246	5246	5989
指令	10912	21847	20119	17770		18587	15596	17074
委令	419	325	166	115		82	149	147
批	15776	1530	1429	1654	417	1423	1290	2067
布告	1015	54	8	12		22	13	12
呈					827			
咨					8662			
令					20959			
通告					5			
统计	44379	38874	34933	30471		30388	25476	29679

（资料来源：根据《政府公报》1917年第374期，1918年第713期，1919年第1057期，1920年第1411期，1921年第1762期，1922年第2117期，1923年第2540期，1924年第2817期所载内容整理而成）

上表统计结果表明，1916—1923年，直隶省长公署对外发文呈现如下特征：首先，部分公文文种前后并不连贯，如咨陈、饬知、移文，主要是1916年袁世凯企图登基当皇帝时所使用，1916年后基本废而不用。咨、令、通告主要见于1920年，之前与之后的统计中并无使用，当为民国前9年期间所用；其次，变动幅度稍小或基本无变化的主要是呈文、咨呈、照会、布告数种。变化较大的有咨文、公函、公电、训令、指令、委令、批，其中，批与指令尤为突出。按照1916年7月29日《公文程式》的规定：指令适用于以上对下，因呈请而有所指示时用之。指令的发文数从1916年到1923年，总体上处于上升阶段，间或上下浮动。批适用于各官署对于人民陈请事项分别准驳时用之，而从1916年到1923年，批文的数量急剧下降，此种下降，或表明官署与人民之间就公事往来互动的减少。再次，所有发文中，上级对下级（隶属与否）的数量占了绝大部分，表明下行文是行文系统中的主流。最后，就发文总量而言，亦呈逐年递减趋势。现代国家的行政管理活动，较之古代官僚统治而言，事务更多、分工更细、范围更广，由此产生的政务活动日益庞杂。公文总体数量的减少，一方面表明公文革命已致力于减少繁文缛节，追求效率，另一方面亦表明国家的行政管理活动或因内乱，或因外患而陷于困顿或停滞。当然，发文数量之变化，无论是增加还是减少，其总体数量仍是庞大的。北洋时期有20多个省区，光直隶一省便有数万，合计20多个省区，其数量是极其庞大的。

总之，在中央各部及地方省中，因规模不一、事务简繁不一等致使发文数量多少不一，越是级别高的机构或部门，如中央各部与省公署，其发文数量就越多。在这些数量不一的发文类别中，批与指令仍是所有发文中数量最多的两种。换言之，下行文占据了上至中央各部（院）、下至省县行文的绝大部分。

（二）公文传递与行政效率

公文的价值在于信息的及时传递和获知，信息的及时掌握与否将直接决定和影响着政务系统运转的速度和效率。正因此，历代统治者皆重视公文的上传下达或下传上达渠道的畅通和顺利。自满清正式入主中原起，便构建起四通八达的邮驿体系，以确保国家整个机器的正常运转。"清代的驿传体系，是指清代以驿站为主的信息传递方式的总和，包括驿、台、站、塘、铺等信息传递设施和方式。"[①] 具体而言，清代传送公文的方式有四：一是经驿站传送；二是派专差传送；三是由急递铺传送；四是由塘递传送。[②] 然而，随着交通技术的进步和传统驿传体系的弊端日蠹，尤其是民间民信局、外国客邮的冲击，驿站存、废之争被推至舆论的风口浪尖，存者莫如陆军部，废者莫如邮传部。1896年，清政府仿照西法，正式开办国家邮政，并着手淘汰传统的驿站。1906年11月，清政府设立邮传部，统一管理有关邮政事务。1911年6月，邮传部于邮政司内设二科：

---

① 刘文鹏：《清代驿传体系的近代转型》，《清史研究》2003年第4期。
② 刘广生、赵梅庄编著：《中国古代邮驿史》，人民邮电出版社1999年版，第546页。

通驿科（掌管驿站）、邮报处（接管捷报处）①。闰六月二十九日，邮传部奏定于七月一日为接管驿站之期②，且电各地："本部已接收驿站，并将陆军部捷报处改设邮报处，仍司收发廷寄折报各件，自七月初一日起所有牌票一律归本部办理，向章应办事宜均暂照旧，希通饬遵照勿误。"③辛亥革命后，北京政府于1912年5月明令裁撤全部驿站。以吉林来说，1912年7月11日，吉林都督颁布法令：以后寄京公件概由邮局递送。但在京各衙门邮寄各省文件和中间尚有邮局未通之处，添派脚差承转。④

1. 公文传递的基础——邮政设施

1896年，大清邮政建立，隶属于总理衙门，1906年，改为隶属于税务大臣。预备立宪期间，随着邮传部的成立，邮政再次改属。民国成立后，大清邮政更名为中国华国邮政，隶属于交通部。民元以后，随着旧式驿站的裁撤与新式邮政事业的起步，公文传递的基础设施建设得以提升。邮政设施建设的第一步是邮政局所的创办，从最初的总局、分局、代办处起步，民国3年以后，邮局之数显著增加。

（1）局所

民国元年与二年，邮政初建，无论是总局、分局还是代办处的数量都较少，仅有少许增加。（见表2-4⑤）

表2-4　　　　　民国元年至民国2年邮政局所统计

年份 \ 局别	总局及副总局	分局	代办处	统计
民国元年	四八	一〇七一	五六九七	六八一六
民国2年	四五	一二七六	六四八七	七八〇八

---

① 交通部、铁道部交通史编纂委员会：《交通史邮政编》（第一册），民智书局1930年版，第28页。

② 盛宣怀：《愚斋存稿》，文海出版社1975年版，第540—541页。转引自苏全有《论清末的裁驿》，《重庆邮电大学学报》2008年第1期。

③ 《两广官报》编辑所：《两广官报》，文海出版社1988年版，第2329页。转引自苏全有《论清末的裁驿》，《重庆邮电大学学报》2008年第1期。

④ 吉林省档案馆：《吉林省大事记（1912—1931）》，内部发行1988年版第12页。

⑤ 交通部、铁道部交通史编纂委员会编辑：《交通史邮政编》（第二册），民智书局1930年版，第380页。

第二章 北洋军阀统治时期的公文改革与行政效率

民国3年以后,邮政局、所的设立呈稳定增长趋势,邮政局还根据规模、业务量及地域等划分为一等、二等、三等及支局,已较民国元年、二年增长至为显著,如表2–5①所示:

表2–5　　　　　　　民国3年至民国13年邮政局所统计

局别 年份	邮政管理局	一等邮局	二等邮局	三等邮局	邮务支局	邮寄代办所	统计
民国3年	二一	三二	九三二	三〇九	一八九	六八四一	八三二四
民国4年	二一	三二	九五六	三八〇	一九八	六九二三	八五一〇
民国5年	二一	三二	九九〇	三六八	二〇五	七一八一	八七九七
民国6年	二一	三四	一〇七八	三三八	二一二	七四二〇	九一〇三
民国7年	二一	三六	一五二	二二一	七六〇四	九三六七	二四四
民国8年	二二	三七	一二八六	二四三	七八三〇	九七六二	四〇六
民国9年	二二	三九	一三二〇	二七二	八二五五	一〇四六九	一三〇四四
民国10年	二三	四〇	一三二七	二八五	八六三二	一一〇三二	五六八一
民国11年	二三	四二	一三二七	二七八	八八七七	一一三〇六	二六六一
民国12年	二四	四一	一三三三	二七八	九一四八	一一五九六	八八〇二一
民国13年	二四	四一	一三四三	二八〇	九三一〇	一一七九〇	二〇〇五六

为更清晰地表明邮政局所的增长速度,现将民国3年到民国13年之增长率作一粗略统计。就邮政管理局而言,民国13年较之民国3年,增长了14%;就一等邮局而言,民国13年较之民国3年,增长了28%;就二等邮局而言,民国13年较之民国3年,增长了44%;而邮务支局、邮寄代办所的增长率,则更为显著。换言之,民国元年至民国13年,邮政局所的数量已经得到显著增长,这为邮局递送包括政府公函在内的物件奠定了基础。

再来看每个省份的邮政设施建设情况,民国3年至民国7年,主要省份总局、分局及邮政代办数量详见表2–6②统计:

---

① 交通部、铁道部交通史编纂委员会编辑:《交通史邮政编》(第二册),民智书局1930年版,第380—381页。

② 同上书,第389—390页。

表2-6　　　　　　　民国3年至民国7年各区局所

区别\年份\局别 地域	民国3年 总分各局代办处	共计	民国4年 总分各局代办处	共计	民国5年 总分各局代办处	共计	民国6年 总分各局代办处	共计	民国7年 总分各局代办处	共计
直隶	178 747	925	188 740	928	189 746	935	191 806	997	198 845	1043
山西	32 266	298	38 270	308	38 271	309	40 270	310	52 262	314
河南	71 427	498	72 426	498	76 423	499	87 461	548	99 480	579
陕西	27 170	197	28 170	198	27 171	198	37 165	202	37 168	205
甘肃	19 99	118	20 100	120	21 100	121	21 101	122	22 103	125
新疆	20 31	51	20 31	51	21 34	55	21 38	59	22 38	60
东三省	147 317	464	197 294	491	201 423	624	203 443	646	216 452	668
山东	102 393	495	104 401	505	104 408	512	104 455	559	105 463	568
四川	111 498	609	113 523	636	117 555	672	127 563	690	127 597	724
湖北	72 292	364	82 293	375	87 307	394	90 313	403	93 322	415
湖南	53 339	392	57 337	394	57 338	395	57 338	395	57 338	395
江西	77 352	429	77 388	465	77 428	505	85 421	506	92 427	519
江苏	93 354	447	95 361	456	95 369	464	98 372	470	98 385	483
上海	61 36	97	61 36	97	61 36	97	61 36	97	63 36	99
安徽	58 457	515	63 466	529	69 464	533	79 467	546	92 467	559
浙江	60 332	392	63 330	393	69 324	393	73 322	395	80 327	407

续表

区别\地域\局别\年份	民国3年 总分各局代办处	共计	民国4年 总分各局代办处	共计	民国5年 总分各局代办处	共计	民国6年 总分各局代办处	共计	民国7年 总分各局代办处	共计
福建	69 324	393	71 323	394	72 325	397	75 333	408	75 334	409
广东	133 880	1013	132 882	1014	132 893	1025	131 929	1060	132 944	1076
广西	28 227	255	33 232	265	32 237	269	31 238	269	31 241	272
云南	41 148	189	40 162	202	40 164	104	42 172	214	42 182	224
贵州	31 152	183	33 158	191	31 165	196	30 177	207	30 193	223
共计	1483 684	8324	1587 6923	8510	1616 7181	8797	1683 7420	9103	1763 7604	9367

上表统计所见，广东、直隶在邮政设施建设方面遥遥领先，合计已突破千数。云南、贵州、广西、新疆、甘肃、陕西、山西等相对落后，尤其引人瞩目的是四川省，虽地处大西南，但与云南、贵州不同的是，它的邮政设施建设自民国初就基础较好，哪怕是到了民国7年，邮政设置数量都要比江苏、浙江、安徽、山东等沿海省份要多得多。当然，地理位置的特殊性，决定邮政局所数目的设置虽不具有绝对的比较性，但相对的参照总是有的，其余省份多处于中间梯队。

民国8年以后，各省的邮政设施建设依然稳步增长，不仅有邮政局所，更有城邑、村镇信柜邮站及代售邮票处，基层邮政设施建设较之前七年明显增加。官署公文尤其是普通公文的传递多系通过邮局寄发，但若基层县、乡公所并无邮局或邮政代办处，传递自然困难，需要通过人力、马力或其他方式进行传递。（详见表2-7①）

---

① 交通部、铁道部交通史编纂委员会编辑：《交通史邮政编》（第二册），民智书局1930年版，第391—393页。

表 2-7　　民国 8 年至民国 13 年各区局所及代售邮票处

地域	民国8年 管理一二三等局/邮寄代办所	民国8年 共计	民国9年 管理一二三等局/邮寄代办所	民国9年 共计	民国10年 管理一二三等局/邮寄代办所	民国10年 共计	民国11年 管理一二三等局/邮寄代办所	民国11年 共计	民国12年 管理一二三等局/邮寄代办所	民国12年 共计	民国13年 管理一二三等局/邮寄代办所/城邑村镇信柜邮站及代售邮票处	民国13年 共计
北京	53 / 86	139	62 / 89	151	64 / 91	155	71 / 88	159	73 / 91	164	72 / 93 / 498	663
直隶	172 / 798	970	182 / 875	1039	190 / 834	1124	191 / 970	261	197 / 990	287	197 / 1008 / 5693	6898
山西	65 / 252	317	87 / 253	340	93 / 255	348	93 / 260	353	95 / 328	423	102 / 326 / 1913	2341
河南	110 / 538	648	135 / 579	732	148 / 672	820	184 / 712	860	149 / 723	872	151 / 732 / 2644	3527
陕西	42 / 167	209	50 / 166	216	57 / 165	222	57 / 167	224	57 / 176	233	60 / 188 / 88	336
甘肃	30 / 102	132	45 / 99	144	48 / 109	157	48 / 119	167	53 / 120	173	57 / 125 / 107	289
新疆	23 / 38	61	23 / 40	63	23 / 41	64	24 / 46	70	24 / 46	70	27 / 43 / 16	86
奉天	225 / 475	700	245 / 509	754	141 / 309	450	145 / 308	453	147 / 312	459	148 / 315 / 1262	1725
吉黑					118 / 223	341	119 / 236	355	118 / 238	356	12 / 254 / 344	718
山东	134 / 439	573	149 / 566	715	152 / 616	768	160 / 638	798	162 / 679	841	162 / 682 / 7097	7941
四川	135 / 637	772	154 / 652	806			183 / 722	905				

续表

地域	民国8年 管理一二三等局 / 邮寄代办所	共计	民国9年 管理一二三等局 / 邮寄代办所	共计	民国10年 管理一二三等局 / 邮寄代办所	共计	民国11年 管理一二三等局 / 邮寄代办所	共计	民国12年 管理一二三等局 / 邮寄代办所	共计	民国13年 管理一二三等局 / 邮寄代办所 / 城邑村镇信柜邮站及代售邮票处	共计
东川							83 / 304	387			83 / 304 / 235	623
西川							100 / 427	527			104 / 447 / 227	778
湖北	115 / 333	448	134 / 384	518	144 / 437	581	143 / 500	643	146 / 545	691	146 / 556 / 725	1427
湖南	58 / 348	406	63 / 343	406	79 / 334	413	78 / 269	347	82 / 271	353	85 / 302 / 1523	1910
江西	92 / 464	556	95 / 475	570	97 / 473	570	96 / 471	567	96 / 477	573	96 / 441 / 1499	2036
江苏	107 / 392	499	124 / 458	582	145 / 508	653	144 / 537	681	143 / 542	685	148 / 566 / 939	1653
上海	64 / 42	106	67 / 51	118	68 / 60	128	67 / 73	140	67 / 74	141	68 / 84 / 670	823
安徽	99 / 474	573	113 / 471	548	124 / 474	598	123 / 497	620	123 / 504	627	123 / 516 / 542	1181
浙江	83 / 336	419	96 / 329	426	106 / 329	435	107 / 335	442	107 / 339	446	108 / 343 / 1087	1538
福建	75 / 337	412	86 / 334	420	103 / 324	427	104 / 325	429	101 / 347	448	103 / 366 / 945	1414
广东	142 / 947	1089	166 / 970	1136	179 / 985	264	181 / 998	1179	179 / 999	1178	180 / 1004 / 2218	3402

续表

地域	民国8年 管理一二三等局	民国8年 邮寄代办所	民国8年 共计	民国9年 管理一二三等局	民国9年 邮寄代办所	民国9年 共计	民国10年 管理一二三等局	民国10年 邮寄代办所	民国10年 共计	民国11年 管理一二三等局	民国11年 邮寄代办所	民国11年 共计	民国12年 管理一二三等局	民国12年 邮寄代办所	民国12年 共计	民国13年 管理一二三等局	民国13年 邮寄代办所／城邑村镇信柜邮站及代售邮票处	民国13年 共计
广西	31	241	272	35	237	272	41	230	271	43	227	270	44	235	279	42	243 / 186	471
云南	46	186	232	58	182	240	59	185	244	56	187	243	54	189	243	52	179 / 180	411
贵州	31	198	229	44	191	235	48	191	239	48	192	240	48	192	240	46	193 / 90	329
共计	1932	7830	9762	2214	8255	10469	2400	8632	11032	2429	8877	11306	2448	9148	11596	2480	9310 / 30728	42518

上述统计可见，民国8年至民国13年，全国各地的邮政局所覆盖全国、囊括各地，并在不同地区得以稳定增长，北京、直隶、奉天、江苏、广东等地邮政业务发展较为迅速。尤其显著的是，民国13年后，城邑村镇的邮务亦开始逐步发展，基层公文的传递基础已逐步夯实。

（2）邮路里程

邮局的设立与邮路里程往往是配套的，都是公文有效传递的基础。早在清光绪三十年（1904）邮区组织法公布后，全国便开始划分邮界，共35个。至宣统三年（1911），邮差线由二十八万七千里增至三十一万九千里。①

民国成立后，邮差路线里程持续增加，从1912年的三十二万五千里增长到1924年的五十八万二千六百里，增长了79%，涵盖了全国所有省

---

① 交通部、铁道部交通史编纂委员会编辑：《交通史邮政编》（第二册），民智书局1930年版，第410页。

份，仅是在不同年度中，邮差线路和增加的区域有差异而已。（详见表2-8①）

表2-8　　　　　　民国元年至民国13年邮路里程统计

年份	邮差路线里程（单位：里）	邮差路线增加地区
1912	三十二万五千	云南
1913	三十八万二千	河南、陕西、山东、四川、湖南等
1914	四十万零八千	东三省、四川等
1915	四十一万	四川、江西、安徽
1916	四十二万一千	直隶、东三省、山东等
1917	四十三万二千	广东、直隶、安徽等
1918	四十四万九千	河南、东三省、直隶等
1919	四十六万七千	北京、东三省、山东、山西等
1920	四十七万五千	东三省、直隶等
1921	四十八万零四百	直隶、四川、湖北等
1922	四十九万一千	四川、河南、广东、甘肃等
1923	五十七万八千七百	山西、甘肃、广西等
1924	五十八万二千六百	山西、东三省等

（3）运送工具

邮局与邮路里程虽是基础设施建设中的重头戏，但输送工具恰当与否事关公牍的快捷、准确的传递。概而言之，邮驿运输工具有公路、铁路、人力、畜力等。

第一，航空方式。航空线多用于军事，且运输成本极高。初并非用于邮政事务，至民国10年始筹备邮政，七月一日起，北京至济南开办直运航空事务，惟不能按期飞行。② 故，用航空传递普通公牍几无可能，仅涉于极其重要之件。

第二，航船、铁路方式。此种方式是除航空外，最快、最有效的运送方式。因而，民国时期轮船及铁路航线的开通，往往能节省许多时间。如

---

① 交通部、铁道部交通史编纂委员会编辑：《交通史邮政编》（第二册），民智书局1930年版，第410—413页。

② 同上书，第425页。

民国元年，东三省内关于交通各邮路业经推展改良，新设之邮差邮路二十六条，十月间后，值吉长铁路告成，于是两地程期原应十六小时者缩为五小时①；民国2年，上海邮务因沪宁铁路加开夜班快车，其于运送发往北省之邮件至为便利②。

第三，汽车方式。民国6年，各重要邮区本地邮件运送之法始经改良，最显著者为上海天津两处。上海备有猛力之汽车三辆，以代马曳之邮车。天津则有购用汽动脚踏车多具，均随有拖带之车。③

第四，兽车、手车及大车。民国2年，陕西界内常用牛车运送重大邮件；民国3年，山东界内铁路一时阻断，包裹事务大受影响，乃于五星期中均用内地骡车运送此项甚多之邮件；民国10年，新疆界内绥定及霍尔果斯邮路曾订有合同，由骡车运送。④

第五，人力车。民国2年，江西赣州、吉安、抚州等处常用人力手推之小车运递邮件包裹，由是项手车运寄者计有五千一百二十四件之多。⑤民国6年，江苏界内邮件在各水路结冰之时，临时常用手车运送。⑥

第六，自行车。民国3年，湖北武昌汉口两地每日投递邮件次数增加，乃创办自行车信差，在大道及租界投递⑦；民国4年，山东整顿邮务，乃于济南添用自行车揽收投递快信⑧。民国5年，山西太原已用自行车信差收揽及投递快信，每日早班火车均补发邮件包封，以资公众之便利。⑨

（4）邮政人员

公文的顺利传达有赖诸种客观的物质条件，譬如设施、制度、交通等，但亦离不开负责公文传递人员的基本职业心、道德心和责任心。公文

---

① 交通部、铁道部交通史编纂委员会编辑：《交通史邮政编》（第二册），民智书局1930年版，第431页。

② 同上书，第432页。

③ 同上书，第424页。

④ 同上书，第440—441页。

⑤ 同上书，第440页。

⑥ 同上书，第441页。

⑦ 同上。

⑧ 同上。

⑨ 同上。

作为一种信息，在传递的过程中，总是存在"噪音"。加之，信息传播的主体是人，人的行为不同于机器的运作，具有意向性、模糊性。[①] 如何减少"噪音"、避免"意向性、模糊性"就成为公文传递过程中必须要注意的问题。

邮政人员的产生首先是考试。各班考试内容有异，譬如拣信生所考内容为中文论说、简单算术、中国地理，[②] 考试制度虽有未尽完备之处，但北洋时期力行文官制度，故考试成为首选。其次是任用。考试选中之人未必能成为正式邮政人员，"必先将其他规定之条件实行后，方得为邮政之正式人员"，这些条件"大体而言，不外有三：试用、任命及保证是也。"[③] 故，即使是考选成功之人，亦得经过试用合格后，方可成为正式邮政人员。经考试通过并正式成为邮务人员者，当属政府正式公务人员，享受政府提供了各种津贴福利，这一方面能从物质层面给予邮务人员以基本的生活保障，使其安心做好本职工作。另一方面，能使邮务人员遵守邮务工作职责，从而确保经由邮政部门的包括政府公文在内的信物能及时传递到目的地。

北洋时期的邮务人员分为四班制，即邮务官、邮务员、邮务生及拣信生。前三班又分超等、一等、二等、三等及四等共五等，每等之中复分数级，至拣信生之班次则与前三班稍异。[④] 北洋时期的邮政条例不仅规定了各级邮务人员的工作职责，而且实施明确的奖惩制度。对于高级邮务人员的奖惩，大体有密报制度、记功、记过等。所谓密报，"即邮务长将考查四等三级邮务员以上人员之成绩秘密呈报总局请为改优或改劣之谓也"。[⑤] 尤为严格的是，规定了撤职和革退制度。

有下列情事之一者，得撤职之[⑥]：

1. 废弛职务者或有其他失职行为者；
2. 操行不良或性情恶劣者；
3. 因本身之不正当行为染有传染病者；

---

① 倪波、霍丹：《信息传播原理》，书目文献出版社1996年版，第97页。
② 张樑任：《中国邮政》（上卷），民国丛书（第二编），上海书店1990年版，第134页。
③ 同上书，第139页。
④ 同上书，第127页。
⑤ 同上书，第187页。
⑥ 同上书，第188—189页。

4. 因过失行为致公款受有重大损失者；
5. 兼任局外有偿职务未经核准者；
6. 不奉调遣者。

有下列情形之一者，得革退之①：
1. 依刑事确定判决受拘役及拘役以上处刑之宣告者；
2. 依刑事确定判决受褫夺公权之宣告者；
3. 有违抗合法命令之行为者；
4. 有吸食或送输鸦片及其他麻醉品之行为者；
5. 有渎职、舞弊、受贿或亏空公款之行为者；
6. 有前条辞退事由之一而情节严重大者。

（5）收发邮件数量

邮政路局、路况与邮务人员只是具备了可以开展邮务活动的前提条件，检验邮政效果乃得通过收发邮件的量来进行评判。民国元年至民国9年，邮局所收邮件数量呈稳步增长之势，尤其是民国7年至民国9年这3年间，收发邮件数量达到最高峰。民国10年以后，收发邮件数量大幅下滑，与民国初年大体相当。由于政府日常公牍皆由邮政寄送，故，民国元年到民国9年之前，政府公文通过邮局寄发数当为数较多，民国10年后，这一数字显著减少。此种情况，当与1920年之后军阀大混战有关联。（详见表2-9②）

表2-9　　　　　民国元年至民国13年邮件收发总量统计

年份	邮件数
民国元年	443732530
民国2年	629447170
民国3年	692189200
民国4年	773183122
民国5年	865471698

---

① 张樑任：《中国邮政》（上卷），民国丛书（第二编），上海书店1990年版，第189页。
② 交通部、铁道部交通史编纂委员会编辑：《交通史邮政编》（第二册），民智书局1930年版，第480页。

续表

年份	邮件数
民国 6 年	965748371
民国 7 年	1068311241
民国 8 年	1184493419
民国 9 年	1262349070
民国 10 年	442116358
民国 11 年	426363616
民国 12 年	473641716
民国 13 年	513352095

一种邮件在事务上之经过可分为接收、交寄、转发三种，兹专就交寄一种述其历年数据。交寄又可别为普通邮件、挂号邮件、快递邮件、保险邮件，这其中，前三者为公牍最为常用的方式。虽然民国9年后，邮局收发邮件总数下降，但交寄之普通、挂号、快递邮件数量不减反增，如下表所示①：

表 2-10 民国 3 年至民国 13 年普通、挂号、快递、保险邮件数量统计

年份	普通邮件	挂号邮件	快递邮件	保险邮件	共数
民国 3 年	197639300	2944800	2516392	14805	212115297
民国 4 年	209261500	14761900	2753195	25333	226801928
民国 5 年	230335420	16798400	3082544	35909	432273
民国 6 年	256275250	18488690	3585320	32140	8381400
民国 7 年	277137500	21112200	3990550	28776	302269028
民国 8 年	311237300	24070850	4589170	25672	339922992
民国 9 年	367691100	28261600	4914770	19465	400886935
民国 10 年	406607390	30133260	5353110	22598	442116358
民国 11 年	401093740	20425250	4824700	19926	426363616
民国 12 年	448009938	20427176	5171677	32925	473641716
民国 13 年	494609874	23274354	5410064	57803	522352095

---

① 交通部、铁道部交通史编纂委员会编辑：《交通史邮政编》（第二册），民智书局1930年版，第481—482页。

2. 公文传递的效率

裁驿归邮后，日常或普通公文的传递多由邮政来承担，中央各部及各省也相继颁布命令，要求一体遵守。以外交部为例，未裁驿归邮前，外交部与各国使馆领署往来文件递寄不便，"故于上海地方设立出使文报局委员经理 以为通信机关"，但裁驿归邮后，中外文件均可通过邮局寄发，不仅可以"裁撤（文报局）以节糜费"，而且可以"期简捷"。① 如甘肃省就规定："至未经发簿之文职道府以下 武职游击以下各衙门暨驻扎防营并统捐各局往来公文均应责成 各就近地方官登记连二号簿 转交邮局递送 以重交通"②。虽然较之传统驿站公文传递的迟缓之弊，邮政有更多的技术与效率优势。以代电而言，它是民国时期以快速传递的邮件代替电报的一种公文。北洋时期，为适应紧迫事务与无法通达电报的僻远地区联系之实际需要，依照电报公文格式写成文书交付快速邮寄。③ 民国8年十一月，北洋印铸局以筱（韵目，代表17日）致电察哈尔都统办公署，征订《法令全书》，22日，察哈尔都统办公署《政府公报》经理员田中玉便以养代电答复，已"通知各机关备具书价、邮费直接订购"，可见其效率之高。

北洋政府不仅明令裁驿归邮，更是通过制定规则来明确邮局寄递公文所应注意事项，以示负责。如，1914年6月，交通总长梁敦彦向大总统呈《邮局寄递军队及衙署公件公电章程》，并获批准，该章程规定：

甲 寄递军队及衙署之公文物件公电往来邮路范围以内之各处由邮局经办之中间空一格其办法如左

一 无论何项公文或军件或公电交由无论何等邮局或代办寄至无论邮路范围以内之何处 必须用最速最妥之法按照寄递 倘系寄至邮路范围以内未设邮局之处 即特雇专差；

二 倘有前项公件注明火速字样 交局在邮局范围以内寄递 而递到处所原无邮局 原无邮局而发寄 向非快班者即应另雇完全取保之专差

---

① 《外交部通行嗣后往来文件改由邮局径寄文》，《临时公报（北京）》1912年第3卷第10期。
② 《甘肃公报》1913年第236期。
③ 王铭：《文种钩沉》，中国档案出版社2007年版，第591页。

按封面住址 从速投递 并将妥寔之收条带回 若该处原有邮局即由该专差将寄件交由邮局迅速投递；

三 如有前项公件注明火速字样 交由向有快班之邮局发寄适值业经发班者 倘系事所必要 即应特雇专差；

四 前项公件交由邮局用该项特差寄递者 其邮费对于现行衙署文件办法仍有效力 且应社所交寄件之种类 每件按重量照寄费清单之规定交纳满费 惟不收取特差之费 其装有电报之件及火速之件必须按挂号办法办理；

五 交寄前项公件须由邮局察验包封并无损毁之迹方能照收；

六 邮局可将发寄邮件时刻表送致各衙门存查；

七 寄送邮件之邮差无论何时行抵城门 地方官吏察验后 应即令出入不得稽延；

八 各邮局对于前项公件所负责成仍照邮政章程办理；

九 遇有战事或不靖地方 交由军营通信队转递或由营派兵保护投送 如邮差因公受伤得特给恤费；

十 此次所拟邮局担承衙署寄件便利之办法 应用本部通知各处地方官；

十一 邮局因递送火速公文所有雇用差马及加班等费准其作正开支；

十二 以上章程如有应行修改之处 可随时由邮政总局详请本部酌量更改以其周妥 更改后再由本部通知各处地方官；

乙 规定了倘使邮局于经办此项寄递有须地方官襄助者即照前清宣统三年七月邮传部核定地方官保护邮政办法办理①

可见，交通部为确保包括军队、官署公函在内信物的顺畅传递颇动了一番脑筋，涵盖寄递方法、途径、人员等，所列职责条文清楚，内容明晰。

但在北洋时期，通过邮政进行公文传递亦遭遇诸多波折。为便利国务院各部之间公函往来，1912年，国务院向交通部行文，建议设立递文局。

---

① 《呈批：邮局寄递军队及衙署公件公电章程》，《邮传公报》1914年第6期。

交通部复函《咨覆国务院嗣后文件由邮局递送无庸改设递文局文》拒绝这一建议，理由是之前大总统有下发文件"各省驻京提塘呈请将该省提塘改为递文局"。交通部认为"查前清旧例 提塘之设专司各该省直接北京往来文报之机关 现在政体既变 邮政亦日渐扩充此项 机关已失效用 况官制厘定 提塘名目应即消灭"，所谓名不正、言不顺，由提塘而演变过来的递文局不切合现时政体之需，坚持"将来文件均应由邮局递送"①。自此，国务院各部之间传递公文均通过邮政来进行。

邮局寄递公文，有双挂号、单挂号之别。所谓双挂号，按照宣统三年（1911）7 月邮政总局总办呈邮传部陈明黑龙江、江西公文应纳满费办法所载："惟邮局特为衙署所需起见 允照双挂号办法将回执掣交原寄衙署查收"②，即"只给邮局收件执据者为单挂号 并掣取收件人回执者为双挂号"③。对于未盖印的衙署公件，"与商民寄件无异"④。邮局总办致函各官署，强调"凡遇印文纳单号费作双号寄 且一件之中不能封藏多件"⑤，但有些官署见缝插针，为图省邮费，意借双挂号之机会，附带藏寄其他公文多件，正如贵州省民政长所发训令中所指出的："查迩来省外各衙署寄坐省转呈之件 不惟印文未照章挂号 而一件之中时有封藏多件者 以寄件人以为如此可以减费 独不思同一办公而独忍本局赔累乎"⑥。寄发公函单位若于双挂号邮件内藏多封其他文件，其费用实由收件之官署承担。此外，还出现"现在各处衙署交寄文件封面均不盖印 藉图节省挂号资费"⑦ 的情况，若不挂号、盖印，政府公函实与商民普通寄件无异，一则不够慎重，二则若有遗失却因未挂号而无处查究。

正因如此，不少官衙虽通过邮局来办理公文递送，但却累欠邮费，以致"积成巨款"。为此，交通部不得不于 1914 年 5 月初四日致函各（院、

---

① 《北洋政府公报》1912 年 5 月初三日第 3 期。
② 交通部、铁道部交通史编纂委员会编辑：《交通史邮政编》（第二册），民智书局 1930 年版，第 540 页。
③ 同上书，第 598 页。
④ 同上书，第 540 页。
⑤ 《民政长训令：令省外各县知事及分县：饬省外各知事递报公文应按邮局定章》，《贵州政治公报》1913 年第 30 期。
⑥ 同上。
⑦ 《法政学报》1914 年第 2 卷第 10 期。

部、省都督、省民政长），痛陈官署官电欠费"节节延欠""于官业收入殊多窒碍"等弊端，要求"清理旧欠""限制新欠"。①

不过，即便如此，官署公文通过邮局传递仍是问题不断，突出之一是非衙署机构坚持采用类同官署文件寄递办法，力图享受文件寄递的优益权："各处复有公共法定团体并非军事或司法行政机关 类如商务总会 军医学校等属 往往交寄函件 坚欲援照衙署文件办法 以期付单挂号费 享受衙署文件双挂号之优益 此事颇使邮局犹多碍难"。②甚至到了1918年时，这种情况仍时时出现，"邮政总局呈称 现有非衙署机关多自附为衙署 以冀寄递文件适用仅付单挂号享受双挂号之优益 邮局挂号手续不胜其烦 显非持久办法"③。督军署不得不发布训令加以制止，并明确衙署中通过邮局寄递文件享受优益权的机构名称。这些机构涉及京内外，主要是中央各部及地方官制所明令设置的官署，公共机构、团体等不在此列。

邮寄既已给政府官署寄递公文函件有别于公共机构之优益，官署方面自应"趋炎附势"，乐享其成。但偏偏有些官署不但不愿受此"惠泽"，反而通过民局来投递公文。1915年，瑞安二等邮局向浙江邮务处报告，"该邑官署不将公文交邮寄递 但图资费廉贱 均用民局"④。于是浙省邮务处处长饬宁波、温州各该一等邮局长进行查实，结果发现"于杭州查得全盛源记 老福润隆记 协兴老局 协兴公记民局四家均各承寄公文 其前二家经将号簿交给派往密查人员阅看 其号簿内记有省城警察厅寄交塘棲 临浦等处之公文 其后二家则称须将交寄公文日期指明 方能于簿内查看"⑤。即表明瑞安二等邮局所反映之情况属实，甚至连省警察厅这样重要的部门居然也违反规定，公文私交民局寄递。进一步查阅号簿，还发现"驻扎宁波道尹 知事 审判厅各衙署所收浙江内地如绍兴 上虞 余姚等处官署

---

① 《交通部致各部院各省都督、民政长函（三年五月初四日）：清理官电欠费办法由》，《邮传公报》1914年第5期。
② 《法政学报》，1914年第2卷第10期。
③ 《督军署训令各属为邮局限制寄递文件优益办法由》，《兵事杂志》1918年第49期。
④ 《浙江巡按使公署饬第五千四百三十一号（中华民国4年十二月八日）：通饬准交通部咨请饬属嗣后交寄公文应照章交邮接转并劝谕民局前赴邮局挂号由》，《浙江公报》1915年第1381期。
⑤ 同上。

之公文均由民局经手"①，大抵表明，浙江省属各衙署弃用邮政，而用民局寄递公文是较为普遍的现象。难道是民信局之寄递公文比邮政寄递公文更为优越？兹不妨考察民信局之起源与发展，俾能一窥两者之优劣。

民信局最早兴起于明朝永乐年间东南沿海的发达城镇，如浙江的宁波、杭州、嘉兴、湖州等。清末，进入全盛时期。19世纪末，全国有总号、分号民信局几千家，而当时邮政官局只有二十多处。②民信局所寄递之物件有"除代寄递信函、包裹、新闻纸、商业契约、有价证券、各种票据及汇总款项外，有时且兼营副业，例如代报馆派送日报，代行旅运送行李。"③民信局服务周到、手续简便、随到随办。而且，费用相对低廉。如"从宁波寄一封信至绍兴30文，至杭州50文，至上海70文，至北京400文……近距离资费不及邮局一半，平均资费也比邮局要低。"④然而，1896年，大清邮局成立后，晚清政府对民信局采取了控制、排挤与取缔的政策。民国成立后，延续这一政策。虽1912年，上海各民信局联名禀请民国北京政府，要求寄递自由，但被严行驳斥。此后，民信局的业务江河日下，盛风不再。其衰落既有自身因素，亦有外部原因。就内部因素而言，"局所既不普通，设备自不能周详。……其有偏僻地方，因撙节经费，设备简陋，以致传递迟延"；就外部因素而言，"至以法制而论，邮政为国家经营之事业，在各国已成通例，故自国家置邮以后，一因民局设备简陋与官邮比较，相形见绌，一因政府取缔甚严，交寄之件，不能私自带运，获利遂少。"⑤

既然民国成立后，民信局已大抵不如从前，优势丧失殆尽，可为何浙江省包括省警察厅这样的重要官署弃邮政而用民信局呢？难道浙江省内的民信局比邮政更为优越？事实是"（邮政局）所有官局组成之方法 其班轮速度籍谓不较民局优胜 亦堪与民局并驾齐驱 即如温州邮局每日向瑞安发班三次 两次搭用小轮 四小时即可抵到一次 系于夜间搭用民船信仅需十

---

① 《浙江巡按使公署饬第五千四百三十一号（中华民国4年十二月八日）：通饬准交通部咨请饬属嗣后交寄公文应照章交邮接转并劝谕民局前赴邮局挂号由》，《浙江公报》1915年第1381期。
② 仇润喜、阎文启编著：《天津的邮驿与邮政》，天津古籍出版社2004年版，第94页。
③ 王权：《邮政》，商务印书馆1933年初版，第125页。
④ 宁波市邮电局编著：《宁波市邮电志》，上海社会科学院出版社1999年版，第408页。
⑤ 王权：《邮政》，商务印书馆1933年（初版），第126页。

二小时 而民局每日只用需时十二点钟之民船开发一次 然则各官署除因费廉取用民局外 其所以不交邮递者别无他项之理"①。从上论述可知，浙江省用民局寄递公文之唯一理由是廉价。1915年12月8日，浙江巡按使公署发布饬令，要求所属各官署嗣后交寄公文必须到邮政寄发，并劝谕民信局前赴邮局挂号，方可代寄邮件。

不光在浙江省发现官署弃邮政用民局之现象，上海亦发现此例。在邮政总局呈交通部一文，记载了这样一个案例：上海海关人员反映"自绍兴府之邮件常被拿获"，于是派巡视员前往勘查，"首先于民船加以注意 亲见县署及警署所发公文经由该民船等带寄 嗣又前赴各民信局 查得亦系收寄衙门署公文"，进一步调查又"收到全盛永利老福润等民局之船夫九名所具之签字盖戳笔述 证明伊等（民局）确定经收寄衙署文件"，并且，该巡视员还"亲见全盛民局将公文交由走内地之信夫向平水地方投递"，而"该处业有我局（邮政管理总局）村镇信柜一处 此等公文之上并无民局戳记 惟书力迄二字 表明已经付资"。②邮政总局据此称"民局在浙江方面任意私走邮件 不赴官局挂号"③，交通部将此情况函告浙江省省长，要求"浙江省长一面将该官署负责者予以相当惩罚 一面仍通令所属各官署不得再将公文交民局递寄"④。1919年3月6日，浙江省省长复文交通部，表示会进行整顿，并要求所属各衙署嗣后公文寄递一律交邮局，不得付于民局。同年9月26日，浙江省省长公署再发训令，指出："每日杭垣各街市上总有民避信夫携带成袋邮件往来其中 且其邮件甚或不经检查之手"，更让人意想不到的是，"从少估计 左近各处之邮件经此等信夫办理者总有三分之一"。交通部认为："民局私寄件 抵触邮章"，要求浙江省省长公署"转饬所属 严行限制""严民局前赴邮局挂号 并将邮件

---

① 《浙江巡按使公署饬第五千四百三十一号（中华民国4年十二月八日）：通饬准交通部咨请饬属嗣后交寄公文应照章交邮接转并劝谕民局前赴邮局挂号由》，《浙江公报》1915年第1381期。

② 《浙江省长咨交通部准咨已再通令嗣后发寄公文概交邮局递送并将各县知事传谕申斥咨复查照文（中华民国8年三月六日）》，《交通月刊》1919年第30期。

③ 《浙江省长公署训令第一千九百五十六号（中华民国8年九月二十六日）：令各道道尹：准交通部咨嗣后公文邮件须赴邮局挂号不得向民局私寄》，《浙江公报》1919年第2692期。

④ 《浙江省长咨交通部准咨已再通令嗣后发寄公文概交邮局递送并将各县知事传谕申斥咨复查照文（中华民国8年三月六日）》，《交通月刊》1919年第30期。

交由邮局经转　不得自行私寄　以重邮章"。①

此外,有因邮差保管不善致邮递公文被水浸淫而被送还之例,多为边远之地。1920年,新疆行政公署收到投呈中央部院的退还公文数件,原因是被水浸淫,要求"另缮　克期赍送"。新疆行政公署呈部院之文皆为要件,骤然被返,至为惊讶。对此进行查究,发现是邮差途中遇雨淋湿所致。故致函交通部,要求其"转饬陕甘一路以达北京各邮局　以后务须严饬邮差加意保护　以免延误"②。

第五节　公文人员

中国古代,文书人员大体有府、史、主簿、首领官、书吏、幕友等。其掾用、选甄各代不尽一致。有政府行政隶属官吏,有地方主官自行招募之吏,有国家给予俸禄之吏,亦有地方长官自己出钱财延聘之吏。尤其到了封建社会末期的明、清两代,包括书吏、幕友在内的文书人员弊端凸显,多行奸诈之事,贪腐枉法、朋比为奸,甚至祸害一方。明、清两朝统治者虽进行多次整顿,但均收效甚微。

八国联军侵华及《辛丑条约》的签订,清廷决心进行改革。张之洞上奏慈禧,建议"清除衙中无用的书吏差役"③,慈禧对此表示认同。1901—1905年期间的改革中,废除旧的官僚机构是重点之一,裁汰书吏是其中一项重要内容,晚清政府同时要求各省执行相应改革内容。各省皆有动作,亦有不同成效。以两江总督为例,接裁汰书吏谕旨后,共"裁书吏一百二十三名　岁节银八千七百余两"④,显然有些成效。但各级官署对之多持谨慎态度,这于1904年兵部上书朝廷的奏折中可窥一斑,"一酌予书吏出路和向来书吏满役勤慎　无过准咨送吏部铨选　今既裁撤　宜稍示体恤　凡勤慎无过者　无论著役未满　俱准咨吏部铨选　其实有劣迹者　虽役满　宜斥退　不得给奖"⑤。兵部所陈,确为实情,人事改革涉及书吏数额较大,

---

① 《浙江省长公署训令第一千九百五十六号(中华民国8年九月二十六日):令各道道尹:准交通部咨嗣后公文邮件须赴邮局挂号不得向民局私寄》,《浙江公报》1919年第2692期。

② 《交通公报》1920年第48期。

③ 徐中约:《中国近代史》,香港中文大学出版社1970年版,第413页。

④ 《江督裁汰书吏札文》,《选报》1902年第8期。

⑤ 《兵部遵旨裁革书吏折》,《鹭江报》1904年第79期。

牵一发而动全身，谨慎为要。说到底，真正的问题并非来自书吏本身，实源于官员自身问题，正如时评所议："司官通籍以前 既未问津 到署以后留心（例案）者亦少 县案件均由书吏携回其家 故能熟悉 政府但恨书吏而不知令司员学习公事断无成效……现在书吏既系奉旨裁革 彼等欲退则退 故反有所挟持也"①，言下之意，书吏裁撤难，裁撤之后的负效率更使政府为难。故，裁撤书吏之类的规定不少，但真正执行者寥寥。

辛亥革命期间，湖北军政府内务司于1912年3月拟制《裁汰书吏差役办法》，规定用考试和访察两种方法来考察书吏，以定去留。所谓考试法，就是根据各县的政务对各科房的书吏分门出题考试，录取后派到各课试充课员，经三个月试用后再行评定。所谓访察法，就是调查了解原书吏的人品、办事能力和声名的一种方法。②

南京临时政府成立后，对于文书人员的设置有废、留、任三种情况。废，即废除旧式文书人员；留，即选用支持民国政府和政权的文书人员；任，即从革命党人中选拔文书主管人员。并且，孙中山在考察欧美文官制度的基础上，结合中国的实际，草创了文官制度。但因南京临时政府短祚而殁，文官制度尚未来得及实施便胎死腹中。北洋政府成立后，对于包括文书人员在内的文官的任用、甄选、惩戒等有了具体且能实施的制度规定，它既有与南京临时政府相同之处，又有不同之点。

一　废提塘

提塘是清代各省督、抚派驻京城的联络官，亦称驻京提塘。③ 它主要负责在"地方督抚→京师→提塘→通政司→内阁→皇帝→内阁→提塘→地方督抚"间互相传递公文，经其之手转呈、递、钞之公文不外乎以下几类：首先，上行奏疏，包括各省督抚、提督、总兵等向皇帝所进呈的题本；其次，平行咨文，包括各省督抚与各部院往来的咨、移、关牒等；最后，下传邸报。在闭关锁国、信息传递渠道不畅、不灵活等情况下，提塘基本能维系整个封建王朝信息的流传，但随着国门洞开，西学东渐，特别

---

① 《书吏难裁》，《新民丛报》1904年汇编。
② 邹家炜、董俭等：《中国档案事业简史》，中国人民大学出版社1985年版，第155页。
③ 戴逸主编：《中国近代史通鉴（1840—1949）》，第1卷，红旗出版社1997年版，第264页。

是技术先进、速度快捷的文报局、邮局等的设立对提塘是个致命的冲击。相比之下，传统的公文传递效率之低让人咋舌，这在江西地区早有端倪。"凡部中发现公文，由驻京提塘发交塘兵逐站递送，江西距京三十余站，部文迟至八十余日始行递到。本年八月初二日接到京塘发递文报二十六封，共有三百余件，多系五六月间所发。"① 到了清末，随着邮局等新设邮驿机构的设立，提塘之前的优势丧失殆尽。以清末粤省为例，"现查粤省至京沿途均设有邮局，各部院衙门发交邮局接递文件计期旬余即可抵粤，较之提塘、驿递文报动须四五十日者，迟速迥殊。"②

随着清末"改驿归邮"和民初政体遽变，作为传递公文中介的提塘亦在内外交困中走向没落。1912年，北洋交通部在《咨覆国务院嗣后文件由邮局递送无庸改设递文局文》中，对于各省驻京提塘呈请改设为递文局的呈请，交通部认为，"现在政体既变，邮政亦日渐扩充，此项机关（提塘）已失效用"，其呈请"未便照准"③。至此，提塘退出了历史舞台。

提塘虽废，但旧式的公文人员并未退出历史的舞台，他们通过各种途径、各种方式，继续在民国各级政权里担任文书一职，继续"旧酒装新瓶"，这也是民初公文程式始终受到阻挠的一个重要因素。

二 重设公文人员

作为政治衍生品的政府，必须有良好的行政组织、配套的行政设施，更要有高的行政效率。"欲提高行政效率，第一须有完善灵活之行政组织，第二须有良好之行政人员，两者之中，后者复较前者为重要。"④ 因此，文书人员的铨叙不仅是公文及其处理工作的起点，而且是公文行政与行政效率提升的要旨，更是整个北洋时期人事工作的重要组成部分，其重要性不言而喻。

民国成立后，关于包括文书人员在内的行政官的任用就成为文官制度

---

① 《清实录》，第30册，中华书局1985年版，第159页。
② 《署粤督奏请裁广东驻京提塘改设交报局片》，《政治官报》1911年2月22日。
③ 《咨覆国务院嗣后文件由邮局递送无庸改设递文局文》，《北洋政府公报》1912年5月3日。
④ 龙廷彰：《公务员铨叙与行政效率》，国立武汉大学第四届毕业论文1934年，第1页。

讨论和实施的一项重要决策。南京临时政府时期，国务院行政"各部都设有秘书长，北洋政府成立后即未再见"①。如此一来，分析北洋政府时期的专职文书人员大抵是基于秘书、佥事、主事而言，其主要职掌为②：

秘书为荐任，分掌宣达法令、撰拟及保管机要文书、典守印信；

佥事为荐任，主要职能是撰拟文书、编纂纪录、保管文书图籍、翻译文电、核对文稿、收发文件、掌理会议、庶务等；

主事为委任，辅佐佥事分办各项事务。

综合三者的职责，可以发现，公文撰拟、收发及保管是秘书、佥事、主事的核心工作，将之划定为文书人员，当为合理。

另外，各部仍有根据实际政务情况，酌情雇用相关文书人员，数量不一，录事即为其中一类。以农商部录事规则为例，1914年，农商部录事定额六十名，主要职责为承长官之命，掌缮写事务及其他事务。录事服务至三年以上，确著劳绩者，得择优委派为本部办事员或委任官。③

（一）就中央层级的机构而言

1. 民国元年公文人员的设置（见表2-11④）

表2-11　　　　　　　民国元年公文人员设置概况

类型	员额		职责
参事	二至四人	简任	拟订各种法律、命令
秘书	四人	荐任	分掌总务厅事务
佥事	各厅司至多八人	荐任	分掌各厅、司事务（兼充科长）
主事	（各部自定）	委任	助理各厅、司事务

2. 民国2年公文人员的设置

民国2年修改官制后，公文人员的设置稍有增减：如秘书改为二至四人，佥事改为各厅司总数不得超过五十人，主事改为总数不得超过八十人（陆、海军部例外）。当时各部均有具体规定，员额如下，详见表

---

① 钱实甫：《北洋政府时期的政治制度》，中华书局1984年版，第92页。
② 《政府公报》1912年7月18日。
③ 《农商部录事规则》，《政府公报》1914年3月1日。
④ 钱实甫：《北洋政府时期的政治制度》，中华书局1984年版，第92页。

2-12①。

表2-12　　　民国2年中央各部公文人员设置概况

部门	参事	佥事	主事
外交部	四	三二	五六
内务部	四	四四	七〇
财政部	四	四〇	七〇
司法部	三	一九	六〇
教育部	二	一八	四二
农商部	四	三二	五
交通部	四	三二	七

3. 民国3年公文人员设置

1914年7月10日，袁世凯以大总统令公布修正外交、内务、财政、陆军、海军、司法、教育、农商、交通各部官制。各部所设各种部员的名义和职权仍旧，员额则有变化，详见表2-13②。

表2-13　　　民国3年中央各部公文人员设置概况

部门	参事	秘书	佥事	主事
外交部	四	四	三六	六〇
内务部	四	四	四四	九〇
财政部	四	四	四〇	七〇
陆军部	四	四	五〇	二〇〇
海军部	四	四	五〇	一〇〇
司法部	四	四	一九	六〇
教育部	三	四	二四	四二
农商部	四	四	三二	五〇
交通部	四	四	三二	七〇

不过，民国3年中央各部公文人员员额数在钱端升所著的《民国政制史》中，统计数据稍有出入，详见表2-14③。

---

① 钱实甫：《北洋政府时期的政治制度》，中华书局1984年版，第92页。
② 同上书，第98页。
③ 钱端升：《民国政制史》（上），上海人民出版社2011年版，第86页。

表2-14　《民国政制史》中关于民国3年中央各部公文人员设置概况

部门	秘书	佥事	主事
外交部	四	三六	六〇
内务部	四	四四	九〇
财政部	四	四〇	七〇
陆军部	八	（原文无）	（原文无）
海军部	六	（原文无）	（原文无）
司法部	四	一九	六〇
教育部	四	二四	四二
农商部	四	三二	五〇
交通部	六	三二	七〇

两者之差别仅于陆军部、海军部和交通部之秘书员额上，并无实质性差异，并不影响对于各部文书人员设置员额的评判与分析。

与此同时，其他独立机关公文人员的设置主要有：将军府置秘书、书记各二人，佐理机要事务及日常函电文件。① 蒙藏院秘书厅以秘书二人等员组成，但因院务需要时，得令派参事兼办。两司名为第一司、第二司，以司长二人、佥事十二人、主事二十四人、翻译官十人等员组成之。② 此外，政事堂及其直辖机构文书人员的员额数量为：机要局——佥事16人，主事无定额③；法制局——佥事六人，主事十人④；铨叙局——佥事六人，主事十二人⑤；印铸局——佥事四人，主事十人⑥；主计局——佥事六人，主事无定额⑦；司务所——佥事六人，主事无定额⑧。

4. 民国5年公文人员的设置

袁氏称帝之举招致举国声讨与反对，就连袁氏亲信亦对帝制不甚赞成，加之蔡锷等领导的护国战争席卷西南，袁世凯骤感压力剧增，不得不

---

① 《北洋政府公报》1914年8月4日。
② 钱端升：《民国政制史》（上），上海人民出版社2011年版，第108页。
③ 《政府公报》1914年5月15日。
④ 《政府公报》1914年5月17日。
⑤ 《政府公报》1914年5月17日。
⑥ 《政府公报》1914年5月17日。
⑦ 《政府公报》1914年5月8日。
⑧ 《政府公报》1914年5月5日。

于1916年5月4日公布《修正政府组织令》和《国务院秘书厅官制》。根据新的官制,各部的地位有了相应的变化,文书人员的设置亦不例外。

各部(军事部例外)均置总务厅和各司。总务厅设厅长一人,各司设司长一人,均简任;其余部员如下,详见表2-15①。

表2-15　　　　民国5年中央务部公文人员设置概况

部门	参事	秘书	佥事	主事
外交部	四	八	三六	六〇
内务部	四	八	五六	七〇
财政部	四	八	五〇	一二〇
司法部	四	八	三〇	五〇
教育部	四	八	二四	四二
实业部	四	四	三〇	四五
农工部	四	四	三二	五〇
交通部	四	六	三四	一〇二

5. 1921年交通部铁路文书会议公文人员设置

交通部铁路会议对文书人员的设置亦进行了讨论,议决设秘书一人,事务员八人,书记八人。②

6. 民国16年(1927)公文人员的设置

张作霖主政北京时期,官制又随之进行调整,文书人员的员额数又有某些变化,详见表2-16③。

表2-16　　　　民国16年中央各部公文人员设置概况

职员人数\部门	外交	内务	财政	司法	实业	农工	交通	
秘书	八	八	八	八	四	四	六	荐任
佥事	三六	五六	五〇	三〇	三〇	三二	三四	荐任
主事	六〇	七〇	一二五	五〇	四五	五〇	一〇二	委任

---

① 钱实甫:《北洋政府时期的政治制度》,中华书局1984年版,第103页。
② 《政府公报》1921年5月14日。
③ 《政府公报》1927年7月12日。

根据上述民国元年至民国16年间之不完整统计，文书人员的设置有如下特征：首先，分工明确，职责清晰。虽然都以公文工作为核心，但秘书、佥事、主事的职责界定很清晰，并于《政府公报》上刊载，有利于避免权能不分、职责交混之弊端。就其行政事务定位而言，秘书在秘书长的领导下进行文件的撰拟等工作，尤其是重要与机密公文。但秘书员额相对较少，直至北洋覆亡前夕，中央各部秘书员额之设置仍不超过10人，多维系在4—8人，而佥事与主事的员额数相对较多。以上表明，公文处理的每一环节，即从登记、收发至缮印、传递皆有专人负责，故而佥事与主事则完全是事务性工作，是标准的辅助性角色；其次，变动甚小，相对稳定。1912—1928年，北洋政府短短的16年期间，多次修改公文程式，换了多届内阁，光内阁总理即达数十人之多，可谓走马观花，让人应接不暇。但无论政局如何变动、官制如何修正、内阁如何重组，相对不在权力核心、却又是官署行政事务必不可少的文书工作及文书人员总是保持某种相对的稳定性。从上述统计来看，无论是秘书、佥事，还是主事，员额数之设置并无前后较大落差，甚至能保持某种程度的稳中稍增。

当然，公文办理亦有兼办之形。如1915年，司法部行文热河、归绥、察哈尔都统，指出："边省事繁县知事尤乏兼理司法公文之余暇 与其假手于不谙法令之幕僚 何如责诸承审员 藉收统一事权之效 嗣后 贵行政区域内设有承审员 各县关于司法公文应即归承审员兼办"。① 换言之，由熟悉本司公文事务工作的承审员兼办公文事务。

7. 公文人员之官等

公文人员员额之设，并非随意而为，实际上受官制与文官制度之左右。北洋时期，文官的类别大体有行政官、外交官、司法官、警察官、技术官等，分为特任、简任、荐任与委任四种。秘书、佥事、主事之类的公文人员虽属于文官制度的范畴，但其任用却与一般的文官不同，尤其是秘书的铨选。民国2年公布的《文官任用法草案》规定了简论文官、荐任文官、委任文官的选用资格，其中荐任官的条件为：

一、受文官高等考试及第者；

---

① 《各县司法公文归承审员兼办咨（咨各都统）》，《司法公报》1916年第52期。

二、曾任荐任文官满一年以上者,但教官技术官及依特别任用法任用之官,在职之年数除去计之;

三、现任荐任审判官检察官满一年以上,及曾任审判检察官满一年以上者,得任为司法部荐任文官;

四、现任北京大学及官立中等以上经教育部认可之诸学校教官,满一年以上,及曾任北京大学及官立中等以上经教育部认可之诸学校教官,满一年以上者,得任为教育部荐任文官。①

上述之荐任官之规定,条件不可谓不高。秘书作为文官中之荐任官,从理论上讲应符合上述要求,但颇耐人寻味的是,秘书长及秘书的选用却并不依此例,而是单独设立了《秘书任用法草案》。该草案规定:"秘书得不依文官任用法任用之"、"秘书得各以其官署之荐任官兼任之,但国务院秘书厅秘书长不在此限"。② 换言之,中央各部秘书多由各部荐任官所兼任,且常常随官署长官共进退。这种情况使得北洋时期的秘书官之设置兼具中国古代幕僚的诸种特征,又及西方文官制度的影子。袁世凯所提的"不惜设例以待非常之士"③之理念恰能反映这种兼具特征。但袁氏实是通过放宽秘书荐任官的条件,来扩充势力、网罗人才。

除秘书官外,佥事、主事的官等为荐任和委任,尤其是主事委任,毕竟从事具体公文工作的是主事,且员额数相对较大。

(二) 地方机构的公文人员

地方层级的公文人员的种类、数量及设置办法大体同于中央各部,但员额较少,类型亦较单一。

民元初建,各地财政困难,机构人员的设置相对较简。1912 年 1 月 8 日,中央颁布现行都督府组织令,设书记二人。④ 1913 年,国务会议议决,各省行政公署除司长以上人员及雇员不计外,只应设秘书一员。但仅设一人在各省并不可行,实际上,公文人员的具体员额是由民政长拟定并经由国务总理,报呈总统核定。如陕西行政公署总务处即置秘书六员,奉

---

① 《政府公报》1913 年 1 月 9 日。
② 《政府公报》1913 年 1 月 9 日。
③ 《政府公报》1915 年 10 月 1 日。
④ 《政府公报》1913 年 1 月 9 日。

天行政公署总务处设秘书一人。① 可见各省并不统一，事实上亦无法统一。对此，民国2年三月国务院所定各省行政公署办事章程，虽限制全署员额不能超出六十以上，然对于秘书等则未加限制②，故仍有伸缩之自由。如1914年，河南省政务厅秘书处置秘书及书记官各六员。③ 警政部门对于文书人员的设置也出台了相应规定，如1914年8月颁布的《地方警察厅官制》规定，地方警务处设秘书一至二人。④ 民国10年六月二十三日，中央颁布省参事会条例，各省遂有此组织。省参事会除会长及省参事外，更置秘书若干人。⑤

北洋时期，省、道、县等地方政权机关的不同层级均设置了相应的秘书人员，多以委任。但是，秘书人员主要的工作职责是治文牍，不特有业务专长根本无法胜任。加之，北洋政权是军阀专政，只不过披上了"民主"的外衣，这样的大背景下所铨选的秘书人员其实是晚清幕府师爷的翻版，因为秘书的任用及人数由地方长官自行决定。甚至就是晚清政权治公牍之人摇身一变而来，这从民初江西部分知事的出身来看，便可窥端倪（详见表2-17⑥）。

表2-17　　　　　　　　　民初江西部分知事出身

类别	总计	传统功名			新式学堂			新旧教育兼具者	前清捐纳	其他（军功、幕僚）
		进士	举贡	诸生	大学	专科	军警425	4	2	5
人数	29	2	9	10	2	2	1			
%	100	37.93		34.48	17.24			13.79	0.07	17.24

（说明：因4人既拥有传统功名又有新式教育经历，在统计时有重复计算）

---

① 钱端升：《民国政制史》（下），上海人民出版社2011年版，第353页。
② 同上书，第353页。
③ 同上书，第364页。
④ 《政府公报》1914年8月30日。
⑤ 钱端升：《民国政制史》（下），上海人民出版社2011年版，第379页。
⑥ 《一九一五年江西省保荐免试知事人员履历事迹册及有关文书》，见中国第二历史档案馆藏，北京国民政府内务部档，全宗号一〇〇一，案卷号5641；《一九一四年江西省保荐免试知事人员履历事绩册及有关文书》，北京国民政府内务部档，全宗号一〇〇一，案卷号5640。转引自许金华《社会变迁与乡村革命（1860—1928）：赣南农民暴动的源起研究》，江西人民出版社2013年版，第207页。

第六节　电报公文与行政效率

自19世纪80年代，晚清政府创办电报并用于行政、外交事务以来，其传递信息之快捷、交流情报之便利、传递过程之安全为各级官僚机构和人员所有目共睹。特别是适逢重大事件、重要活动之时，各级各类官僚士绅皆通过电报（通电、代电）行为发表声明、阐明立场，或为维护权威，或为树立权威，或为澄清真相，或为支持呼吁等，从而将某些重大、重要的问题显明于朝野上下，从一定程度上而言，这对于信息的及时、准确传递及其内容的讨论、解决都有着以往纸质公文所不具备的优势。①

一　电报公文革新了传统的公牍传递体系

传统的公牍传递主要靠上传下达的方式、通过以邮驿为核心的传递渠道来实现，在传递的载体上以纸质为主体。此种传递方式，固然维系了数千年来封建王朝的正常、相对有效的运行机制，保证了政令的贯通与执行，但其弊端也是显而易见的。不惟受各种自然、人为等因素之约束，即使这些缺陷有所弥补，乃至近乎完美，但传递的速度与效率在近代化的技术面前相形见绌。鸦片战争前夕，林则徐与邓廷桢联衔会奏《夷人趸船尽数呈缴烟土》折，该折由驿站以四百里驰递，直到是年5月24日军机大臣才奉到谕批，中间相隔了整整43天。扣除奏折到京进呈道光帝批示这段时间，该折从广州传到北京，路上所花费时间至少有近一个月。② 相比之下，电报公文能避免传统公牍传递的各种客观不足。电报公文的传递载体是电线与电码，拍发、接受、译出、公布等环节之快非纸质公牍传递模式所能比拟。而且，它所经历之各个环节不受传统纸质公牍处理环节之种种繁文缛节的束缚，更加简便与灵活。

二　信息流通点点模式向点、面交相覆盖模式转变

传统的纸质公文传递模式严格局限于上至君与各种中央官僚机构、下至臣及各地官僚机构，并旁及各级士绅。公文的信息传递仅于上述三者的

---

① 侯吉永:《晚清电报的引入之于公文现代化的意义》,《历史档案》2010年第4期。
② 谢俊美:《东亚世界与近代中国》,上海人民出版社2011年版,第372页。

圈子内流传，不光保密性较强，而且对于有效的舆论控制不无裨益。如此一来，信息的传递仅限于点对点的交流，普通百姓被斥之于"知情"的门槛之外，即使不愿却也只能一直承担着"顺民"的角色。如，"奏疏除非特许外，也只能限于京师的阁部大臣、各衙门堂官和科道言官，外省文官自道员以上、武官自总兵以上的官员（而实际上主要还是集中于督抚大员）才有资格上奏。"① 相比之下，电报公文，尤其是通电（通电，是面向全国范围公开拍发的电报，主要用于表明政治态度、公布重要事实、宣布个人出与处、发出倡议和号召）② 不但不希望知道的人越少越好，反而期冀更广泛的社会知照，以获得更多、更大的舆论支持。加之，电报公文，尤其是向社会公开的公文，往往通过报刊的快速刊载并迅速流传于社会的模式来迅即扩散电报拍发者所要表达的信息，既想引起实力派的支持，又希望借助普通百姓的认同来抢占社会道德的制高点。这样一来，信息的传递已远非传统的点对点模式所能达其效，出现了点、面交相覆盖、错综复杂的情形，而这恰到好处地实现了信息最大规模传递的初衷，以达到特定的政治意图与目的。

三 抢占了舆论制高点，推动了政治社会化进程

阿尔蒙德认为，"政治社会化是政治文化形成、维持和改变的过程"③。这种政治文化如何形成、维持与改变才是政治社会化的要旨，不管是个体，抑或社会整体，文化认同始终取决于情感、态度、价值观的认同，而电报公文则对后者的影响极其重要，在特定的历史时期内，这种影响甚至能起到决定性的作用。如1900年经元善发起的反建储通电便是典型一例。戊戌政变后，慈禧太后策划废除光绪，另行建储。消息传出，上海民间一片喧哗。电报局总办经元善联合上海各界士绅商民1231人，联合署名，通电北京，反对建储。上海的绅商还集会决定，若慈禧一意孤行，将倡议全国工商各界联合罢市。通电既出，全国震惊，也得到各国公使的呼应。最后，慈禧迫于内外压力，不得已取消废立计划。反建储通电

---

① 董丛林：《晚清社会传闻研究》，人民出版社2007年版，第34页。
② 王铭：《文种钩沉》，中国档案出版社2007年版，第590—591页。
③ ［美］阿尔蒙德等：《比较政治学：体系、过程和政策》，曹沛霖等译，上海译文出版社1987年版，第29页。

的成功，表明以上海为中心的公共领域，在晚清复杂的政治格局之中，已经拥有了相当的舆论力量和制约能力。① 近代史上大凡重要的电报公文，譬如通电等，几为重大历史事件所引发，或反映重大历史事件，总能引领话语权、引发社会各界注意，从而抢占了舆论制高点，正如美籍学者周永明所认为的："公开和集体具名、快速传播、聚集社会关注、简洁有力的风格、多为精英拍发，并由主要报纸登载，公民逐渐被认同为重要文本。此外，公电从与传统的政治话语文体（如'檄文'、'奏折'、和'公禀'）的相似和延续中汲取文本的力量，并进一步整合了公共告示、官方通讯和新闻写作的诸多特征。由于具有如此的文本力量，公电逐渐在近代中国成为一种非常有效的政治传播和动员的力量。"②

正因为电报公文有如此众多之优势，从1912年至1928年，北洋政府统治的16年时间里，通电的数量呈逐渐增长之势，"1912年有案可查的民国通电已经有33次，1913年有40次，1917年有72次，1920年67次，1922年高达97次，1926年50次，1927年51次"③。

---

① 许纪霖：《近代中国的公共领域：形态、功能与自我理解——以上海为例》，《史林》2003年第2期。
② ［美］周永明：《中国网络政治的历史考察：电报与清末时政》，尹松波、石琳译，商务印书馆2013年版，第167页。
③ 郭廷以：《中华民国史事日志（1912—1949）》，中央研究院近代史研究所1979—1985年。转引自侯吉永《民国时期的通电公文》，《四川档案》2007年第6期。

第三章　南京国民政府前期（1927—1932）的公文改革与行政效率

南京国民政府成立后，国家完成了形式上的统一，这对于各项行政业务建设、经济社会发展等提供了有利的、相对稳定的客观环境。根据孙中山的政体设计方案，1928年10月17日，国民政府公布了中央政治会议通过的《中华民国国民政府组织法》，明确了行政、立法、司法、考试、监察的五院制权力运行模式，其中，行政院为"五院之首"。如何建设一个不同于西方三权分立的五权制现代政府，并使之独具中国特色，同时能促进行政与政治的现代化，就成为国民政府必须审慎思考的问题。这其中，行政效能成为极重要的考察与分析点，虽其囊括众多、包罗万象，但公文始终是其一个重要的参照体系。于是，南京国民政府成立后，公文革命的呼声应运而生。

1928年7月14日，署名秀生的于《暨南周刊》发表《文书改革杂谈》一文，提及文书改革的四项原则：（一）要废除文书阶级上之色彩：如程式，词句，名称等；（二）一律要用语体文；（三）要科学化：把迂腐沉繁和费时耗神的缺点除去，使阅读者一目了然；（四）一律要用新式标点。①涉及公文程式、文体、科学性及标点，所论之点不可谓不前瞻，所触及之处不可谓不鞭辟入里，四项原则亦是以后国民政府公文改革的重要突破点。

第一节　公文程式

一　国民政府颁布正式公文程式前的状况

南京临时政府至南京国民政府成立之前的公文程式弊端丛生，加之时

---

① 《暨南周刊》1928年第3卷第8期。

局动荡，一直未能加以总结与讨论。南京国民政府成立后，时人总结为：（1）关于文字方面者。篇幅冗长，动则千余言，少亦数百字，办文者竟日吟哦，始成一稿，例行公事，固无问题，如过紧急之件，事机迫促，宁有余时，俟其从容拟稿。（2）关于程式方面者。遇有与几部分有关系之案件，即须办稿几份，分致各部分。（3）关于用纸方面者。稿纸均为双幅，一页用毕，虽仅余数字，亦须再用一页，空白地位，占十之八九者，事所恒有。① 虽总结不甚全面，亦未能深入，但至少在技术层面提到了公文程式必须改革的问题。

在国民政府 1927 年 8 月 13 日颁布《公文程式条例》前，各地公文程式采用情况较为复杂，有暂时拟定的，有沿用旧例的，亦有在原基础上创新的。以江西省为例：1927 年，江西省政府暂定省内通用公文程式，大体规定了呈、咨、公函、令、批数种：

> 省政府对于中央党部国民政府均用呈；
> 省政府对于国民政府各部各省政府均用咨；
> 省政府各厅对于国民政府各部用呈；
> 省政府对于省党部用公函；
> 省政府对于本省各行政机关及地方法院用令及批，各行政机关地方法院对于省政府用呈；
> 省政府各厅对于本省各厅各省各厅均用咨；
> 省政府各厅对于各市政府用令及批，各市政府对于各厅用呈；
> 省政府各厅对于所属各机关用令及批，各机关对于主管机关用呈；
> 省政府各厅对于人民团体用令及批，人民团体对于省政府暨各厅均用呈；
> 省政府暨各行政机关地方法院对于人民用批，人民对于省政府暨各行政司法机关用呈。②

就公文程式的规范性而言，江西省政府的公文程式条例能结合以往公

---

① 《北宁铁路改革文书制度之成功》，《交大季刊》1932 年第 9 期。
② 《江西省政府公报》1927 年第 1 期。

文程式的规定加以重新厘定，加之基本为袭旧惯例，不可谓不规范；就公文程式的适用范围而言，基本限于该省内各级各类行政、司法机关与人民团体之间的行文规定；就公文程式的适用性而言，不在乎数量的多寡，而在于所定文种的切实性。江西省政府虽仅规定了4种（令或批是同时规定），但对于一个地方省政府而言，公文文种草创初期不宜过于繁琐、细化，相对笼统或数量适中反倒能维持公文应用的相对稳定性。加之，该条例同时规定："以奉到国民政府颁定公文程式之日为目止"①，显然仅是过渡阶段的过渡形式。

1927年，浙江省亦公布了《省政府对外公文之统一程式》，规定：

（一）上级官厅对于下级官厅用令；
（二）官厅对于人民用批 人民对于官厅用书；
（三）凡平行及不相统属各机关用公函；
（四）官厅对于一般民众用布告

并附有令、书、公函、布告、电报等具体格式。②

浙江省公布的对外公文程式仅5种，即令、批、书、公函、布告，相对来说，较为简便。不过，它没有规定上级官厅与下级官厅之间用令是否涉及隶属关系，官厅对于民众用布告和用批之间区别何在。特别是书这一文种的设置颇为"另类"。作为我国最古老的公文文种之一，书的设置可追溯至三代，既可上行、下行，亦可平行，春秋战国时期演变为上书，用于臣下上于君主之用。公元前221年，秦始皇改上书为奏。至此（上）书的使用进入了一新的演变时期。但浙江省政府在国民政府未颁布统一的公文程式前所自行规定的公文文种仍然使用上古时期的书，并将之适用于人民对官厅使用之，很耐人寻味。

1927年6月，江苏省政府公布《暂行公文程式》，出台了各级行政机关、各级党部、各级学校、各级（协）会、人民等行文的具体规定。

第一条 关于各级行政机关依下列程序行之

---

① 《江西省政府公报》1927年第1期。
② 《浙江民政月刊》1927年第1期。

一（上级）呈；

二（同级）咨或公函；

三（下级）命令

第二条　关于各级党部依下例程序行之

一 中央党部呈或公函；

二 省县区党部公函；

第三条　关于国立省立公立私立各级学校依下列程序行之

一（国立）公函

二（省立）命令

三（公立）命令

四（私立）命令

第四条　关于法定各会各协会依下列程序行之

一 属于全国者 公函

二 属于特别市者 公函

三 属于省者 命令

四 属于县市者 命令

第五条　关于人民之呈请或呈诉以批示行之

第六条　关于民众之宣示以布告行之①

相比江西、浙江两省公文暂行程式的规定，江苏的公文暂行程式在种类的分类、适用的范围等方面皆相对全面，它已经把行政、党务、教育、社会团体（民众）之间的行文系统构建得较为清楚且适用了。

除了暂定公文程式外，还有解释下级机关对行文程式的疑惑的。如1927年3月，奉天实业厅发令，对于各县农会对县公署有用公函、有用呈的分歧之处作出指示："县农会对于县公署行文照章应用公函"②。

同年，重庆市市政厅公布了《公文程式暂行规则》③，规定了呈、训令、指令、通知单等文种。相比之下，重庆的公文程式暂行规定，数量少且通知单的使用亦为特别。不相隶属之间的相互行文，通常而言有咨和公

---

① 《江苏省政府公报》1927年第4期。

② 《奉天公报》1927年3月28日。

③ 《重庆市市政公报》1928年第1期。

函两种，但重庆市规定通知单亦是各局相互协商事务时用之，显然并非隶属。但对通知单使用的规定，是比较符合政务实际的，即讨论公事，但不必用公文相互往复，既经济，又节省时间。

二　1927—1928年国民政府公文程式令

1927年，广州国民政府迁都南京，同年8月13日，公布《公文程式条例》，规定了令、通告、训令、指令、任命状、呈、咨、咨呈、公函、批答10种公文的适用范围。

　　令：公布法令，任免官吏，及有所指挥时用之；
　　通告：宣布事件时用之；
　　训令：凡长官对于所属官吏有所谕饬或差委时用之；
　　指令：凡长官对于所属官吏因呈请而有所指示时用之；
　　任命状：任命官吏时用之；
　　呈：下级官署对于直辖上级官署，或人民对于官署有所陈述时用之；
　　咨呈：非直辖而等级较低之官署对于高级官署用之；
　　公函：不相隶属各官属公文往复时用之；
　　批答：各官署对于人民陈请事项分别准驳时用之①

国民政府迁都南京第一次颁布的公文程式适应了当时"以党治国"之需，切合了国民政府初期维护党的权威之要。因为，南京国民政府初期并未至少名义上未统一全国，孙中山的训政纲领仍未真正实行。在此背景下，"以党治国"呼之欲出，权力的事实核心是国民党中央执行委员会，公文程式之颁布必须紧跟这一步伐。正如时人所谓"现值国民政府凡百革新之时 对于旧时之公文程式 当然不能适用 缘国民政府者 系以党治国之政府也 凡属中央政府省政府县政府市政府各项文件 其内容与程式 均须含有党化之作用 庶不背政纲和党纲之主旨"。② 从本质上看，南京国民政

---

　　①　中国第二历史档案馆：《民国时期文书工作和档案工作资料选编》，中国档案出版社1987年版，第262—263页。
　　②　《山东财政公报》1931年第3卷第2期。

府初期"以党治国"在公文程式的体现，如在训令、指令文种中，设置了专用于长官个人对于下属的指挥或差委，实质上是北洋政府时期大总统个人公文程式的变种，只不过个人集权和政党集权在不同的时期对于权威的共同需要造就了某种差异。

不到一年，国民政府的政体形式发生了某些变化。1928年2月4日，国民党二届四中全会通过了《中华民国国民政府组织法》，10月17日，国民政府正式公布，并于1931年6月和12月两次进行修正，正式确立了国民政府的五院制组织，权力实际上归于五院之首的行政院。1928年6月和11月，国民政府先后两次颁布修正公文程式，正式确立了令、训令、指令、布告、任命状、呈、状（1928年6月条例中有，11月取消）、咨、公函、批等公文文种。政体形式的变化在公文程式上的反映莫过于以下几点：

训令、指令：民国十六年适用于长官对于所属官吏指挥或差委时用之，修正后适用于上级机关对于下级机关谕饬或指挥时用之。

布告：民国十六年适用于宣布事件，修正后适用于对公众宣布事实或有所劝诫时用之。

任命状：特任和荐任官十六年由国民政府常务委员会主席及常务委员多数署名，修正后适用于国民政府主席或五院院长或主管院院长署名。

在两年时间内，国民政府先后创制公文程式一次，修正两次，且后两次仅间隔两个月。换言之，当1928年6月修正1927年的程式刚颁布使用不久，即换用新的公文程式。这在实际公文行文中带来了一系列的问题。

（一）对现有公文程式疑惑、不解之处

1. 对公函使用

1928年，江苏省政府向国民政府呈文，对公文程式（1928年6月）第二条第八款公函的规定尚有疑义。1928年6月国民政府《公文程式条例》第二条第八款规定："公函：同级机关或不相隶属之机关公文往复时用之"。江苏省政府的疑问是："各机关对于人民有所通知时究用何种程式 因无明文规定曾经呈请钧府核示在案"，"查公文程式条例第二条第八项规定 同级机关或不相隶属之机关公文往复时用公函 并无机关对于人民得用公函之规定 且同条第七项规定人民对于公署有所陈述时用状 第九项规定各机关对于人民陈述事项分别准驳时用批 则人民与机关所用程式似应有别 如各机关对于人民有所通知时得用公函似与第二条第七项及第九项之规定不无抵触"。① 江苏省政府的疑问在于：除却机关对于人民之陈述事项之准驳用批，但若是只用于告知是否用公函并无明文规定。若是可以，导致机关之间与机关与人民之间的文种并无区分，似有不妥。疑点在于：公函可否用于机关对人民之通知。

1928年9月，法制局因"江苏省政府为各机关对于人民有所通知时得用公函一案尚有疑义"亦向国民政府呈文，希望国民政府对此作出解释。国民政府在区分令、布告、公函与批四文种的适用基础上，给出了解释："令有强行力 在受令者无自由考量之余地 若无强行性质 仅对个别人民或私团体有所通知 布告与批令均不适用时 自可准照公文程式条例第二条第八款 采用公函 易言之 即凡属通知事项不具指挥强行之性质者 不特机关相互间得用公函 即机关对人民亦得用之 且公函内容初无法定格式 各机关尽可酌量情形 自行决定"。② 国民政府的训令其实并未对于令、布告、公函与批作出十分具体而恰当的区分，仅以有无强行性且若无强行性布告与批、令均不合适时，可用公函的解释虽差强人意，但因事关政府机构对于民众的发文颇有微妙之处，再次强调："从前公文习用字句往往意存炫示 政府权威除炫示外 了无其他意义 此则不独不宜见诸公函 即批 令布今亦不当袭用"。③ 它实际上是从一个追求民主、平等的角度来看待诸凡面向民众之类的文种的使用规范问题。当然，函与其他文种（譬如呈）的混用有时跟机构或部门的特殊性质有关联，如国民政府行政院铨叙部与各省厅之间原本是为不相隶属关系，据公文程式的规定，理应用公函。然"各省厅、局来文，或用呈，或用函，因而本部对于各省厅、局行文，每依来文各类，亦各用令、用函不等。"造成这一特殊情况的原因或为"惟铨叙部关系公务员之任免升降"，这种机构职能上的特殊性造就了它与其他机构就人事问题往复行文的特殊性，为解决这一特殊性，铨叙部的上级机关行政院特地发训令，明确"为便于督促起见，似又以用令为宜"。④（北）行政院的训令虽具有权威解释性，但又用了并不决断的语气，"似"

---

① 《江苏省农矿厅农矿公报》1928年第3期。
② 《内政公报》1928年第1卷第6期。
③ 同上。
④ 北京市档案局（馆）编：《民国时期北京文书档案工作史料选编》，中国档案出版社2012年版，第98页。

字表明公函还是可行的。如此一来，公函与令的混用并不能彻底纠正。

除了面向民众会混用令批外，不相隶属机关之间，尤其是上级部门对下级政府的行文，亦会炫示自身权威而出现误用令的情况。1928年8月，河北衡水县县长许松圃呈文河北省民政厅称："县长台系行政官吏 与全省各征收机关如煤油特捐局等自然不相统属 往来文件似应以公函行之 方合法规 近来各征收机关对于县政府每用令文 究竟县政府对于全省各征收局及不相统属之财政机关是否应用呈文 抑用公函"。衡水县政府原来的理解是对的，但因征收机关的误用文种导致对公文程式反倒"混淆"起来，不得不呈文问询。对此，河北省民政厅答复如下："查公文程式条例（1928年6月）第二条载 呈下级机关对于直辖上级机关有所陈述时用之 公函同级机关或不相隶属机关公文往复时用之等语 该县（衡水县）所称各征收机关……既系不相隶属之机构 所有往复公文自应一律改用公函 以重条例"。① 这一答复，再次确认了衡水县政府之前对于函与令的理解。

另外，尚有对于行文级别不甚清楚而问询时，涉及公函的情况。1930年，汉口市特别市教育局呈请国民政府教育部核示特别市教育行政机关对于市区内之省立学校行文用何项公文程式，国民政府教育部发训令指示如下："查凡与各该特别市区有历史关系之各该省区在市区内所设省立中小学与特别市教育局用公函行文"②。

2. 对批使用的不解

1928年6月，国民政府《公文程式条例》规定："批 各机关对于人民陈述事项，分别准驳时用之。"但若是未经人民陈述，各机关对于人民行文用何文种又有不解。如1928年，江苏省政府行文国民政府，就批的使用提出疑义："未经人民陈述 各机关有所通知时究用何种程式 并无明文规定 虽习惯上间有得用通知书者 惟嫌无所依据"，而且"职厅近来发生此种事件甚多 因无一定程式 以致无法通知"。③ 江苏省政府的呈请自有一定的道理，条例无明文规定，但实际政务处事中会涉及，作为下属机关行文时自感处处被动，按习惯做法（即用通知书）又怕无法律依据，不按习惯做法，只能向上请示。这一事例亦反映了当时正式公文程式之外的

---

① 《河北省政府公报》1928年第31期。
② 《天津特别市教育局教育公报》1930年第22期。
③ 《江苏省农矿厅农矿公报》1928年第3期。

杂体文，正日益成为正式文种的实际可能。譬如通知，1942年国防最高委员会公布的《公文程式修正草案》即将通知列为正式文种，从而解决了江苏省政府十多年前的疑惑，虽然这已经是后话了。

（二）未曾见诸公文程式，基层机关就行文程式的问询

1927年10月，浙江省衢县县长胡维鹏呈文浙江省政府，对于县政府与县管理公款公产委员会之间该用何种公文相互行文提起问询，因现有"公文程式尚无规定"①。浙江省政府回复："县政府与管理县公产委员会互相行文应以公函行之"。② 浙江省政府的答复解决了基层不相隶属机关之间往复行文的无所适从的困境，显然这也是国民政府在1927年8月制定的《公文程式》中，对公函文种使用的界定，延伸至基层并无不妥。然而，对于基层的问询，函复规定使用某一文种自然能接受，但若是上级机关回复下级机关关于文种的使用出现两种皆可的情况，就颇为令人费解了。如1929年，吉林伊通县教育会向吉林省教育会发函，问询该教育会向伊通县公署行文该用何种公文。吉林省教育会回函答复如下："查县之有县政府犹省之有省政府也 本会（吉林省教育会）对于省政府向系用呈 亦有时用函 省政府对于本会则用令文 亦有时用函 贵会对于县政府当然用呈 有时可用函 至县政府对于贵会用令 但有时用函亦可"。③ 此例中，吉林省教育会对于伊通县教育会的答复给了两种选择，而此两种选择在国民政府公文程式所规定的呈、令、函的适用范围中，并无准确的体现，加之两者是有区别的，这种区别又未加以清晰地规定，下级机关以后在使用时当然会再有不解之处，又要往复问询，不特增加手续之繁琐，更置政务处理于耽搁。

当然，也有对基层公署行文关系及行文文种的选用有明确指导意见的。1930年12月，湖北汉阳县教育局局长刘国琛呈湖北省教育厅厅长，请示汉阳县教育局局长与县督学互相行公文用何种公文程式。县督学主管县、区及私立学校事项，并督促地方的教育事业。它是县政府下设的一个行政职位，虽主管教育事务，但与教育局并无直接隶属关系。湖北省教育厅长指令："县教育局局长对于县督学行文，可暂用函，县督学对于教育

---

① 《浙江省政府公报》1927年10月22日第136期。

② 同上。

③ 《吉林省教育会月报》1929年第7期。

局局长用报告,俟以后订有规程,再行饬遵。"① 其实,函的使用是适用于不相隶属的机关之间,不相隶属的机关领导人之间互相行文并未规定。湖北省教育厅规定汉阳县教育局局长与县督学相互行文分别用函和报告,虽是暂时之法、权宜之计,但至少能明确规定,不致产生分歧与误用。

(三) 地方政权机关在不违背国民政府公文程式条例的前提下, 为适应地方政务活动的实际需要有所创造

1929年5月17日, 国民党浙江省执行委员会第13次委员会会议通过《浙江省各级民众团体公文程式》,规定了浙江省内各级民众团体处理公务之文书类别有:

一、通令。对于所属下级民众团体宣布含有普遍性质之重要事件时用之;

二、训令。对于所属下级民众团体有所指挥告诫或差委时用之;

三、指令。对于所属下级民众团体因呈请而有所指示时用之;

四、通告。宣布关于普遍性质之事件时用之;

五、作用书。作用职员时用之;

六、呈。对于同级以上之党政机关及上级民众团体有所陈述时用之;

七、公函。不相隶属之团体机关或同级团体机关往复启答时用之;

八、批答。对于会员个人呈请事件之答复时用之;

九、建议书。下级民众团体对于党部政府或上级民众团体贡献特种意见时用之。②

上述文书类别中之作用书、批答、建议书在国民政府的公文程式令中并未出现,或沿用旧例,或日常事务中常用类别,或自行创新,加之又是面向民众,情况自然复杂得多。此种设置,当为适应地方政务实际所需。

---

① 《湖北教育厅公报》1930年第1卷第17期。
② 《绍兴县公报》1929年第41期。

三 公文程式与行文系统

综合而言，公文程式更多涉及行文系统问题。行文系统"乃各官厅因其自身所处之地位，而规定对外应用公文之等级。"① 也就是行政组织间的级别等第是决定行文的关键，其中，是否隶属则更为核心与重要，"各级官署之行文系统最要者，即认明自身被辖之上级机关，与其统属之下级机关，然后知行文上下。至于同等阶级之官署或不相隶属之机关，则概以平行公文行之可矣。"② 换言之，公文程式说到底是依据行政系统之间的关系来确定机关之间的行文系统，上行、下行和平行是最基本的判定方式，然后冀以此来决定采用何种公文程式。直接隶属的关系并不费解，但向更高级别的机关或下级的下级机关或不相隶属机关间的行文往往较为混淆。以1928年北平特别市来说，就出现过"近来各局附属机关上行文件每有越级径呈本府者，殊与程序不合"的情况，北平特别市政府不得不发布训令要求"各局所属机关关于呈府文件应一律呈由各该直接主管转呈，不得越级径呈本府，以免纷歧。"③ 行文系统，仅从字面而言，实不难理解。然而，自1912年中华民国政府正式成立以来，政体几经更迭，政治制度和行政架构几经变更，从1912年到1928年这12年的时间里，北洋政府的内阁就换了几届。各项关于中央与地方的行政体制又随着新内阁的上台而更新，又随旧内阁的垮台而去除。加之，全国政权并未统一，诸侯割据，各自占山为王，上有政策，下有土法，中央政令在这些地方实际很难起效。虽然1928年蒋介石国民政府形式上统一了全国，但构架新的五院制政治与行政体制仍处于初创与调适中，并不完善。而行政系统的变化，给公文程式带来的一个最明显的变化就是行文系统的不确定性。1927—1928年，不到2年内，国民政府就创制公文程式1次，修正2次。这种不确定性造就了公文程式颁布后总会造成省、市、县地方或基层政权的不解、疑惑之处，更费时费力的行文往复问询、解答，方得有一个明确结论。

不过，国民政府确实也考虑到了无论是哪一种公文程式，确有未尽处

---

① 张锐、殷菊亭编：《公文程式与保管》，商务印书馆1934年版，第19页。
② 同上。
③ 北京市档案局（馆）编：《民国时期北京文书档案工作史料选编》，中国档案出版社2012年版，第42页。

理全部政务所需之便，随即经国民政府及行政院另文规定，亦算是一种公文程式的补充。

首先，人民团体与党部间行文得用公函

1930年3月5日，国民党第三届中央执行委员第三次全体会议通过《人民团体与党部往来公文程式》，规定①：

第二条　各人民团体对于各该地高级党部及主管部会行文用呈 对于其他各部会得用公函；

第三条　各人民团体对于各地党部无隶属关系者行文得用公函；

其次，各省商会对于本省主管官署及县商会对于县政府一律用呈

行政院于1929年4月20日通令各省市政府文内称：

"嗣后各总商会，各省商联会对于本省主管工商之建设厅，或原有之实业厅均一律用呈以明系统"。②

再次，铨叙部对各机关行文之规定

1931年4月3日训令内准考试院咨称据铨叙部呈称：

"兹拟以后对于中央各部会所属京内各机关往复行文时，概由各主管会咨转。其部所属京外各机关，及省政府所属各厅处局所与本部公文往来时，以比照公文程式内关于有所指挥或谕饬及指示者得用令之规定，一概用令。其各机关对本部行文时，一概用呈。"③

复次，市县地方自治机关行文办法

1929年8月11日，行政院核定市县地方自治机关行文办法。

"一、凡市，县政府，区，坊，乡，镇，间往复公文，除因特别情形外，应按市县组织法所定系统咨第行之。

……

三、市，县政府与区，坊，乡，镇，用令，呈。

四、市，县政府对于闾，邻，之呈文，用批。

五、市，县政府各局，与区互用函；与坊，乡，镇，用令，呈；对于闾，邻，之呈文，用批。

---

① 《江阴县政公报》1930年第27—28期。
② 朱雨苍：《标点公文程式》，会文党新记书局1934年版，第4页。
③ 同上书，第5页。

六、区对于坊，乡，镇及坊，乡，镇对于间，邻，用通知书或通告书。间，邻对于坊，乡，镇，及坊，乡，镇对于区，用报告书或声请书。

七、区，坊，乡，镇对于人民，用通知书或通告书。人民对于区，坊，乡，镇，用报告书或声请书。

八、间，邻与人民，互以普通书函或口头接洽之。

九、区，坊，乡，镇，间，邻，同级间往来文件用函。

十、市，县参议会，与市，县政府及局区，互用函；对于区以下，用通知书或通告书。区以下各级自治机关。对于参议会，用报告书或声请书。

十一、区，坊，乡，镇调解委员会应用书类及程式，另定之。①

最后，教育行政机关与学校或教育团体互相行文程式

教育部呈请行政院核准之教育行政机关与学校或教育团体互相行文程式如下：

教育行政机关对于所属学校行文时用令。

学校对于主管之教育行政机关行文时用呈。例如：县立学校对于县教育局；省立学校对于省教育厅或试行大学区制之大学；国立学校对于教育部。

教育行政机关与不相隶属之学校公文往复时用公函。例如：国立学校对于省教育厅；省立学校对于县教育局。②

由上可见，国民政府除颁布和修正通令全国的公文程式外，还在人民团体、商会与政府机关行文，教育行政机关与学校或教育团体的行文等方面做了补充规定。

当然，国民政府所颁布的公文程式仍存在不足，这种不足一直延续到抗战前夕。如"公文程式之繁，类别之多，是以一般优秀之才，能文之士，平日染翰操觚，洋洋洒洒，一旦进为行政人员，对公文之撰拟，转而

---

① 朱雨苍：《标点公文程式》，会文党新记书局1934年版，第5—7页。
② 同上书，第8页。

迂拙贻讥，不知多精力与时间消磨于此道之研习，而对行政效率之影响，可以想见，宜乎现代一般行政学者之深恶痛疾，力谋改革！"① 甘乃光亦认为："文书的程式，我以为应该尽量地解放，现在有许多大学毕业生，专门技术人员，平常写文章都可以条畅达意，但一做起机关文书来，便会闹笑话，便会格格不入，辞意暗晦，这是因程式作祟，好些机关，不能尽量用新人才，好些新人才，被格于文官考试，好些新政成了纸面文章，也都是程式作祟。"②

第二节　公文格式

一　公文用纸

纵观南京临时政府和北洋政府时期公文纸式的规定，它既体现了公文的格式随实际政务活动的需要而不断处于调适的过程中，又集中反映了不少缺点：首先，南京临时政府只存在了短短的四个多月，虽也创制了公文用纸式样，但不久后的北洋政府对之进行修改。后又由于袁氏复辟、北洋派系纷争及内阁更迭频繁之故，公文纸式的规定在北洋政府存在的16·年时间内即经过多次调整，往往因为政治斗争的混乱而陷入各时迥异的现状。公文用纸的规定，各衙署往往还未适应就被新的规定取代而陷入往往不知所措的地步。其次，北洋政府用纸程式的规定在某些细节上并不完善。公文书的纸幅随公文的长短而长短，不甚整齐划一；散页式装订往往会徒增人力、物力，浪费明显等。以呈文来讲，"呈文皆用红格五行之折叠纸"③，幅面较国民政府时期的用法为狭。另外，就京城内外各官署而言，公文纸张向印铸局购买的规定并未得到有效执行，这种情况到了国民政府时期仍未得以改观。1929年，国民政府发现，"各机关现用令、批、呈、咨、函各项用纸，大小形式至不齐一。其用手折式者，体过窄小，与发文稿纸参差不齐，艰于汇订，且除首尾两端外，别无可资联系之处。其拆稍厚而纸质重者，中部各页极易散落，其用散页装订式者，则须按页加

---

① 李楚狂：《行政管理之理论与实施》，浙江文化印刷厂1947年版，第195页。
② 同上书，第193页。
③ 曹辛汉、金湛庐编：《实用公文示范》，中华书局1934年版，第29页。

盖骑缝印信，印发手续至嫌繁重。"①

同年，国民政府颁发公文用纸式样的训令，令各机关划一公文用纸样式：

  令、训令、指令、批、呈、咨、公函等类用纸，概采平折装订式，其装订由收文机关验收挂号时行之。

  文面印长方形线格，分列事由、拟办、决定办法、批办、附件各栏，以备替代收文机关收文摘由纸之用，并载明收发文机关、文别及到文年月日，收文字号各项。

  文内每面十行；除呈文外，所有发文机关名称，文别，号数，均于第一页第一二行地位内标明②。

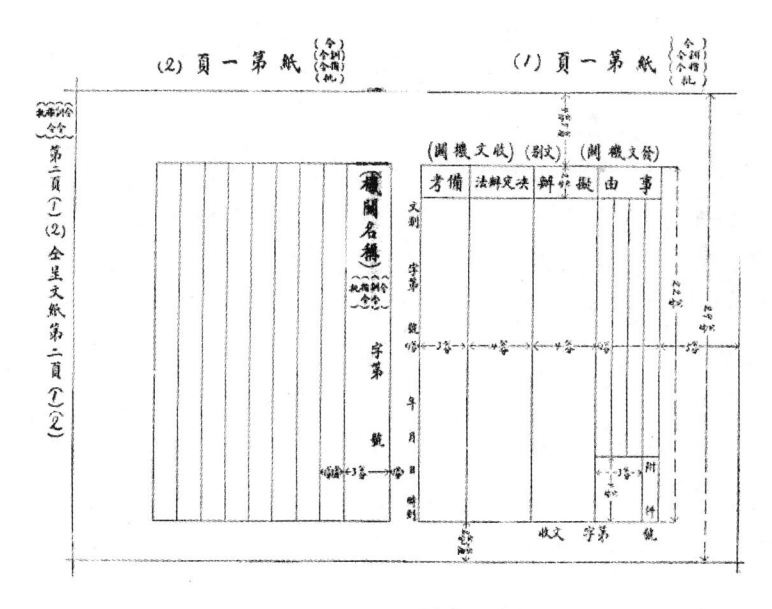

1929 年公文用纸样式（一）

---

① 中国第二历史档案馆：《民国时期文书工作和档案工作资料选编》，中国档案出版社 1987 年版，第 397 页。
② 《教育部划一教育机关公文格式办法》，中华书局 1930 年版，第 69 页。

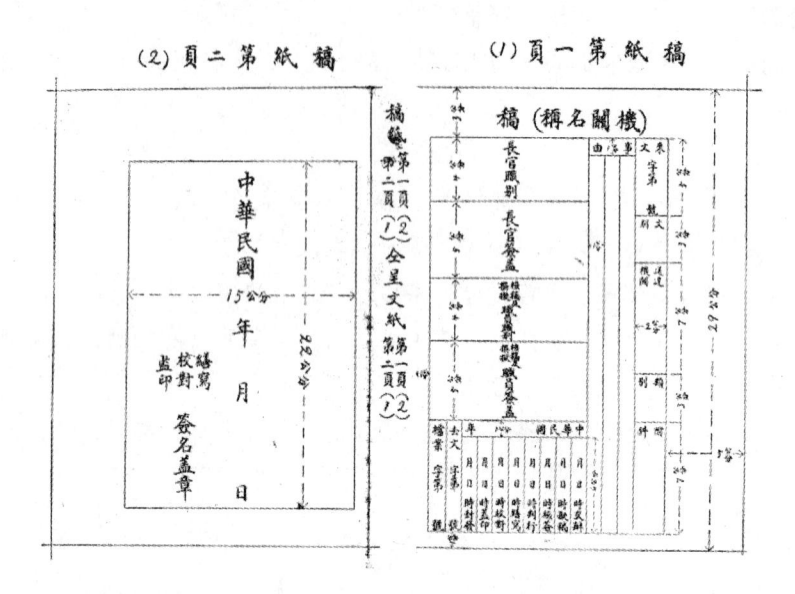

1929年公文用纸样式（二）

  国民政府所颁布的公文用纸的规定，较之北洋政府和南京临时政府是一个进步。首先，平折合页装订之式，"既避免了散页装订式加盖骑缝印之烦，也无手折式装订不易牢固的缺点，且稿面、摘由纸均大小统一，案卷整理以后，显得整齐一致。"① 同时，还克服了"旧式纸张装订方法不佳，颇易脱落散失"② 的困境。其次，"原来文面仅写一公文名称或字号，现增加事由及批示、来文字号等栏，代替了摘由纸，充分利用了文面，节约了纸张。"③ 再次，"增加了摘由一栏并由发文机关填写，既减少了收文机关登记时搞摘由这一环节，且事由一栏是由发文机关撰稿人填写，能准确反映公文的要旨。"④ 从纸式到装订，从文面到登记，南京国民政府初期的用纸规定已较之前进步明显，正如蒋梦麟所言，"参差的已经改为比

---

① 裴燕生、何庄、李祚明、杨若荷编著：《历史文书》，中国人民大学出版社2003年版，第376页。
② 金寒英编著：《公文新苑》，中华书局1947年版，第27—28页。
③ 裴燕生、何庄、李祚明、杨若荷编著：《历史文书》，中国人民大学出版社2003年版，第376页。
④ 同上。

较整齐了"①。这种进步,不特对于公文工作而言是一个进步,更是行政事务处理效率上的一个提升。

当然,国民政府公布公文用纸的训令后,各地在执行时仍出现各式各样的问题。首先,未遵照训令,仍旧沿用旧式格式。公文用纸训令分布后,大多数院、部、会、省、市行政机关已遵照执行,但仍有部分机构未遵训令,仍沿用旧法,如"外交部及其他少数机关间尚沿用旧式格式"②。其次,公文用纸自行制定。国民政府颁发公文用纸的训令时,规定公文用纸由印铸局照式印制各种格式,颁发各机关。言下之意,各地政府不许私自印制,应至印铸局购买。但现实情况是,仍有官署未向印铸局购买,反倒向纸店提供样式,由纸店制作。以浙江省为例,1932年,浙江省发现"查近来各机关公文用纸,由各机关自向纸店定制形式,纸多参差,价目亦不一律,甚有通同纸店抬高价格,以图中饱。"③ 这种情况并非只发生于国民政府颁布公文用纸之后,在此之前,地方省份亦曾出现类似情况。1927年,河南省印铸局呈文省政府,称:"窃查省城各机关及各县所用公文纸张及预算表及各种印件向由职局承售 既防假冒 复划一 而职局营业亦可藉以维持 乃查近月以来 各处来局接洽者甚属寥寥"④,为何出现"寥寥"情况?原因即在于官署自向纸店提供式样,并由纸店进行印制,自然不去印铸局购买。据此,省政府通令各机关嗣后公文用纸统向官印刷局购买,以昭划一。再次,基层官署无法或暂时购买不到公文纸,经申请,可暂沿用旧式纸张。如1929年,湖北宜昌林场向湖北农矿厅呈文称"公文用纸在宜无从购置 暂用旧式纸张",湖北省农矿厅发指令允之,并强调"俟购到官约印制局公文用纸后 仍当遵照前令办理为要"⑤。

除执行中存在的问题外,经过几年试用,国民政府改革后的公文用纸,仍是弊端丛生,正如行政效率运动过程中李达五所指出的:"1. 格式内容重复,不切合实用,其中尤以代电纸格式极不便于文收处理手续。

---

① 《教育部划一教育机关公文格式办法》,中华书局1930年版,序言。
② 《湖南民政刊要》1930年第15期。
③ 《浙江省建设月刊》1932年第6卷第5期。
④ 《省政府通令各机关嗣后公文用纸及各项印件统向官印刷局购备以昭划一文》,《河南行政月刊》1927年第3期。
⑤ 《令宜昌林场据呈请准予暂用旧式公文用纸已悉姑准暂时沿用文》,《农矿月刊》1929年第5期。

2. 因限于格式，每发文用纸及稿纸，最少须闲置空白一面；多则二三面。此种浪费，以全年统计，当有可观。3. 尺寸不一，收藏装订不整齐，以内政部这公文用纸论，除呈，咨，公函，训令，指令五种同一尺寸外，代电，平函笺，单令纸，稿纸，签注纸等尺寸均不一致。"①

公文用纸，就其用途来分，可分为三类：一为签拟用的公文纸；二为拟稿用的稿纸；三为正式缮写公文的公文纸。② 签拟用的公文纸，关系对内签拟之用，法律上并未明定大小形式，各机关中关于此类用纸有摘由单、签条、拟办签、会办签及便条等。其用途一为直接签拟某一案件之意见，一为签请其他部门核签意见。前者乃系直接对承办案件之拟办，后者则系内部公文移置。为拟稿用的稿纸，各机关皆在使用，内容较为详尽。为正式缮写公文的公文纸，各机关除规定格式外，尚有参用普通十行纸或白毛纸暨信笺等，较为参差不齐。若再详细分类，公文用纸约可别为"稿面、稿心、签呈、报告、便笺、令文纸、公函纸、咨文纸、呈文纸、代电纸、便函笺、送文联单、令文封、军机封、公函封、咨文封、呈文封、代电封、便函封等十九种类"③。

纸式虽多，是为应付各种行政业务而设，所以不能不统一。公文纸式的不统一，会带来许多问题，概而言之："一、花样太多，从繁密言之，则不便实际应用；从简略言之，则又不便稽核查考。二、闲空太多，既足影响物力之浪费，零篇碎简，亦易招致手续之麻烦。三、长短大小太杂，则直接有碍收发之处理，而间接即有碍于档案之装订与皮藏。四、各类太繁，既不便领用保管，亦不便缮录分配。"④

二 标点、分段

民国（含民国初期）之前的公文基本是没有标点的，公牍之撰写、传达非有专业之士不能胜任，这一方面造成衙门、政府的公牍为师爷、书吏甚至卷阀所把持，另一方面，公文受众尤其是基层行政衙署和民众对它

---

① 《文书档案连锁试验中公文用纸之改革》，《行政效率》1935 年第 2 卷第 1 期。
② 《如何建立合理的文书体系》，《缉政月刊》1944 年第 1 卷第 1 期。
③ 陈国琛：《文书之简化与管理》，档案学通讯杂志社编：《档案学经典著作》，世界图书出版社 2013 年版，第 289 页。
④ 同上。

的理解就会歧义百出，甚至无所适从。如俗谚："落雨天留客天留我不留"，有三种句读法：（一）落雨天留客，天留，我不留。（二）落雨天留客，天留我，不留。（三）落雨天：留客天，留我不留天。三种句读其义大相径庭。如用于公文中，岂非令人瞠目结舌。正如有人所云："苟有类此之文字发现于命令，必出于请求解释之烦；发现于呈文，则有被驳斥之虞。"① 若果真如此，则会导致公牍所包含信息的传递在运行过程中有可能被梗阻、过滤、失真、失实，使得下属机关执行相关精神或完成相应任务时达不到下发公文的初衷，造成行政效率的低下。此种状况下，公文符号呼之欲出。

中国的新式标点符号可追溯至清末的切音运动字运动（1891年至1910年），1896年，王炳耀撰写的《拼音字谱》，自创了10种新式标点符号②：

？诘问之号

，一读之号

：句断意连之号

— 接上续下之号

（ ）释明之号

！慨叹之号

。一节之号

¡ 惊异之号

. 一句之号

V 一段之号

民国时期著名学者胡适曾在《论句读及文字符号》一文中，谈论了文书无符号之弊："（一）无符号则文字之意旨不能必达，而每多误会之虞"、"（二）无符号则文字之用不能及于粗识字义之人"、"（三）无符号则文字之结构，与句中文法上之关系，皆无由见也"③，可谓一语中的。新文化运动中，包括胡适在内的一批著名学者提倡白话文和文字文学革命，标点符号在其中的作用亦受到重视。1919年，马裕藻、朱希祖、钱

---

① 周苍雨编辑：《标点标准公文程式》，会文堂新记书局1934年版，第2页。
② 林琳：《我国新式标点符号诞生的几个问题》，《湖南科技学院学报》2010年第2期。
③ 《科学》1912年第2卷第1期。

玄同等提议，胡适执笔的议案《请颁行新式标点符号议案》呈请教育部，痛指："现在有些报纸书籍，无论什么样的文章都是密圈圈到底，不但不讲文法的区别，连赏鉴的意思都没有了"①，提议使用下列新式标点符号：

（一）句号 。或、

（二）点号、或，

（三）分号；

（四）冒号：

（五）问号？

（六）惊叹号！

（七）引号『』「」

（八）破折号 ——

（九）删节号 ……………

（十）夹注号（）［］

（十一）私号名<u>孔丘</u>

（十二）书名号<u>汉魏六朝百三家集</u>

　　该议案一经提出，立即受到北洋政府教育部的重视。1920年2月2日，北洋政府教育部发布第53号训令《颁行新式标点符号令》，批准了由北大六教授（胡适、钱玄同、刘复、朱希祖、周作人、马裕藻）联名提出的《请颁行新式标点符号方案》，盛赞该提案"远仿古昔之成规 近采世界之通则 足资文字上辨析义蕴 辅助理解之用"②，这为后来教育部出台《划一教育机关公文格式办法》提供了基础。

　　可见，新式标点符号的编制与推广首先在于新文化运动中的文学革命与教育行政部门，渐次影响与蔓延至其他部门与领域，新式标点亦成为公文革命的重要领域。

　　1928年6月11日，国民政府公布《公文程式条例》，明确规定公牍用标点符号，"公文书……得分段叙述，使用标点"③，但未明确公文书中使用标点的具体规定，使之并未引起政界过多的重视。颇耐人寻味的是，

---

①《浙江教育》1920年第3卷第8期。

②《中华教育界》1920年第9卷第4期。

③ 中国第二历史档案馆编：《民国时期文书工作和档案工作资料选编》，中国档案出版社1987年版，第264页。

同年11月公布的修正公文程式条例，公牍使用标点却未再被提起，公文内的句逗仍是"圈圈点点"。至此，行政系统之间的往复公文不用标点，即使偶有使用标点的，但因国民政府未有在公文程式中划定具体标点的使用规定，各地、各部、各系统有用公文标点的，使用不一，情况混乱，僵腐的旧式公文反而未被真正摒除。此种背景下，有识之士不断提起"公文革命"的呼吁。在这方面，教育部门首先撑起了改革的大旗。1930年，教育部颁布《划一教育机关公文格式办法》，明确规定使用①：

、顿号

，逗号

；支分号

：综号

。句号

？问号

！祈使或感叹号

「」提引号

『』复提引号

……省略号

—— 破折号

———— 专名号

～～～书名号

（）或 ⌒ 括弧

教育部公文采用新式标点的规定，虽仅限于教育系统内，未曾普及，但在公文程式的革命中，无疑具有里程碑意义。3年后，国民政府及行政院亦开始考虑公文标点问题，并经过会商，讨论通过了较之教育部公文标点更为简便的处理方法。

三　公文用语

（一）公文的语体

公文的语体特征使其在所有文章体裁中独树一帜，大体来说，公文的

---

① 《教育部划一教育机关公文格式办法》，中华书局1930年版，第1—2页。

语体特征有骈体、散文、语体三种。

"骈体公文，须讲究词句之对仗与声韵之平仄。以音节铿锵词藻富丽见长；惟欲剖析整理，敷陈律法，则非骈体公文所能担其任"①，"散体公文以明白晓畅气势流动见长"②，"语体公文，以真切清楚易于普及见长"③。公文的三种语体特征均历史悠久、使用时间较长，固有的惯性加上历史传统的基础，使之各有千秋、别具特色。但随着中国近代社会的转型、政治体制的变更、知识的普及，特别是民主观念和变革思潮的深入人心，加之新式政权巩固之需要，促使其权力触须要深入民众，公文的语体特征就发生了一个实质性的变化。

首先，就骈体来说，实多为舞文弄墨之词家所作，故"就公文性质而言之，其价值固甚低也"④，导致"自清季以来，除庆贺、哀悼、褒扬、抚恤以及其他有点缀性之公文偶有行用外，其他通常公文，绝不多见。"⑤

其次，就散体而言，民国初期，散体公文盛行，"为时流所宗尚"⑥，哪怕是国民政府前期"公文之领域，大部分为散文所占据也。"⑦

最后，就语体而言，虽在民国前20年中并非主流公文语体，但终究是一个方向和努力的目标，尤其是对于普通民众的公文，更需如此。

早在此前的新文化运动期间，对公文之语体文使用的呼声便已成为文学革命的重要体现。刘半农曾批判官署文牍充斥典故四六，主张革除过去骈俪古拙、依附古人的习气。⑧ 胡适亦指出："中国的公文里，保存着无数古代阶级政治的遗形物，最不合今日民主共和国的精神。若一律改用白话，不但虚伪的文句可以扫空，阶级观念的根株也就可以一齐掘倒了。所以我们主张中华民国的法律公文应该一律改用白话文。"⑨ 1921年，国语

---

① 曹辛汉、金湛庐编：《实用公文示范》，中华书局1934年版，第57页。
② 同上书，第58页。
③ 同上书，第59页。
④ 同上书，第58页。
⑤ 同上。
⑥ 同上。
⑦ 同上。
⑧ 刘半农：《我之文学改良观》、《应用文之教授》，《中国新文学大系建设理论集·第1集》，第63—73页，第95—104页。转引自侯吉永《民国公文的白话化转型》，《汉语言文学研究》2014年第4期。
⑨ 《努力周报》1922年第21期。

统一筹备会致函内务部，陈述"敝会正在研究语体文之时……以为语体文之公文布告确有研究价值"，希望内务部"行文各处，搜求此类材料"。内务部下属的京师警察厅等部门遵照内务部之令，搜集可以公布的公文布告。① 可惜，1922—1923 年，国语统一筹备会第四次年会及第九届教育会联会会议所提交的改公文用语体案均被否决。

1928 年，国民政府内政部公布的《暂行公文革新办法》规定："凡批示、布告之类，直接对民众言者，应一律采用白话……俾通晓文义者，一目了然，即不识文字者亦可一听即解。"② 1928 年 6 月 11 日，国民政府公布《公文程式条例》同样规定："公文书得用语体文"③。内政部的公文革新办法与国民政府的公文程式条例均规定实行语体文，之所以作出如此规定，实基于旧式公文（主要是骈体）程式之罅隙的考虑，主要有：

一、因旧式公文阶级观念太重，官僚气味太浓，有背珩原则，不合时代精神。

二、因旧用文字，沿嫌艰深，非普通人所能尽晓。

三、因旧式文内，常有模棱两可闪烁出入两可的词句，这是旧时幕友们规避推诿，意图卸责的惯技。

四、因旧式组织，眉目不清楚，词句意义欠确实。

五、因旧式文件，动辄钞录全文，往往臃肿累坠（赘），不堪卒读。

六、因旧式文内，常有陈陈相因之文句，有时形同赘瘤。④

与北洋政府相比，国民政府在公文的语体文方面走得更远、更能付诸实际。虽然，公文语体化的步伐仍步履蹒跚、举步维艰，但它的推行对于国民政府政令的有效传达是大有裨益的。南京国民政府虽然名义上统一了全国，但自晚清以来军阀割据、派系斗争等政治基因并未随着"统一"

---

① 北京市档案局（馆）编：《民国时期北京文书档案工作史料选编》，中国档案出版社 2012 年版，第 31 页。

② 中国第二历史档案馆编：《民国时期文书工作与档案工作资料选编》，中国档案出版社 1987 年版，第 277 页。

③ 同上书，第 264 页。

④ 金寒英编著：《公文新苑》，中华书局 1947 年版，第 27—28 页。

而消失，如何将国民政府的政令传达至全国各地，尤其是不受国民政府控制的偏远地区与乡间，的确成为一个很突出的问题。这个问题不单单只是传达与否本身，更在于政令的解读与执行。"文书转述"① 就成为连接中央政府与地方官署和乡村之间的互换，是行政动作中的一种策略性选择。它实质上是关于行政效率与政治权威的问题，这种选择并非没有依据："惟我国教育未见普及。边远各省，以及内地农工，通晓文字者已属甚少；明了公文词句者当然更少。是故对于民众直接发言之公文，殊有改用语体之必要。"② 不过，在当时的历史条件下，特别是传统文化根深蒂固的影响下，公文白话语体也不是没有罅隙，"白话当然最好，可惜用字要比文言多。并且公文书中常用惯用的语句，寥寥几个字，可以包括许多曲折的意思，如要变做白话，更是累坠（赘）得很。"③ 言下之意，浅显文言文是公文语体转变的方向。

（二）公文语法

旧式公文不单结构繁冗、术语繁复、作法专业，而且语义艰深晦涩，加之不用标点，颁发执行后，各级官署主官若缺乏此类专业知识，往往是不知所云，不得不依赖幕僚来理解与反馈。以术语为例，烦不胜烦，现将其上行、下行与平行术语罗列如下，以窥其繁④：

上行文术语

语别	术语
开首语	为呈请事
	为呈复事
	呈为……恳请转呈事
	呈为……请予通令事
	呈为……仰祈鉴核事
	呈为……请祈援案批准事

---

① 郑金钢在其博士学位论文《"文书转述"与清代地方行政运作》（中国人民大学博士学位论文，2007年）中对此作了详细的探讨。
② 曹辛汉、金湛庐编：《实用公文示范》，中华书局1934年版，第60页。
③ 秦翰才：《文书写作谭》，耕耘出版社1937年版，第71页。
④ 陈养晦：《公文程序讲义》，《中流（镇江）》1946年第4卷第7、8期。

续表

语别	术语
叙述缘起语	窃……
	窃维……
	窃以……
	窃奉
接奉公文语	钧署×字第××号训令内开：
	案奉
	钧署×字第×号指令呈一件为……由内开：
	×月××日奉
	钧署令内开：
叙令文终了后用语	等因；奉此，
	各等因；奉此，
查复起语	查……
	窃查……
自己语言终了后承照前文语	奉令前因
	兹奉前因
文后收束语	所有……缘由，理合具文呈请……
	所有……情形，理合备文呈复……
文末请求语	是否有当，仰祈
	伏祈
	钧长俯赐通令呈候批示只遵
	敬请
	钧署俯赐察核备查
	祈候
	察核施行
	伏乞迅赐
	鉴核示遵
	谨请
	俯赐迅予饬传速案究办

续表

语别	术语
全文请求总结语	以维教育，而昌文化
	以维商业，而挽利权
	以维治安，而保间阎
	以安军心，而防暴动
	以敬奸邪，而维法纪
	以遏乱萌，而弭隐患
	以资转轮，而免竭蹶
文末例语	实为公便！
	实为德便！
	实为公德两便！
	再……合并声明
收尾例行语	谨呈
	××县长×
附件语	附呈×物×种
	附呈粘单×件

平行文术语

语别	术语
开首语	为咨行事
	为咨请事
	为咨复事
	径启者
	径复者
接准公文语	案准
	贵公署×字第××号咨开：
	准
	贵公署×字第××号公函开：
叙来文终了后用语	等因；准此，
	各等因；准此，
	等由；准此，
	各等由；准此，

续表

语别	术语
查复起语	查……
	案查……
引述前已有案语	曾经呈请有案
	业经呈准在案
自己语言终了后承照前文语	准咨前因
	准函前因
	兹准前因
	准函前来
分行事实语	除分咨外/除分别函知外
	除分函外/除分别函知外
文后结束语	相应咨请 查照备案
	相应咨复 烦为查照
	为此函达,烦请查照
	为此函请,即烦查照,转饬见复
	相应咨请 鉴核施行
	为此函达,请烦查照办理
	为此咨请 核复施行
	相应函请尽×日查核转行
文末助足语气语	至纫公谊
	实纫公宜
收尾例行语	此至××公署
	此致××官长×

下行文术语

语别	术语
开首语	为训令事……
	为指令事……
	为委任事……
	案照……
	据公民××××呈称……
	据呈已悉
	呈悉
	呈及附件均悉
	呈及粘单均悉
叙来文终了后用语	等语
	等情前来
	各等语
	各等情
承转语	据此
承照前文语	据呈前情
	据呈各节
	兹据呈称各节
分行事实语	除分别示谕外
	除分令外
	除核存外
	除批……等因印发外
	除批示外
文后结束语	合行
	合亟
	合就
	亟合
对于请求不准语	未便照准
	未便遽准
	应无庸议
	碍难进行
对于请求照准语	应予准行
	照予照准

第三章 南京国民政府前期（1927—1932）的公文改革与行政效率　141

续表

语别	术语
知照语	仰即知照
	仰即遵照办理
	着即遵照
	令行该×，仰即遵照
须受文者答复语	迅将办理情形呈候核夺
	着将办理情形，呈报查核
事关重要严饬语	毋得因循
	毋得玩忽
	毋得故违
收尾例行语	切切此令
	此批
	此布

而解读此类公文术语主要依据交代词，但交代词亦已多达领述词、引结词、结转词、文件到达词、命令词、归结词、祈使词七类①，每类交代词中又有数量较多、使用较为固定的套语，往往让人烦不胜烦。加之，"艰涩语句，孤僻典故，虚伪誉词"充斥其间，旧式公文真是"实在太僵腐了"②。故，旧式公文用语最典型的弊端主要有：

首先，公文套语模棱两可、不知所云。公文中的套语是阅读和理解公文的技巧与路径，不得不有。但"有些是闪烁语、圆滑语、游移语、不着边际语，如'无庸置议'、'未便擅专'、'碍难照准'、'尚属可行'、'似有未符'、'殊难置信'等。至于'违干未便'之类，尤其是一种费解的话。"③

其次，上、下行公文多布尊、卑之语。如下行公文"胡涂错聩"、"荒谬已极"之类，时人概括其弊端为"上行公文，奴气十足；下行公

---

① 张我德、杨若荷、裴燕生编著：《清代文书》，中国人民大学出版社1996年版，第127—139页。

② 《划一教育机关公文格式办法》，中华书局1930年版，序言。

③ 同上。

文，官气十足"①。下行公文用语的"凶狠"暴露了"奴视民众或下级官吏的心理；对于政令，缺乏'修辞立诚'的真意"。②

再次，官署行文的署名称谓参差不齐。行政院致国民政府的函称："近时各机关行文习惯上行者，每于院部会省市政府公署之上冠以职字或属字，平等者冠以敝字或本字，用字参差至不齐一。"③ 正因为用法多样、称谓不一，导致在实际的行文中闹出不愉快的事件来。秦翰才在其所著的《文书写作谭》中记载中这样一件趣事：某市政府的某局局长，行文市长，自称本局。不知那位市政府的秘书见了，有些不以为然，在指令末尾，附带申斥他这个称谓不合体制。这位局长也恼了，一个呈文顶上去，大意说：这个称谓，并没有明文规定，本人从前服官中枢，见各部行文大总统，也称本部；现在仿称本局，并无不合，那市政府只好哑口无言了。④ 不光是行政部门，军事部门行文署名亦难差强人意。1934 年，军事委员会发布上行公文姓名须署名职衔的训令中指出："查近来各处上行公文，姓名上仅具一职字，间有现职人员却具'学生'二字，更有身兼数职，而呈请文内，并不缮明职衔。"因为署名职衔不甚清楚，上级军事部门不得不一一核对查对，可如此一来，"非特承办感受困难，批答易生错误，查案耗费时间，甚至无案可稽"。⑤ 军事要害部门尚且如此，可见各级各类官署相互行文署名称谓亟须规范与统一。

复次，公文引叙、承转之间耗时费力。引叙来文，多抄录全文，对于摘由往往因为懒惰而加以省略，"只用'云云照叙'的方法，把来文全引在去文稿中。如果经过三次以上的往复，来文去文，便杂糅重叠地弄得纠缠不清，使阅者眼花头胀；而书记们很冤枉地多钞许多的字句"⑥。尤其是公文开头的转述，层层下传的文件每转述一次即增加一次字数和复杂的系统关系，经过层层转述，不光累赘甚多、阅读较烦，更有可能越弄越不

---

① 秦翰才：《文书写作谭》，耕耘出版社 1937 年版，第 67 页。
② 李朴生：《公文改革底商榷》，《行政效率》1934 年 8 月 1 日第 3 号。
③ 中国第二历史档案馆编：《民国时期文书工作与档案工作资料选编》，中国档案出版社 1987 年版，第 281 页。
④ 秦翰才：《文书写作谭》，耕耘出版社 1937 年版，第 28 页。
⑤ 中国第二历史档案馆编：《民国时期文书工作与档案工作资料选编》，中国档案出版社 1987 年版，第 302 页。
⑥ 《划一教育机关公文格式办法》，中华书局 1930 年版，序。

清。如 1930 年宝山县所发《通令各机关为规定官文书保存期限转令遵照由》开头所述:"案奉 民政厅训令第八四八〇号转奉 国民政府训令内开案据审计院长于右任呈称 案准行政院函开 据上海特别市市长张群呈称 案据公用局呈称……"①,几层案据(奉)下来,不惟赘述过多,更亦费时费力,如此行文,效率如何提升?

最后,规避取巧、不担责任。戴季陶曾说:"从来的公文,下行的把责任推给下级机关,上行的把责任推给上级机关,平行的把责任推给第三者;总之,自身不负责任,这就是旧时幕僚起草公文的秘诀。"② 推诿责任的方法就是对公文语句"乔装打扮",遇有追究之处,想方设法往别处推,不仅如此,还要推得干干净净。这种推卸责任的行为作风,焉能有用助于行政事务的解决?

四　公文革新

1928 年内政部颁布的《暂行公文革新办法》、1930 年教育部公布的《划一教育机关公文格式办法》、1931 年国民政府制定的《划一各机关行文自称办法令》、1934 年军事委员会制定的《上行公文姓名须署名职衔的训令》等对公文用语、文腔、称谓等所存诸种弊端进行整顿与规范,主要有:

(一) 公文套语方面

《办法》规定:"如'至干未梗'、'毋许妄读'、'实为恩便'等名词,皆为陈旧相因之官僚口吻,与党化精神相违背,均宜举一反三,完全屏弃";"公文往来……凡艰涩语句,孤僻典故,虚伪誉词,应一律免用。"③

(二) 公文尊卑之语方面

《办法》规定:"往日下行公文,多有予人难堪之词,如'胡涂昏聩'、'荒谬已极'之类,有背平等原则,皆应一律废除。"④ "下行文直

---

① 《通令各机关为规定官文书保存期限转令遵照由(不另行文)》,《宝山县政公报》1930 年第 23 期。

② 《划一教育机关公文格式办法》,中华书局 1930 年版,序。

③ 中国第二历史档案馆编:《民国时期文书工作与档案工作资料选编》,中国档案出版社 1987 年版,第 276 页。

④ 同上书,第 277 页。

斥语气，非不得已时不用。用时宜将理由叙明。"①

（三）公文承叙方面

"除事实上有录写全文之必要时，应另抄附送外，一律撮录要略，不可辗转作录"，"不可于拟稿时希图省事，仅写'令开云云，此令'"。②

（四）公文称谓方面

"嗣后无论上行、平行或下行公文于自称时，一律于本机关名称之上冠一'本'字，如本院、本部、本会、本府、本署之类"③；"嗣后凡上行公文姓名上，务须书具职衔，或兼代字样，以崇体制，而免乖误。"④当然，称谓方面，某些机关出于精简字数等方面的需要，常在公文中出现缩写的现象，易致混淆。如各地党部往来行文及拟订法规中就曾出现过"减省文字 如执监委员或执监委会及指委或指委会之类"的不规范的称谓。对此，中央执行委员会发通告，要求往来公文及拟定法规中不得再用减省文字的行为。⑤

第三节　公文机构

民国十七年（1928）十月三日，国民党中常会通过试行五院之国民政府组织法，立法、行政、司法、考试、监察等部门陆续设立相应的部署组织，初步构建起训政时期的国民政府总体架构。其后，国民政府组织法于十九年（1930）、二十年（1931）、二十一年（1932）历经多次修正。行政院等在此基础上，亦制定并修正过相关的组织法，使之运转更为切合实际需要。就公文工作机构而言，大体有以下几种：

一　隶属于秘书处（室）

1928年，国民政府公布《行政院组织法》，与公文工作有关者为秘书

---

① 《划一教育机关公文格式办法》，中华书局1930年版，第6页。
② 中国第二历史档案馆编：《民国时期文书工作与档案工作资料选编》，中国档案出版社1987年版，第276页。
③ 同上书，第281页。
④ 同上书，第302页。
⑤ 《转知凡来往文书及拟订法规关于名称等不得减省文字通告（中华民国十九年八月二十九日）》，《党务月刊》1930年第6期。

处与政务处二大部门。①

行政院秘书处职掌

科别	职掌
第一科	关于文书之收发缮校及保管事项；关于文书分配事项；关于文件撰写事项；关于行政院及所属各机关职员之任免事项；其他不属于各科事项
第二科	关于机密文电之撰拟、翻译、缮写及保存、典守印信、电报收发事项
第三科	关于会计、庶务事项

行政院政务处职掌

科别	职掌
第三科	关于用政务处名义发出之普通文件撰拟及一切文件之分配登记及缮校事项

依上统计可见，无论是秘书处还是政务处，其主要工作是围绕文件的运转来进行的，即掌文书、印信、出纳、庶务等。因机构较大，人员设置相对较多，"有约300名工作人员，每天收文平均约900件，发文约500件"②。

南京国民政府直辖之参军处，置秘书室，掌关于办理本处机要文书议事章则编撰及印信之典守，图书档案之保管等事务。设主任秘书一人，秘书二人。③

此外，行政院各部署会中，如侨务委员会、财政监理委员会等皆设有秘书处。

二 隶属于总务处

1928年，中央法制局复设后，增设总务处掌理该局文牍等事宜。④

1928年，国民政府成立审计院，总务处掌文书、会计、庶务等事项。⑤ 同年七月十二日组织法修改后，增设秘书处。

---

① 《行政院处务规程》，《行政院公报》1929年2月27日第25号。
② 刘大禹：《国民政府行政院的制度变迁研究（1928—1937）》，社会科学文献出版社2012年版，第108页。
③ 钱端升：《民国政制史》（上），上海人民出版社2008年版，第220页。
④ 同上书，第184页。
⑤ 同上书，第190页。

南京国民政府行政院各部署会中，蒙藏委员会设总务处以掌理文书、庶务等事项。①

无论是南京临时政府，还是北洋政府，公文工作机构隶属于总务处（科）均具代表性。南京国民政府延续了这一做法，虽在中央各部中，公文机构隶属于秘书处者较多，但亦有部分会署局仍设总务处。该机构"不是含有行政作用的，但是他的作用是和各种行政常常接触的。这个处常常为执行首领收集需要的报告，藉此可以知道各种事务工作的是否适当，并可用执行首领的名义，制定各种行政规程，以冀各项工作能够有一致而且有一定的标准。"② 可见，总务处是为主管收集并提供重要的政务信息以备参考，公文工作隶属此，当表明两者的衔接与一致。

三　隶属于文书局

国民政府直辖各处中，文官处掌理国民政府一切法令文告之宣达。文官处下设文书局、印铸局及人事室。文书局掌关于文书之收发保管撰拟翻译及编等，设局长一人。③

四　不设处室，另辟专职人员

1928年，国民政府定都南京，始设立中央法制委员会。委员会内部设秘书一人，管理会场记录及一切文书、庶务等事宜。④ 之前成立的法制委员会及法制编审委员会亦设专职事务员，分掌记录、文牍等事宜。

1928年，国民政府最高法院成立，设书记官长一员，书记官若干人，分掌录供、编案、会计、文牍及检查等事务。⑤

中央政治会议，设秘书长一人，秘书、办事员、书记若干人，由主席任命指挥。⑥

中央财政委员会设秘书一人，办事员若干。

---

① 钱端升：《民国政制史》（上），上海人民出版社2008年版，第225页。
② 江康黎：《行政学原理》，上海民智书局发行1933年版，第56页。
③ 钱端升：《民国政制史》（上），上海人民出版社2008年版，第219页。
④ 同上书，第185页。
⑤ 同上。
⑥ 同上书，第170页。

五　地方公文机构的设置

省政府的组织规定，早在广州国民政府时便已有之，即1925年7月1日颁布的《省政府组织法》。1926—1930年，经过6次修正。除规定较前为详，及关于委员人数、设厅多少，稍有出入外，并无特异之处。

1927年的省政府组织法规定省政府下设秘书处，置三科，设秘书长、秘书、科长、股主任等职。每科中分若干股，每股设主任一人。与公文工作紧密相关者为第一科第五股，掌收发与缮校。[①]

1928年的《修正省政府组织法》规定秘书处的职掌为：关于一切机要及省政府委员会会议事项；关于撰拟保存收发文件事项；关于编制统计及报告事项；关于典守印信事项等。[②]

1929年公布的《行政院处务规程》规定，行政院秘书处置三科，与公文工作紧密相关者为第一科与第二科。第一科主要职掌为：关于文件之收发缮校及保管事项；关于文书分配事项；关于文件撰拟事项等。第二科主要职掌为：关于机密文电之撰拟翻译缮写及保存事项；关于典守印信事项；关于电报收发事项等。并且，秘书处还附设编译室、公报室。[③]

据民国二十年（1931）省政府组织法之规定，省政府下设秘书处，秘书处置秘书3人，荐任，承长官之命，办理机要事务。其职掌主要有撰拟、保存、收发文件事项等。[④]

除秘书处外，有些省份下属机构设立文书股的。如江苏省政府农工厅总务科设文书股，有主任一人。该股撰拟文稿至迟不得过二日，但须汇齐办理及有特别原因不能从速办结者，不在此限。该股收发文件分内、外两重：外收发收受各处递到文件，应随时登记号簿送交内收发点收，并由内收发于簿上盖章证明。内收发将文件拆封时，应逐件摘由分别登记于收文簿。[⑤] 再如《江西省政府秘书处组织法》规定，在秘书处下设文书科，下分机要股、校印股等。[⑥]

---

① 《省政府组织法》，《江苏省政府公报》1927年第10期。
② 《修正省政府组织法》，《江苏省政府公报》1928年第33期。
③ 《行政院处务规程》，《行政院公报》1929年第25期。
④ 钱端升：《民国政制史》（下），上海人民出版社2008年版，第389—390页。
⑤ 《江苏省政府农工厅总务科文书股办事细则》，《农工公报（镇江）》1928年第3期。
⑥ 《江西省政府秘书处组织法》，《江西省政府公报》1927年第1期。

至于县方面，则落后许多。县组织法规始于民元十一月二十六日，临时大总统令各省都督民政长暂行划一官吏名称，将各县及凡府直隶厅州之有直辖地方者所有长官官名，一律先行改为知事。1914年，袁世凯命令制定县官制，但对县之组织无具体之规定，只列举县知事之职权及其对上对下之关系而已。1919年9月8日，徐世昌任大总统时，公布县自治法。规定：县由自治议决机关和自治执行机关组成。自治议决机关为县议会，由议长、副议长、议员、书记等组成；自治执行机关为参事会，由县知事充任，并设参事、佐理员等。①

　　1925年，京兆尹薛笃弼发现县公署中之房书、衙役等基本沿袭旧制未改，掾属人员又缺乏专门知识，特别是一切陋规恶习未尽扫除，于是年2月28日呈文内务部，建议改订京兆各县行政公署组织章程。计划除县知事外，设民政、财政、总务三科。公文的收发管理属于总务科。还更设档案室，设管卷员司之。②

　　1928年9月15日，国民政府公布县组织法。依此规定：县政府设县长一人，下设二科至四科，科之多寡以县之等次为准，并得雇用事务员及书记。③ 1929年6月5日，国民政府重订县组织法即现行之县组织法。此法大体与十七年相同，惟于县政府增设秘书一人，科数减为一科至二科。1930年、1932年、1934年又多次进行修订，大体与前相沿袭。1932年12月第二次全国内政会议，关于县组织法之重要提案有五点，其中第三点指出"县政府惟以县长名义对外发文"④，这就从制度更是从组织架构上明确了公文的行文责任，避免政出多门，确保行文的统一与集中。以浙江县政来说，浙江省政府已于1927年5月通过了《浙江县政府组织暂行条例》，规定实行县长制，县政府设总务、民治、财政、建设四科，分掌县政⑤。1928年，国民政府要求浙江等五省限于1930年6月底将县政府各科改组成独立性较强、业务性更突出的局。但由于改科为局将导致行政经费大量增加，许多县难以承受。1929年2月，浙江省政府秘书处、民

---

① 钱端升：《民国政制史》（下），上海人民出版社2008年版，第516页。
② 《京兆尹薛笃弼呈内务总长送改订京兆各县行政公署组织章程缮摺祈鉴文》，《政府公报》1925年第3231期。
③ 《内政公报》1928年第1卷第6期。
④ 钱端升：《民国政制史》（下），上海人民出版社2008年版，第521页。
⑤ 《浙江民政月刊》1927年第1期。

财建三厅和浙江大学会同审查《本省分期改组县政府办法》时认为,"各县政府所属各局……公文仍应由县长核判,以一事权而明系统。"①

国民政府自成立之初即遵总理遗训,实行五院制,并在行政组织上多次进行调适。换言之,国民政府初期的行政组织设计并非完善,正处于不断的修正中。行政组织的调适给公文工作带来了巨大的影响,首当其冲的是公文管理机构。在多次行政组织的改制中,中央层面的公文管理机构大体有隶属于秘书处、总务处两种,特定部门(如文官处)下设专职的文书局,甚至仅配备秘书(文书)人员。地方层面的公文管理机构,省行政部门主要是秘书处,县的情况较为复杂,有隶属于总务科,多数情况下仅设秘书人员。

国民政府初期的文书工作机构多沿袭北洋政府时期的做法,两者的共同点是很少甚至没有专职的文书工作部门,只是在特定的机关下设文书科(局),且仅限于中央部门,地方上的省、县基本是秘书处(室),或者是专职人员。不过,相较于前清,民国初期的文书工作机构毕竟已经在行政组织的架构上予以明确了,特别是实现了专业化、组织化与常态化。北洋时期政局动荡,内阁更迭频繁,政治行政制度的具体设计亦随之变化多端,文书和文书工作机构不可避免地要受到某些不良影响。而国民政府建立后,国家虽形式上完成了统一,但政局相对平稳,公文机构的设置亦相对稳定。

第四节 公文人员

南京国民政府成立后,根据孙中山先生的政体设计方案,采用五院制,并厉行公务员制度。公务人员的产生主要由选举与考试两种方式产生,公文人员的选拔及任用亦受此影响。以县来说,县政府并不设专职的公文机构,但有专职或兼职的公文人员,譬如秘书、科员等。它们在整个县政府的作用犹如枢纽,牵一发而动全身,"假使科员一停笔,便要无文可行,即使行政机构未曾停止,但行政的交通,便无从表见,就是,收发的无文可发,管卷的无卷可管,监印的竟可将金章玉玺束之高阁了,岂不

---

① 《浙江省政府公报》1929年第537期。

大糟！"① 清代县衙里的公文人员多为知县所延聘来掌管刑名、钱谷、征收、公牍等的幕僚，作为知县之辅佐。其治文牍能力之强、行政经验之丰富皆为一般人所不及，故民国成立后，"各县公署之科长科员等职即为幕僚之变相"②。北京政府时代县政府之书吏，同为清代各房书之变相，国民政府成立后，则将此等雇员之地位提高。③ 加之各项行政业务量的增加，公牍随之水涨船高，这样，公文人员的需求量亦随之增加。民国十七年（1928）十二月间，五省民政会议，浙江省民政厅始提出县政府应添设秘书员额案，缘于"各局成立后往来公文紧颐异常"④。这点，可从省政府组织法的制定与修正中得窥一见。

南京国民政府成立后，多次制定省政府组织法。每一次省政府组织法的出台，即对公文档案人员的员额、职能进行相应调整，但变化不会太大，因为公文工作与人事、经济、行政、建设等各项业务不一样，后者变动频繁，且变动较深，而公文工作则基本维持稳定。

1927年，国民政府颁布《修正省政府组织法》，在省政府秘书处设置秘书若干人，由省政府荐任，其主要职掌为掌管机要、初核发稿、初核来件。⑤ 1928年的《修正省政府组织法》规定省政府各厅处各设秘书一人至三人，承办该长官之命，办理秘书事务。⑥

1929年2月21日，《行政院处务规程》规定，行政院秘书处得置秘书员额，酌情设书记若干。⑦

民国二十年（1931），省政府组织法之规定：省政府秘书处设秘书三人，荐任，承长官之命，办理机要事务。因其他事务之需要，秘书处得酌用雇员。⑧ 省政府各厅处各设秘书一人至三人，承各该长官之命，办理机要事务；保安处设参谋、秘书各二员，译电员、办事员、书记若干员，办理

---

① 朱博能、陈国熹编辑：《行政经验谈》，开来出版社1946年版，第23页。
② 钱端升：《民国政制史》（下），上海人民出版社2008年版，第543页。
③ 同上书，第561页。
④ 同上书，第543页。
⑤ 《省政府组织法》，《江苏省政府公报》1927年第10期。
⑥ 《修正省政府组织法》，《江苏省政府公报》1928年第33期。
⑦ 《行政院处务规程》，《行政院公报》1929年第25期。
⑧ 钱端升：《民国政制史》（下），上海人民出版社2008年版，第390页。

该室事务；警务处，设秘书一人至三人，承处长之命，掌理机要事务。①

至于县府的公文人员（秘书），其职责主要是秉承县长办理机要，总核文件，承办职员进退，典守印信，并掌管县政会议事项。裁局设科后，秘书的权力进一步扩大，以致"县长因公外出时，秘书可代行其职务"②。但县府公文人员（秘书）的任用，是由县长遴选合格人员，呈请省政府委任。考试及格分发人员，及本县合格人员，皆有尽先任用之优先权。惟设有行政督察专员省份之县，则秘书须先荐请该管行政督察专员公署，转呈省政府核委。但实际上，公文人员（秘书）的任期，是随县长的去留为去留，③这样的模式实际上仍是晚清幕僚的翻版。

除上述人员外，另有世袭之管卷员。我国传统幕府制度的一大特征就是主官更动，所属幕僚皆随之迁调，其中能"未免于难"者，仅为管卷人员。陈国琛认为造成这一现象的原因有四："（一）地位与薪给，均甚低微，无人争夺；（二）卷宗分类无定法，所需经验，多恃徒弟制之秘密传授；（三）归类、庋藏、排列、调检等，全凭记忆，向不公开，他人不易接手；（四）管理不公开，管理方法之优劣即无从比较。"④遂致管卷员成为一种世袭的职业，成为少许人的专利与铁饭碗。

可见，从南京临时政府到南京国民政府成立的这16年间，公务员制度推选的效果在许多方面，至少在公文人员的任用方面并不显著，以至于到了行政效率运动期间问题仍然存在。1934年，甘乃光即指出"然中国今日之公务员既大部分由八行书而来，能力如何，实有问题"⑤。再加上民初政治、吏治的腐败，导致整个官僚体系行政效率的低下，诚如人所言："对于民初基层政治的整体而言，政治腐败是其留给世人的唯一印象，而地方县级官长则为此过多的指责，因文官制度的缺失、县官长的监充而导致其整体素质下降是相关的普遍言论。"⑥官僚体系的腐败，导致

---

① 钱端升：《民国政制史》（下），上海人民出版社2008年版，第398—399页。
② 同上书，第544页。
③ 同上书，第561页。
④ 陈国琛：《文书之简化与管理》，档案学通讯杂志社编：《档案学经典著作》（第一卷），世界图书出版社2013年版，第198页。
⑤ 甘乃光：《中国行政新论》，北京商务印书馆1943年版，第123页。
⑥ 许金华：《社会变迁与乡村革命（1860—1928）：赣南农民暴动的源起研究》，江西人民出版社2013年版，第201页。

卷阀长期把持公文业务，造成公文处理的效率低下，严重影响行政事务的处理。

第五节　公文处理

一　制定公文处理程序

公文的收文处理与发文处理均各需经过十几道程序，手续复杂，若有一道程序紊乱，则殃及全盘。但国民政府各级各类官署组织之规模、人员、行政业务量等参差不齐、多寡不一，故，制定适合自身的公文处理程序为当务之急。

1928年，南京特别市制定了《市政府秘书处临时处理文书程序》，主要内容有：收发处每日收到公文函件 随时编号登入收文簿；收发处收到公文 每日分两次 上午十一时 下午四时（紧要文件随到随送）分别交各科股主任 点明件数于收文簿上盖章 由该股主任指定办事员分别登簿挂号 送科长拟具办法 由秘书室转呈秘书长 市长核阅；市长阅后 分发各科 各科收到即发股办稿；各科所办各稿由该办稿员于稿上盖章或签名 即登入稿簿 送主任科长分别核定 由秘书室转呈秘书长 市长画行；市长画行后由秘书室分发各科股主任 指挥录事缮正 交校对员校对后 登入送印簿检齐。[①] 该公文处理主要是就收文办理而言，涉及点收、登记、入簿、分发、拟办、核办等基本环节。

1929年，《湖北各部队编遣特派员办事处文书处理规程》规定，特派员办事处收发文件为总务科文书股为总收发；遇紧急文件应立即转送；总收发收到文件应折封摘由编号 呈送文书股长审查；紧急公文之送签或送判应于簿标明红签即时呈送，等等。[②] 该机构与普通官署之间仍有差异，故其公文处理相对较为简单，条款规定亦为简略。

1929年，训练部制定了《整理文书暂行办法》，规定了从编号、摘由直到立卷归档的一整套处理流程，如下图示[③]：

[①] 《市政公报》1928年第17期。
[②] 《湖北各部队编遣特派员办事处公报》1929年第1期。
[③] 《训练部整理文书暂行办法》，《训练（福州）》1929年第8期。

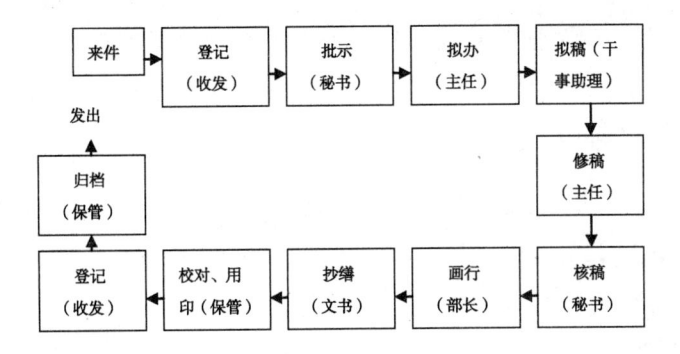

第三章 南京国民政府前期（1927—1932）的公文改革与行政效率　153

```
来件 → 登记(收发) → 批示(秘书) → 拟办(主任) → 拟稿(干事助理)
                                                      ↓
发出                                                 修稿(主任)
  ↑                                                    ↓
归档(保管) ← 登记(收发) ← 校对、用印(保管) ← 抄缮(文书) ← 画行(部长) ← 核稿(秘书)
```

该公文处理暂行办法的最大特色是：程序明了，部门权责明晰。如收发部门负责登记、秘书负责批示和核稿、主任负责拟办和修稿、保管部门负责校对等。

1929年，华北水利委员会制定了公文处理简明表，大体经过登记、挂号、摘由、拟办、批示、判行、缮印等环节。[①] 同训练部较为类似的是：部门分工明确、权能明晰。

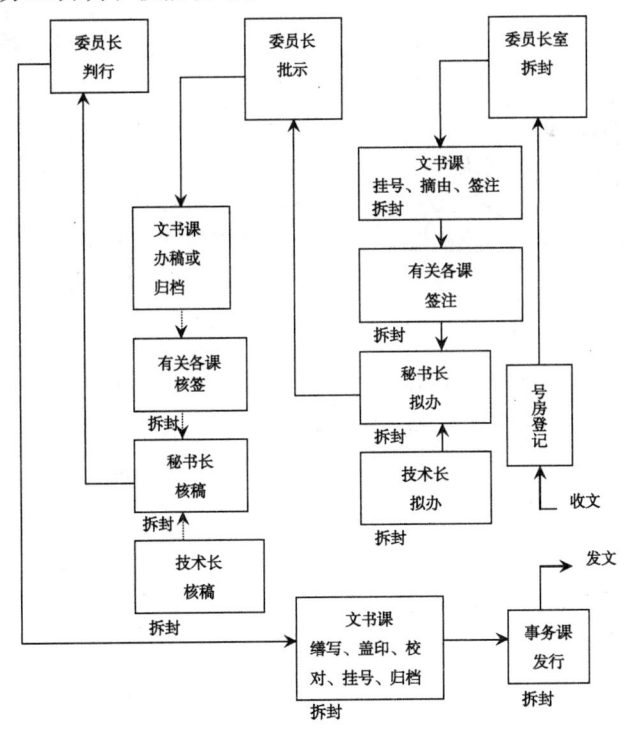

```
[流程图：华北水利委员会公文处理流程，包括委员长判行、委员长批示、委员长室拆封、文书课办稿或归档、有关各课核签、秘书长核稿、技术长核稿、文书课挂号摘由签注拆封、有关各课签注、秘书长拟办、技术长拟办、号房登记、收文、文书课缮写盖印校对挂号归档、事务课发行、发文等环节]
```

---

① 《华北水利月刊》1930年第3卷第4期。

1929年，国民党余姚党部秘书处文书股制定了处理文件基本程序，从收文到发出，历经十多道手续，虽未指明每道程序的负责部门，但相应的操作与上述部门大同小异。①

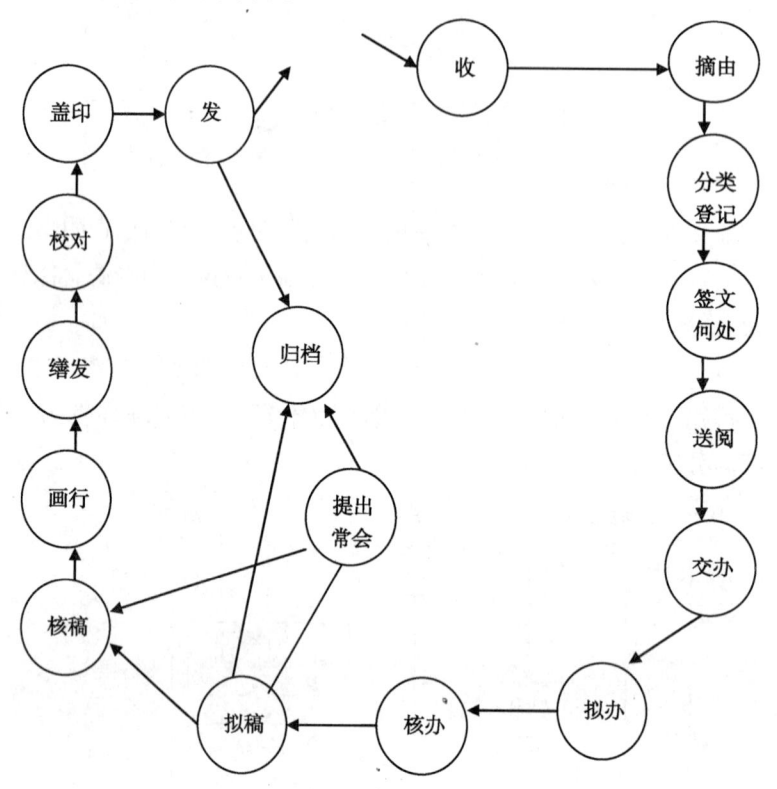

```
盖印 ← 发              收 → 摘由
 ↑    ↗                      ↓
校对                        分类
 ↑                          登记
 ↑                           ↓
缮发   归档               签文
 ↑    ↗ ↖                 何处
 ↑   /   \                  ↓
画行     提出              送阅
 ↑      常会                ↓
 ↑    ↙                   交办
核稿 ←                      ↓
 ↑  ↖                       ↓
拟稿 ← 核办 ← 拟办
```

上述几个部门（除南京特别市外）相对来说，毕竟规模小、行政业务量相对不大，所订程序清晰、权责明确，虽在不少环节的处理上，方法各异，但总的来说，并无大差别。但若是规模较大的部门，员额众多、公文数量庞大，那么它的公文处理程序就会显得既"繁"又"冗"。如1930年6月14日，军政部制定了《处理文书规则》，该规则将公文处理所历经程序规定得更为详细和具体，手续更为繁多。②

---

① 《中国国民党浙江省余姚县党部工作年刊》1929年12月。
② 《军政部处理文书规则》，《军政公报》1930年第69期。

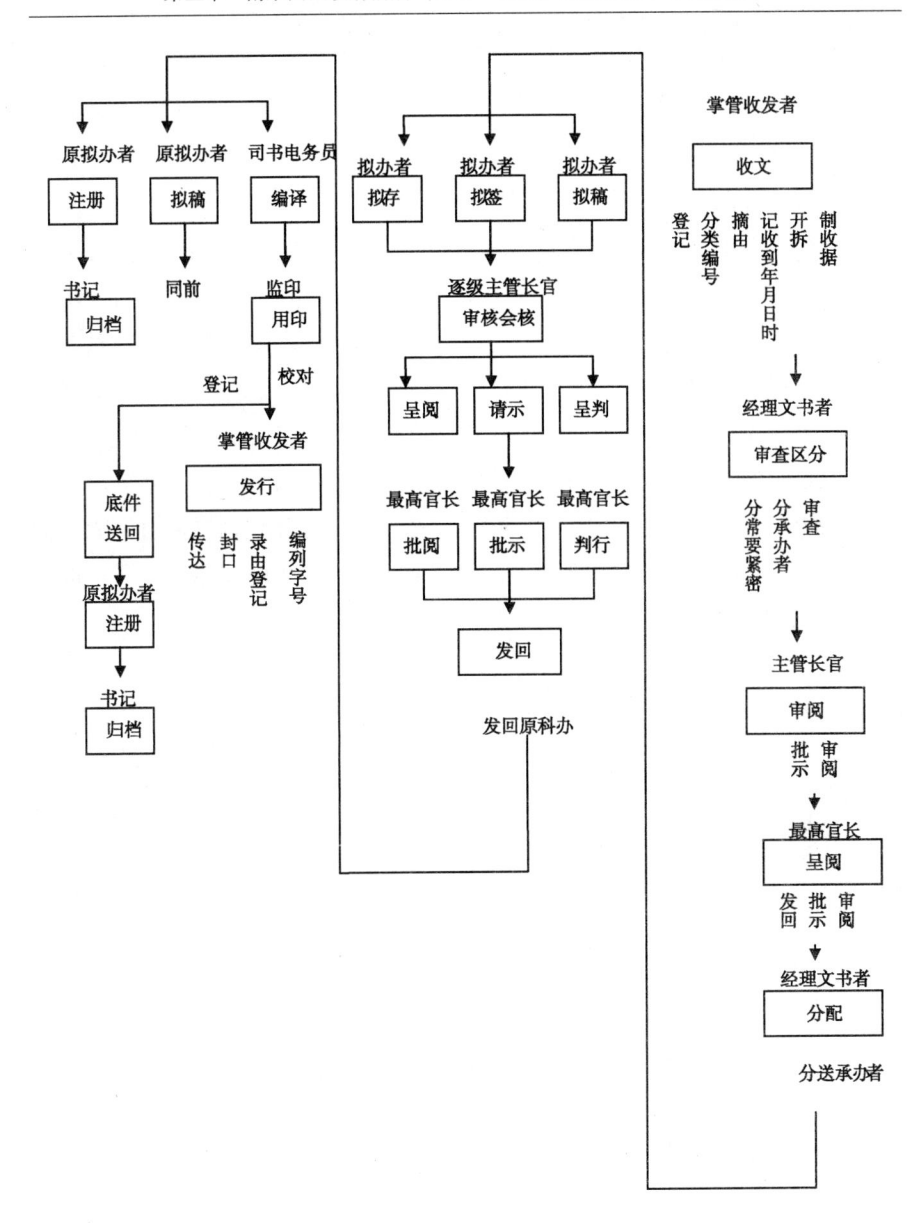

```
掌管收发者
  收文
登记 ─ 分类编号 ─ 摘由 ─ 开拆 ─ 制收据
                      记收到年月日时

经理文书者
  审查区分
审查 ─ 分承办者 ─ 分常要紧密

主管长官
  审阅
批示  审阅

最高官长
  呈阅
发回  批示  审阅

经理文书者
  分配

分送承办者
```

```
原拟办者    原拟办者    司书电务员        拟办者    拟办者    拟办者
 注册        拟稿        编译            拟存      拟签      拟稿

 书记        同前        监印           逐级主管长官
 归档                    用印            审核会核

              登记        校对
                                    呈阅    请示    呈判
          掌管收发者
            发行                   最高官长  最高官长  最高官长
                                    批阅    批示    判行
底件
送回       传  封  录由  编列
           达  口  登记  字号            发回

原拟办者
 注册                              发回原科办
 书记
 归档
```

二 公文摘由

南京国民政府成立之前的公文程式中，对外发出公文的摘由是否具备并无一致标准。时人曾指出其中之一弊端为"来文如无摘成之由，尚须由收发部分另备到文面为之摘由"①，若真如此，收文机关不仅增加收文处理的工作量，因为公文篇幅之长短是由事情重要与否决定的。前述公文套语、术语等结构词众多，通读数遍方能知晓大义，再据案由来摘由，徒耗时费力。光此一种程序，即已耗费不少时间。

1929年国民政府颁发公文用纸式样的训令中，明确指出：公文用纸"事由一栏，无论呈、令、批、咨、函，均规定由发文机关照拟稿人员所摘者填写。核稿人如改文稿，应改案由，盖冀借此减少收发人员挂号登记时间及摘由漏误之弊。"② 这一规定对于文稿的摘由而言是合理的，因为发文机关对于所发公文的主旨再清楚不过了，由其摘由，不特减少收文机关阅读之时间，更能促进对所发文件主旨之正确认识。不过，由于不少机关仍采用旧式公文纸，致使收文机关不得不重新摘由。但若采用新式公文纸，"在面页已印定'摘由页'。其摘由之处，是由发文者先为摘出的"。③ 具体格式详见表3-1④。

表3-1　　　　　　　　　公文摘由纸样式

号　第字	何处及何人来	文别	文到日期	附件
摘由				
办法				

当然，有些部门规定，公文摘由是由收文机关负责，如暨南大学的《文书处理规则》提道："佐理员拆视内容　摘出事由　编列号数"⑤。

三　公文处理手续之变革

公文处理程序的制定只是解决了一个规则问题，行政业务活动范围的拓展以及行政官署及其阶层机构所面临的外部环境时刻在变，处理程序则

---

① 《北宁铁路改革文书制度之成功》，《交大季刊》1932年第9期。
② 中国第二历史档案馆编：《民国时期的文书工作与档案工作资料选编》，中国档案出版社1987年版，第396页。
③ 邹炽昌编：《公文处理法》，世界书局印行1931年版，第5页。
④ 同上书，第4—5页。
⑤ 《文书处理规则》，《暨南校刊》1930年第69期。

应随变而变，以不变应万变，不然就会遭遇较为严重的问题。如1933年，交行的文书处理状况为"手续綦繁，办事者栗六终日，即双管齐下，具倚马之才，犹有应接不暇之势。考其实际，徒为形式上之例行手续，而毫无补于事实者，盖比比然也。"① 尤以电汇电文最为突出。电文发出后，不光要以留底寄交代理行核对，还需要用公函叙述电文，来往邮寄，多费时日，可见公文处理手续变革之必要。在这方面，已经不少官署提出了解决思路。

1929年，北平特别市为求公文处理手续之简捷，特制定了四项办法："（一）首行标题机关名称；（二）尾行应具年月日；（三）盖用机关印；（四）凡多份者，均须声明各份相符，再每月支付预算书。"②

1929年，镇江县政府因县府与各局间，"关于普通承转公文，往往辗转费时，以至进行诸多迟缓"③，为就普通承转公文之手续便利起见，制定《县政府与各属局处理文书办法》，大致流程为：接到普通件送由县长核阅后，即将原件列入交阅簿，分送主管局办理，不另行文；各局收到交阅文件，应即由各局长核阅，于交阅簿上逐件加盖小官章，并即依照县长批示，即日分别遵办，办竣将办法签注，黏附于原件呈缴，不另行文。④

1930年，璧山县政府发布训令，称文书内容"大都含有时间性者 设传达迟滞 事过境迁 即成废纸"，而且"人民争执必须政府急速解决 宕延日久 转增无穷之纠纷"，为此决定"合组传达处"，以解决文书传达迟滞问题。⑤

上述政府官署的公文处理手续之变革多为应急办法，实际上并没有非常大的成效与影响，这也是全国市、县官署公文处理改革之通常情况。

不过，铁路公文处理的改革却相对颇有成效。1929年10月21日，铁道部发布训令，提出公文改良的几点建议：嗣后本部发文均于号数之下加盖各司单字戳记 各路局亦应于呈复本案文内叙明奉第某号训令之下加写一总字或管建财等字 并括弧以便查核；各路局呈部公文应专案专文 一

---

① 《关于文书事务之讨论》，《交行通信》1933年第3卷第6期。
② 北京市档案局（馆）编：《民国时期北京文书档案工作史料选编》，中国档案出版社2012年版，第58页。
③ 《镇江县政公报》1929年第2期。
④ 同上。
⑤ 《璧山县县政公报》1931年第9—10期。

文不能兼叙两事；各路局呈部文件如属某处经办者 须于号码之下加盖单字戳记（如总务处则盖总字车务处则盖车字余类推）并加括弧 庶易分办。① 该建议涉及公文处理的盖戳、自称、一文一案等事项，基本将铁路部门所涉之公文处理的技术环节囊括在内。加之铁路部门办事追求快捷、准备与效率，公文处理自不能例外，这就为铁路公文革命起到了先导作用。

1. 北宁铁路

北宁铁路为借英款而成立，高级主管人员均为外籍，所用公牍为英文。南京国民政府成立后，颁布新公文程式，规定公牍一律用本国文字，北宁铁路的公牍方始有国文。不过，铁路公司属营业性质，讲究简单、实效、便捷，在公文处理上较之行政和其他公务组织而言，自有其有利性。再加上北宁铁路由外资设立的特殊性，之前公牍所用处理方法多爱引国外，缺少国内公文处理的繁文缛节。1930年，北宁铁路对文书制定进行了改革，主要包括：一是参照英文书牍，斟酌损益；二是对历来承转手续及各项公文程式进行重新厘定，多用固定表式，减少办理文稿手续。后由铁路局召开专门文书会议，讨论、制定并通过《北宁铁路管理局处理文书暂行规则》，规定了（1）局令（2）训令（3）指令（4）呈（5）函（6）批（7）抄转文件之令、呈、函（8）从前所用之传单通告诸文种。从1930年实施，试用2年后，即到1932年，"从未发现何项弊端"，获得4项主要成就②：

首先，内外员司凡文理通面者均能执笔办理公牍，稍明文理者，亦能了解之。现除电报以及与洋员有关之公牍，仍用洋文外，所有公牍一律改用国文，毫无窒碍；

其次，普通文稿，每件纸须数十分钟，即可办出；

再次，缮写公文，利用复写办法，费时少收效多；

最后，公文用纸，以前因文字之冗长，与夫折叠之式样，颇不经济。现在文字简约，纸式全是单页，打字所占地位复少，每件公文，至多不过用纸二页，较之以前，节省过半。

---

① 《铁道部训令各厅司会及各路局注意改良处理文书各点遵照办理由》，《南浔铁路月报》1929年第7卷第10期。

② 《北宁铁路改革文书制度之成功》，《交大季刊》1932年第9期。

2. 中华全国铁路协会

1930年，中华全国铁路协会呈文交通部，提出改善办理铁路文书手续及改良各路局报办法。交通部予以采纳，并以训令形式下发津浦铁路管理局，指出"铁路为营业性质 与行政机关情形不同 办理文书手续自宜避繁就简 以节时间"，决定了数种改良方法："路局中各种书单表式经由各主管首领盖章负责者 即与行文无异 似可不另具文呈转 其有特殊情形必须声叙时 得加附注或另行粘签说明 以省手续"，"奉令转行与路务无关之文件即刊登局报以省展转钞录之繁"，"至于各路局报 大率为月刊或旬刊 每以蒐集材料编辑校刊 多延时日颇有缓不济急之势……大路局应出日刊 小路应出周刊 遇必要时得另出特刊"。[①]

3. 正太铁路局

1932年8月，正太铁路局制定了《处理文书程序》，规定："收发室于收到文件时应即开拆编号登记及注明收到时间 如系未有由而之件 即由来文摘由纸详细摘录"。并一一界定了收文、拟办、核定、拟稿、签行、缮写、校对、盖印、发文、归档、查卷、附记等手续。[②]

[①] 《铁路月刊 津浦线》1930年第1卷第3期。
[②] 《正太铁路管理局处理文书程序》，《铁路月刊 正太线》1932年第2卷第7期。

第四章 行政效率运动与公文改革

1933年，国民政府开展了一场颇有声势的行政效率运动，融专家研究、地区实验与行政业务的改善为一体，力图通过此役力克行政效率沉疴之弊。为何国民政府在此时提出要进行一场行政效率运动？它是如何产生的？结果又怎样？

第一节 行政效率与行政效率运动

一 行政效率概述

行政效率在不同的历史时期有着不同的认知，在不同的国家差距亦较大。我国当前学术界研究行政效率的成果可谓不少，视角亦较多元，但基本是针对当代行政改革的方方面面所进行的一些总结。在我国，对于行政效率的专题研究始于20世纪30年代国民政府时期的行政效率运动期间。当时的一些行政学专家，通过自身的观察、实验及反思，对行政效率下了诸种定义，代表性的为：

所谓行政效率者，亦不外施政所获结果与所付代价之衡比也。其方程式为：行政效率=行政成就/行政所费。[①]

行政效率者，乃政府机关以一定之时间空间及一定之人力、财力、物力，执行国家政策的作业对其所获"有效功"之衡比也。依此定义而言，凡用最少之时间与力量，完成最多有效之事业，则其效率大；反之，则其效率小。[②]

著名行政学者张金鉴则从三个维度对之加以诠释：一曰耗费最少之时

[①] 萧文哲：《行政效率研究》，商务印书馆1943年版，第5—6页。
[②] 吴哲生编著：《行政三联制概论》，正中书局1943年版，第40页。

间、人力、物力、财力达到最大之效果；二曰对于一机关或一组织之原定工作计划或任务能作不折不扣之实现；三曰对人力、物力、财力之使用效果之比率及治事之速率能达到或超出现有之最高标准与纪录。[①]

上述三种代表性的行政效率的诠释虽从不同的侧面与维度讨论了行政效率的基本内涵，但效率比是其核心与共性。张金鉴的分析则更为全面，大大拓宽了行政效率的外延，尤其是张氏所讨论的第二点，即行政业务能不折不扣地完成，虽非能以量化来评定，但对于行政效率之提升却有着文化与道德的意义。其所概括之精、认定之确开拓了行政效率研究之先河，正因如此，该种定义对于今天行政效率的研究仍有重要的借鉴之义。日本的学者织田万亦曾认为，行政效率在于行政上"施行速敏，而无涩滞"[②]，两者可谓异曲同工。[③]

二 行政效率运动的背景

最早开展行政效率运动的是西方资本主义国家。19世纪末20世纪初，西方资本主义的工商管理进入了一个新的阶段，效率成为普遍的追求。美国工程师泰勒所提出的以提高工作效率为核心的"科学管理"概念风靡世界，成为管理学发展史上的里程碑。1911年，F. W. Taylor 的 *The Principles of Scientific Management* 和 1912 年 H. Emerson 的 *The Twelve Principles of Efficiency* 成为科学管理理论的精华。受此影响，西方的行政学将重心转向提高政府行政效率，正如《大公报》所说："现代欧美国家，为适应时代求计，莫不努力求于组织之完备，谋效率之增进，特设机关，延聘专家，研究调查方法。"[④] 中国近代的情形大致趋此步骤，王云五曾云："近来效率这个名词，由外国传到我国，又由工商界传到行政界，可谓一

---

① 张金鉴：《行政学提要》，大东书局1946年版，第10页。
② ［日］织田万：《清国行政法》，李秀清、王沛点校，中国政法大学出版社2003年版，第174页。
③ 今人对于行政效率之理解的成果亦不少，代表性的有张国庆、夏书章、周志忍所撰写之书籍，如《行政管理学概论》《行政效率研究》等，基本囿于行政学界。尹树国所著的《盛衰之界——康雍乾时期国家行政效率研究》（黄山书社2008年版，第6—7页）认为，成功就是效率比较符合传统社会的行政效率研究，并从组织效率、个人效率两维界定了行政效率的定义。
④ 周志忍：《行政效率三个发展趋势》，《中国行政管理》2000年第1期。

时之盛。"①

南京国民政府成立后，一直处于内外交困中。此时的重点仍是军事与政治斗争，行政效率尚未引起真正重视。30年代初，蒋介石为彻底消灭中央苏区及各地红军，发动多次大规模围剿，但均无功而返。政令传达效率的低下、机构冗叠、人浮于事，促使蒋进一步认识到"管理二字，实为今日行政人员唯一重要之业务"②。加之，国民党内一批从国外学成归来并深受西方行政思想影响的专家、学者，对于国民政府行政之弊纷纷提出改进意见。然而，促进南京国民政府进行公文革新的最深层次的原因来自阻碍行政效率提升的"公文政治"因素。

公文政治是官僚政治的产物，是适应官僚主义的需要而产生的。时人黄旭初对此有精辟的论述：

> 官僚政治的本质是什么呢？第一、官僚政治是孤独，主观的与社会脱节的。第二、官僚政治除了冀图巩固或扩充个人权位而外，对一切政事都是消极的，以'无为而治'的态度处之，普通所谓'大事化小，小事化无'，便是官僚政治最鲜明的素描，官僚政治的本质即是如此，于是在公文的行文手续上，也就造成了一种适合官僚政治之要求的习惯方法，即所谓的'文书政治'"。显然，公文政治是千百年来官场官僚主义的积弊所致，谋私利而忽公利，是封建官场政治文化所遗留下的政治遗产。它的基本内容是"上顶、平推、下压"，只追求"公文书上的文字巧妙，而无错误，至于公文发出后产生什么结果，如何去执行公文上所要求的含意，能否达到这个要求，文书政治是从无追求之意念的。③

陈国琛对此亦深有同感："任系何事，无不以公文了之，而于执行法令的目的问题，则反茫然不解所谓"④，可见，文书政治全然罔顾实际的

---

① 李楚狂编著：《行政管理理论与实施》，浙江文化印刷公司1947年版，第14页。
② 蒋介石：《地方高级行政人员会议闭幕词》，中国国民党中央执行委员会宣传部编印《总裁言论选集》第五卷"政治类"，第279页。转引自傅荣校《南京国民政府前期（1928—1937）行政机制与行政能力研究》，博士学位论文，浙江大学，2004年，第146页。
③ 黄旭初：《"文书政治"与"科学政治"》，《建设研究》1943年第9卷第3期。
④ 陈国琛：《文书之简化与管理》，中国档案出版社1990年版，自序。

施政效果，取头断尾，因小失大，实为狭隘之政、无为之政。南京国民政府成立后，虽厉行革新，进行行政上的革故鼎新，但因"公文政治"由来已久，其积弊弥漫整个行政系统，短期内难以彻底消除，成为制约国民政府行政效率提升的痼疾。以20世纪30年代浙江省为例，经济讨论委员会，其组织章程，1933年即已公布，而聘请之委员1934年才分别征求同意，何时能正式成立"则更不知何日"；工振计划为全浙人民所仰望，报章亦一再宣传，然而过了很长时间，"以正副处长离浙之故，致该处成立无期，一切待进行之工作，均陷于停顿状态"。① 是什么原因导致这种情况的出现？曾任内政部部长而出主两浙的黄绍雄，对于浙江地方政治的批评则指出这一问题的根源："整个浙江的地方政治。只有表面而无实际，只有形式而无内容，只是一种敷衍搪塞的'公文政治'，而不是埋头苦干的'近代政治'。"② 尚希贤考察各地县政的行政工作实际情况后，指出："县政府的行政工作，几乎全部集中在填报表册，呈转公文，出席会议，应付地方的四项上面。"③ 时人曾作打油诗对"文书政治"现象进行讥讽：

科长科员共办公，
八时开始五时终，
等因奉此篇篇有，
检核施行处处同，
相应函达语通融，
一天忙煞惟书记，
抄到云云两眼朦。④

公文政治的基本特征有："公文行政，凡事无论轻重缓急，一律发文，文来文往，不问实政"，"公文撰拟，以务虚为能事，套语连篇，圆滑模糊，舞文弄墨，不负责任"，"公文处理，敷衍推诿，以'压、推、

---

① 《公文政治徒耗时日》，《行政效率》1934年第1卷第9期。
② 《增进县行政效率的几个先决问题》，《行政效率》1935年第2卷第7期。
③ 同上。
④ 《杂志》1939年第5卷第5期。

拖、了'为秘诀"。①

在此背景下，1934年7月，国民政府行政院设置行政效率研究会，宗旨是研究中国行政问题以便推行行政改革、增进行政效率，主要是围绕8个问题而展开：一是关于组织运动；二是关于行政人员；三是关于资料整理（如档案、统计、图书、报纸、专家登记、出版物调查报告等）；四是关于政令推行者（如公文、行政报告、行政计划以及监督指导视察方法等）；五是关于财务管理；六是关于物料管理；七是关于各级政府行政者（如中央与省、市、县政府之关系及各地方之行政问题等）；八是关于各项专门行政。②萧文哲还在其《行政效率研究》一书中，提出增加行政效率的8个方略，第6个即为"文书处理能尽其合理而合事尽其功"。③

行政效率运动涉及面广，头绪繁多。是全盘统筹、遍地开花，还是渐次拓展、步步为营？这就成为一个非常重要且首先必须予以解决的问题。显然，就行政改革而言，后者更为稳妥些。如是，突破口何来？甘乃光曾亲往上海商务印书馆拜访当时印刷及"出版事业的巨子"——王云五先生。王提议"行政改革不宜先以人做着眼点，因为人与生活有密切的关系。如果你因为要改革某种业务，而打破了主管该业务的人的饭碗，他必定要起来反对，那改革运动的阻力就愈来愈大了。依据实业界合理化运动的经验，必须先以物为出发点。"④甘乃光于是选择从文书档案入手，作为行政效率运动的突破口。⑤

第二节　行政学研究与公文革新

20世纪30年代的公文革新运动较之以往最大的一个不同点是众多学者、专家与行政人员共同推起，理论研究之深、覆盖面之广、成效之显著皆为以往所不及。行政研究的先声成为行政效率运动的舆论向导与理论推动工具。

---

① 侯吉永：《民国时期的"文书政治"刍议》，《档案》2014年第6期。
② 萧文哲：《行政效率研究》，商务印书馆1943年版，第12页。
③ 同上书，第14页。
④ 甘乃光：《中国行政新论》，商务印书馆1943年版，第12页。
⑤ 在档案学界，一度有人将公文档案与行政效率的关系理解混淆，即误将公文档案理解成为20世纪30年代国民政府行政效率运动的主要内容。

一 《行政效率》与公文革新

《行政效率》是行政效率研究会的专门刊物,半月刊,1934年创刊。1936年10月,改为《行政研究》月刊。所载内容多系行政实际情况,或论述行政上之方法与技术。就公文档案改革而言,数量多达60多篇。除《行政效率》外,还有《行政研究》、《建设研究》、《物调旬刊》、《晨光周刊》等期刊也发文探讨了些许公文改革问题,但无论规模、数量、讨论的深入程度等皆不如《行政效率》。现将《行政效率》杂志上所刊登之公文革新之研究予以汇总,分析行政学界对此问题的认知。

1. 现有公文之弊端

公文弊端之探讨,早在此前就有人在报刊上撰文予以指出,但论者少、范围窄,未能形成"应者云集"之态,且许多并非行政学者或专职从事行政之人。行政效率运动开展期间,"公文之弊"之讨论已成规模,"应者无数"。

首先,行文缺乏整一化。孔充指出:"现在官署行文,杂乱无章",具体表现为:一是越级呈令,弄得一个机关每每受几重监督或一个机关每每无人受其监督;二是每每多次行文。① 这种不讲究行政隶属关系而混乱行文,或试图用传统命令式的多次行文当然无益于行政效率的提升。李朴生对此分析则更为具体、详细:

(一)分别来文属于紧急,最要,次要,普通的工作,及按职掌分配各主官署司的工作或由收发处理,(内政,海军),或由主管秘书办理,(财政)或由文书科长办理,(铁道)有些又没有明文规定。(如实业外交)

(二)来文分送路线,紧急,或重要的,或由总务司长送呈部次长(铁道)或由秘书送呈部次长,(财政,内政,实业)普通的,或迳由收发处分送主管署厅司,(内部,交通)或经由总务司长阅后分送主管署厅司,或呈送部长签阅后,分送各署厅司。(外交,教育,海军)

---

① 《行政效率》1934年第1卷第2期。

（三）送登公报手续，或由主管长官签字送秘书厅，（铁道）或由主管长官送公报处，（交通）或由承办人员在稿面签条，经部次长核定，（实业）或由主官秘书签具浮签，经部长判行。（财政）

（四）拟稿核稿签名盖章的手续，或规定在文书处理章（交通，实业）或规定于职责章，（内政）或规定于通则章。（财政）

还有些关系部行政很大的，却未见规定。①

公文处理未曾见一个统一的部门、统一的方法，总是交替进行，一旦出现问题，推诿之形则必不可免。诚如邱祖铭所指出的："现在中央行政机关处理业务手续，可以说是司科制。正如高岱所评的'一金之费，干历诸司，一令之行，偏咨群长，甲可乙否，此从彼违。'整个行政机关人员的弊端有二：一不负责任；二分工而不合作。"②

孔充认为解决行政整一化的原则：直接监督官署之确定。即国府为五院之直接监督官署，行政院直接监督各部，各部直接监督各省行政厅，厅监督各司，司督县行政署，署督各局，局督区公所，区督乡镇公所，乡镇督闾。③

其次，因循旧规。张定华在考察行政官署公文处理的几种典型状况之后，总结了现有行政官署公文处理之旧规旧陋："在改革文书之议未起以前，行政机关处理公文方法大多照历年旧规，株守固陋，疲滞因循。每处理公文一件，号数编至七八次而一无所用，事由抄录至十余次而无补于查考之效率，簿册大小参差，格式简陋，档案零乱错杂，专用管卷员之记忆力以供查考。"④

再次，公文程式之缺陷。孔充指出：旧公文程式有6大缺点，即浪费时间；手续烦琐；多费物料；检查不易；易于缺少；艰于学习。⑤

复次，公文寄递邮费问题。李朴生指出了不同级别的官署因为行政经费的多寡，带来了公文寄递出邮费之问题：关于公文递寄的邮票，在中央

---

① 《行政效率》1934年第1卷第9期。
② 同上。
③ 《行政效率》1934年第1卷第2期。
④ 《行政效率》1935年第2卷第4期。
⑤ 《行政效率》1935年第2卷第5期。

和省政府机关，多些，少些，不很成问题；县政府因为经费要计较到锱铢的，像交通部所规定，一律要单挂号，则每一公文由五分邮票增加到十三分的负担，实在数目便不算少。现在县政府因为节省邮票，例是在不过重量的限度上，把几件同一机关的公文合装在一个函封里。这样，函封是少用些，而"侯装"的时间便不能无所消耗，付寄总是较慢了。①

最后，档案管理的缺陷。邱祖铭指出：一个机关所有档案，自文件收发起以至编卷，装订，归档，保管为止，无论如何繁冗，必须汇集一处，不可由各个部分，各自为政。否则，处理事务之时，各不相谋，或同一事件，应付方法不同，岂非自相矛盾。所以现行之收发，编卷及存档，分隶各处，应加以统一。② 何鲁成认为，指出旧式档案管理方法有：一是当新、旧官吏交替的时候，常发现几个案卷内有卷无文，究竟在哪一个任内遗失的，查不出来；二是旧式管理档案方法，是不科学化的：卷册的规定，并无一定的格式，归档的程序，也许有几项工作是重复的，也许缺少了某项必要的阶段，至于检查法，分类法，也专况一二人的设想，并无常理的根据；三是中国旧习，各机关长官更动时，属员之能侥免于调换的，只有管理档案的人员。这是因为旧式管理档案的方法，是不公开的，甚至可说旧式管理档案的方法，因重记忆，他人也不易接手的。③

其他亦有提到公文亟须改革的诸层面，如卷阀把持，新官吏不熟悉公文程式，公文的"官样文章"由来已久，老百姓多文盲，不懂得公文等。④

2. 文书档案连锁法

文书档案连锁法是公文革新运动中极其重要的一项内容，甘乃光、邱祖铭、李达五、龙兆佛等均提出相应的建议。甘乃光根据内政部初期的试验，指出了文书档案连锁法实施前机关文书档案管理之不足；李达五对文书档案连锁试验中之公文用纸提出改革建议；龙兆佛分析了文书与档案为何分裂的原因；李朴生指出了文书档案连锁中分司管理的问题，等等。

---

① 《行政效率》1935年第2卷第3期。
② 《行政效率》1934年第4卷第8期。
③ 《行政效率》1934年第4卷第11期。
④ 《行政效率》1934年第1卷第3期。

3. 公文改革的建议

李朴生认为，公文改革要有民主的精神，革除上尊下卑的公文用语；公文要简切；意思明白清楚，要句读和标点。① 李朴生与邱祖铭还对文书处理提出了具体的建议。

公文用具之改善亦引起重视，张畏凡认为，公文用具分为公文用纸、公文登记簿册、缮写用具三类。"现各部会之公文用纸及簿册，除公文用纸类之呈，咨，训令，指令，公函，批等用纸，其封底面之格式及大小尺寸，曾有国民政府通令规定外，大都形式不一，项目悬殊；而缮写用具，亦不一致，利弊互见。"提出从用具方面进行具体的改革建议。②

4. 省府合署办公与公文改革问题

李朴生所撰《省政府合署办公试验的几个问题》，指出合署办公后公文往返手续增多的问题。③

5. 公文手续改革问题

冯介如在《一个改革"签呈"的试验》指出，当前签呈的两个不足：不是随便就是严格。随便到"拿起一块约，不管大的小的，便条好，信笺好，稿心纸也好，只管把你的话写上去，便可直接送上去长官批办。"严格地，像一般的公文，"员司们要上一个签呈，总得小心翼翼地斟酌字里行间，内容形式，务求适合体制，所费时间总得三几个钟头，草拟批改缮写经过不少手续。"他在天津商品检验局，进行了实验，结果取得成功，克服了这两个局限。④ 签呈为同一机关内属员对长官随便请求或陈明之用品，以其可用签式之纸（形同便条）缮写，名为签呈。签呈可独立用之，以代正式呈，如用之于请假是也。亦可用为办上之补助，如事应具稿，而先陈述其考虑，或审查之意见，以侯长官之同意，或业已具稿而贴签或夹签说明本稿之用意，以起长官之注意是。⑤

此外，张定华提出简体字与行政效率问题。⑥

---

① 《行政效率》1934年第1卷第3期。
② 《行政效率》1935年第3卷第2期。
③ 《行政效率》1934年第1卷第5—6期。
④ 《行政效率》1935年第3卷第3期。
⑤ 孙松龄：《公文要义》，1942年，第108页。
⑥ 《行政效率》1935年第3卷第5期。

6. 公文人员问题

全国经济委员会所聘请的英籍政治问题专家沈慕伟，曾建议将国内公务员划分成行政、秘书、抄写三类，即"为推行行政上之一般设施起见，不能不有下列三类之公务员。第一为行政类，操作拟订政策及管理各部会统辖一般行政之责。此类之公务员须最有干才，而其额数则应有相当限制。第二为秘书类，辅助长官料理各项事务，如起草普通函牍，经管日常例案，编订简单统计，保管公文档案等皆是。第三为抄写类，担任辅助公务进行之机械性工作"。第二、三类皆为公文人员。

周俊甫对此进行了更深入的思考，他认为，秘书任职须有四个条件：一曰文理必须彻底精通；二曰必须充分具有各种法律及行政上应有之常识；三曰才须长而心须细；四曰必须兼通旧学。但现行秘书制有其弊端：一是秘书分简荐任两级，核稿亦分初核复核两层，手续冗繁，无裨实事；二是办理公文，以迅速为主旨，各司稿件，必先送秘书处核阅后，再送部次长室核判，时间浪费，欲速不能；三是秘书设处，用人必多，虚耗国帑，甚属无谓；四是秘书处之于各司，原属处于平等地位，而各司所办稿件，又必须送由秘书处核阅，统系既紊，意见易生其弊；五是秘书处工作，有一部分与总务司未曾划清。就一般原则言，凡不属各司主官之事，均应由总务司办理。因有秘书处，故有时亦归秘书处承办。权责不明，易致互相推诿，而延误要公。对此，他提出改革建议：一是裁撤秘书处，组织部次长总办公处，秘书均派在总处办事；二是减少秘书名额，改设秘书三人或四人；三是秘书不分阶级，一律为简任职或荐任职，分核各司稿件，并分办交办各事；四是秘书应直接代部次长负责核稿，本人不必签名盖章，其已核之稿，除重要之件外，部次长不再加阅。五是原由秘书处办理之译电打字编报告等事，一律划归总务司办理；六是秘书应打破幕僚式之习惯，而有确切之保障，务使久于其任，藉资熟手。①

7. 公文改革的实证研究

姚定尘在《江苏各县文书改革之建议》一文中，考察了上海、吴县、东海县的公文收发与处理状况，指其弊端，并提出改进建议。②

郝遇林在《江阴公安局公文之改革》一文中，介绍了江阴公安局公

---

① 《行政效率》1934 年第 1 卷第 2 期。

② 《行政效率》1935 年第 2 卷第 6 期。

文收发文簿的改革情况。①

二 行政学专著与公文革新

20世纪二三十年代,一批从国外学成归来的行政学专家如张金鉴、甘乃光等纷纷著书立说,针砭行政之弊、评论行政得失、指点行政改革,成为行政效率运动的理论先导。在这些行政学研究成果中,几乎无一例外地提到了公文改革问题。代表性的行政学著述有张金鉴的《行政学提要》和《行政学之理论与实际》、郑桦尧的《增进行政效率之方法》、甘乃光的《中国行政新论》、李楚狂的《行政管理之理论与实际》等。综而论之,在这些行政学著述中所论及的行政效率与公文革新的主要有以下几个方面:

首先,论述了公文(文书)在行政管理过程中的作用

公文是国家权力的触须,公文所到达之处便是国家统治权威所及之地。在行政管理中,作为推行政令的主要工具,公文的作用不可小觑。甘乃光曾说"传递命令最重要之工具仍属公文"②,可谓一语中的。李楚狂亦持同样见解:"行政之推进,不能无工具,文书,即为推进行政之主要工具"③,"故文书管理,无论过去与现在,乃至于将来,在整个行政管理中,皆不失其重要之地位!"④ 诚然,推行政令的工具固非公文一种,尚有广播、报纸、电影、幻灯、图画、戏剧等,亦可尽量采用,"但凡此种种,或有时间空间之限制,或须文化经济之条件,非惟目前之中国无此能力,即富强之欧美各国未能普遍运用,是以文书始终不失其最普遍、最重要之地位。"⑤ 公文档案革新之所以能成为行政效率运动的突破口,恰恰证明了其作为政令的工具性和有效性。

其次,指出公文处理中的人为之弊

行政效率的提升需要包含公文革新在内的诸多改进,反过来,公文处理效率的提升亦会直接影响行政效率。公文处理除了制度上的硬性规定

---

① 《行政效率》1935年第2卷第11期。
② 甘乃光:《中国行政新论》,商务印书馆1943年版,第125页。
③ 李楚狂:《行政管理之理论与实际》,浙江文化印刷公司印刷1947年版,第192页。
④ 同上书,第192—193页。
⑤ 同上书,第193页。

外，还由人的"软性"操作所决定。换言之，人的素质、人的观念、人的方法等都决定着公文处理是否有效率。

甘乃光指出："行政上的命令是否能贯彻奉行，不在于公文之多寡，或证据之宽严，而在于受令者的态度之是否确实与负责。有人以为下一个命令，最好连续发许多件公文去催办，这样受令的机关，就不得不遵办了。现在一般上级机关向下级机关催办工作报告及经费报销手册，差不多都是用这个方法的。但结果下级机关仍旧未能奉行，徒费案牍。又有人以为令文内的语气要剀切严厉，使受令的人阅文生畏，自不敢怠于奉行了。……如毋得违延、毋得玩忽等。"[①] 可见，旧式的上下尊卑、等级分明之心态在官场并未销声匿迹，在公文催办，尤其是下发令文中更是显而易见。但结果往往是公文虽下发了，但事情却做不好，甚至催办越急、用语越严厉，事情反而越会搁延。除了受令者之态度外，主观上是否负责任又是一重要顽疾。国民政府各机关的文书处理，表面是层层节制，而级级实际不负责。层层不负责任，出了问题，却又层层推诿卸责，如此，公文处理焉能办好？公务人员是增进行政效率的最核心的层面，它取决于是否摒弃官场"放任主义"的传统，是否抛却"多一事不如少一事"的陈腐之见，是否真正拥有致力于新式政治制度下的新的行政人才。但实际情况却是，"今日高级政府之职员，有月薪达百数十元，而所作工作月不过批办例行公文数件耳。"[②] 普通公务员"既大部分由八行书而来，能力如何，实有问题。"[③]李楚狂说的更为一针见血，"或谓：吾国政治之所以迄犹未入正轨，实由行政效率之过于迂缓，而行政效率之过于迂缓，乃由'公文政治'之观念所造成，为谋增进行政效率，修明政治，正宜摒弃公文之不暇，岂犹可从事于文书管理之研习。此实似是而非！盖行政效率之所以过于迂缓，乃人谋未臧，而非公文之罪过。"[④] 造成"人谋未臧"的根本原因正是千百年来官场官僚主义积弊所致。

再次，公文处理程序的欠缺

南京国民政府成立以来，各地依照公文程式令的规定，制定和实施了

[①] 甘乃光：《中国行政新论》，商务印书馆1943年版，第20—21页。
[②] 张金鉴：《行政学之理论与实际》，商务印书馆1935年版，绪论。
[③] 甘乃光：《中国行政新论》，商务印书馆1943年版，第123页。
[④] 李楚狂：《行政管理之理论与实际》，浙江文化印刷公司印刷1947年版，第193页。

新的公文处理方案。这些方案既有新程式的特征，又有旧体例的缩影。加之，多系各机关自行规定，沿用旧例甚多，既维系着行政事务的运作，又阻碍着效率的提升。

甘乃光指出，各机关的公文处理，实有问题。第一，普通办理公文之手续太繁，由收文至于划行，经过多重之手续，核稿尤占大部分时间，因之政令执行失之迟缓。第二，通常拟稿者只有科员或科长一人，而核稿者则由科长至于部长，核稿者是人多稿多，人多则互相推诿，稿多则不暇精核，结果则只将摘由过目，即盖上图章了事。加以现行公文之格式或失之蔓衍（如一件公文包含许多层复述），或失之简略（如摘由常不能将重要之点指出，时日不叙明等），亦未能成为准确之传达命令之工具，故执行者亦常有无所适从之感。公文之所以成为具文，公文处理之不合理，亦当负大部分之责任。①

郑尧枰对此深有同感，他指出："现行文书之处理，手续既甚繁复，且无时间之限制，故多积压延误情事。至其保管方法亦多不合理。调阅既甚困难，且易于遗失。"②

张金鉴亦指出，公文处理程序过多，不免失之迂回曲折，牵延时日。他提出改善办法：减少手续，限定日期，如收发之摘由可复写三四份，各部别之摘由一事可以省去；如签稿并行亦节省手续之一法也。稿件签署经手人太多，表面上人人负责，实际上人人不负责，应采用分层负责制，在各人规定之权力范围内得自行全权处理其事务，琐细之事自不必经由高级长官之核准。如此亦足减少公文处理之程序，而增进其工作效率也。③

复次，公文编号无总号数

1932年，甘在内政部任次长时，看见部内许多处理公务的方法，毫无效率，例如档案管理，各司科各自为政，编号登记，纷乱异常，有时查阅一卷非数小时，甚至于数日调不出来。又收文登记，各司科层层编号，处处登簿，各不连贯，查考极感困难。④ 甘乃光经过详细的调查后，总结出当前各机关公文编号的症结"收发文无总号数。内政部过去的收发文，

---

① 甘乃光：《中国行政新论》，商务印书馆1943年版，第125页。
② 郑尧枰：《增进行政效率之方法》，商务印书馆1945年版，第61页。
③ 张金鉴：《行政学提要》，大东书局1946年版，第124页。
④ 甘乃光：《中国行政新论》，商务印书馆1943年版，第9页。

都是用司作单位，收发文号数都加上各司的名称。所以实际上，内政部，虽有总收发处处理全部收发文事宜，但是没有公文登记的总号数。公文登记没有号数的缺点，就是要检查该部的公文与总数，和分析一年度公文的内容和地域，都很困难。但是公文统计，本是一个机关的重要工作，因为可以表示该机关推行政令的实况，并且也可以表示该机关权力到达的区域。"① 公文处理不编总号数，导致遗失文书不易查考。"内政部之文书，既无收发总号数，档案又分司管理，因之，若文书遗失，不易查考。采用统一办法（文书档案连锁法）以后，文书之收发，已有总号，可以减少文书之遗失，即遗失，亦不难查知。"②

最后，公文寄递不贴邮票或邮费不足

内政部收发处的人员研究收发公文的各种手续，结果发现内政部，平均每个月要被邮政局科罚信件欠资费百余元。因为来文的机关许多未张贴足邮票；平时没有注意，及至研究统计之后，才知罚款数目相当可观。③

三 文书档案学研究与公文革新

20世纪三四十年代，在明清档案文献整理及行政效率运动的影响下，一批从事行政研究的学者纷纷著书立说，较为系统地阐述了对于公文（档案）管理及其改革的思想，主要有靳薪编著的《公文法程》（1934）、周连宽的《县政府档案处理法》（1935）、程长源的《县政府档案管理法》（1936）、龙兆佛的《档案管理法》（1940）、梁上燕的《县政府公文处理与档案管理》（1942）、傅振伦的《公文档案管理法》（1946）、陈国琛的《文书之简化与管理》（1946）、黄彝仲的《档案管理之理论与实际》（1947）、秦翰才的《档案科学管理法》（1947）、周连宽的《公文处理法与档案管理法》（1947）、殷钟麒的《中国档案管理新论》（1949）、孙松龄的《公文要义》（1942）等。就公文革新而言，这些文书档案学研究著作主要涉及：

1. 公文叙法和公文程式（徐望之《公牍通论》）
2. 行文制度和行文技术（陈国琛《文书之简化与管理》）

---

① 甘乃光：《中国行政新论》，商务印书馆1943年版，第155页。
② 同上书，第146—147页。
③ 同上书，第10—11页。

3. 文书处理流程（周连宽《公文处理法与档案管理法》）

4. 文书问题与行政效率、文书程式改革问题、文书内容改革问题、文书处理程序问题。（龙兆佛《档案管理法》）

5. 公文书牍作法举要、公文用语的改革与运用、公文处理程序的制定（梁上燕《县政府公文处理与档案管理》）

6. 公文处理之改革（傅振伦《公文档案管理法》）

7. 公文加速所需于办公制度之改进（孙松龄《公文要义》）

第三节 公文制度

一 1933年《公文处理改良办法》

1933年，汪精卫在行政院"纪念周"中，报告了公文改革的经过，对已往办理公文之弊端进行总结，强调公文改革要"一曰戒迟缓，二曰避繁复，三曰用标点，四曰重检查，五曰整理档案"①，此五点已涉及行政效率运动中公文改革的主要方面。

同年，行政院第一百二十次、一百二十一次会议分别对各部会就公文改良办法的提议进行议决。教育部提出各部会公文会签簿提案，交通部提出的公文句读和分段办法的提案，行政院和内政部提交的收发文簿及公文总检查办法的提案，内政部提交的修改公文稿面以便检查的提案，军政部对于处理紧要公文如拟办、请示、送签、呈判等手续均须由承办人员循序向直属主官亲自为之的提案，内政部对于油印例行公文节省拟稿缮校手续的提案，铁道部提出的废除送稿簿改用稿夹的提案，行政院及各部会制定处理公文程序图说的提案，内政部对于不复公文标准及减少拟办文件的提案，内政部提议改革簿册节省登记手续的提案，内政部提出的改革公文用语的提案，内政部提出的改革公文体式的提案，等等，均对公文处理过程中存在种种弊端提出改良建议和办法，基本涵盖了公文革新的方方面面。

由此可见，中央各部会对于改良公文之处理不仅指陈当前之弊，而且，还提出了具体的改良方案。这些方案既涉及公文处理的整体，又指向

---

① 《京沪沪杭甬铁路日刊》，1933年第765期。

具体的运作环节，譬如公文登记、公文摘由、公文缮印、公文用语、公文发布等。国民政府行政院召开专项会议，对上述提案进行讨论，对上述各部的提议绝大多数予以通过。如对于铁道部的提案，会议决定请行政院恢复发行公报，俟公报复刊后，所有应通行之法令，只对主管机关行文，其余均以登报代行文，以省繁牍；对于交通等部提出的公文采用句读及分段提案也审查通过，并决定于1933年8月1日起实行等。换言之，各部会所提交行政院关于公文处理的提案已引起国民政府行政院的重视。1933年，国民政府行政院通令全国各机关，颁示公文改革办法，饬自9月1日起，一律依其实行。如此，提案所涉及的公文改良方法在公文处理实践中不同程度地获得实施。

二　行政院行政效率促进会与《改进各机关文书处理办法》

经过数年行政改革的实践检验与理论研究，行政院行政效率促进会于1937年7月16日拟定了《改进各机关文书处理办法》，其要点有[①]：

第一，明确了公文处理的分级负责制。区分最要、次要、例行三类，要求各级机关做到"层层节制，级级负责"，这可避免公文处理过程中的搪塞推诿、糊弄过关的不端文风。

第二，统一通行文件避免重复。往往一上级机关通行之后，其次级机关奉到文后又通行一次，因而重复叠出，实属浪费。《办法》规定："凡由行政院通行之文件，各部会署不必再行通行。由省通行者，各厅处局、专员公署即不必通行。"

第三，呈转公文内容应注重摘取要点，避免全部照抄。力克以往公文程式各种套语之不利，若经层层周转，则内容更为繁复，大为影响行文效力。

第四，推动印刷公文。在不具备打字机等条件的相关机构，拟稿缮校徒自多费手续、浪费时间。推行公文印刷，将例行公文之内容千篇一律者，预先印就，可节省更多人工时间。

第五，改革收发文簿册，节省登记手续。机关之登记簿过多、过滥严重影响行文的运转效率。"以部为例，部有收文簿，司、科复有收文或稽

[①] 中国第二历史档案馆编：《民国时期的文书工作和档案工作资料选编》，档案出版社1987年，第303—306页。

文簿，发文亦如之。而送稿，送签，记印又各有簿。一文往复，所经登记手续甚为繁复，所耗于登记簿册之时间与人力殊不经济"，故应加以改革，减少不必要的手续。

第六，各机关主管员司应随时互相接洽，减少公文往返。主要是"遇有咨询商讨解释更正等等"之事件，不必公文往返，徒耗时间，"似应由各机关主管司随时或以电话或以其他方式相互接洽，以增效力"。

三 文书档案连锁法

文书档案连锁法源于甘乃光任国民政府内政部部长时，针对当时文书之弊所提出的革新方案。甘乃光经过调查发现，"过去对于分厅分科呈核各种文件，分类并不严密，欲查明一事，必调收文簿而始得知，如遇主办人员告假，或间断数日，则一切情形，全不了悉。其次科室之间，多不接头，最易发生矛盾冲突。再其次，每一公文必须摘由，由登记，至缮发止，须经过七次手续，摘由亦须七次，以省府而论，每日公文均在千件以上，单办摘由，亦需去了不少人力。再则无检查制度，流弊亦不胜言。"[①]归纳而言，其弊主要有收发文无总号数、行政不集中、遗失文书不易查考、新旧档案整理不能划一等。"旧制度，旧方法，即缺点孔多，改善之需要，至为迫切。"[②]

档案本是公文的后续，本为一体，为何办毕后的公文成为档案后再行查阅甚为困难？甘氏所提及之科室之间无衔接（行政不集中）、各厅各科分类不严密（归档方法不统一）恰是导致公文、档案相分离的主要因素。对此，龙兆佛有非常精辟的阐述：

> 文书数量的增加及保存时间之必须长久，办理案件的人员便不能不另外请一批人帮忙管理案卷，这原是合于分工合作之原则，无可非议的事情。岂料办理案件的老爷们最初是请人帮忙管理，后来便索性一概不管，完全"招商承包"。自己办完了的文书往档案室一送便宣告脱离关系。实在发到下级机关的政令也就和送入了档案室的文书一样，与实际推选政令的人员脱离关系了。政府命令之不易推行，这未

---

① 甘乃光：《公文及档案等处理问题》，《云南民政月刊》，1935年第24期。
② 《行政效率》1934年第1卷第10期。

始不是一个重要原因。然而这样题外之话暂且不提。单讲送入了档案室的文书又是怎样处理呢？原来负责的人既然一概不管，于是站在助理地位的人便"承包"了管理的全权。从此以后，文书归档标准，分类的方法和保管的手续，都由"承包"人自己决定。他脑经里有多少东西就拿多少东西出来应用。不必说下去了，档案的管理到了这一个地步，确是有几分盲人骑瞎马的危险！文书档案之处理也就因此由分工而至于分裂。责任既分裂，手续当然也分开，从此各自为政，不相为谋了。这导致了这样一种结果：放弃责任的老爷们至此所受之报应也就更大，他们不仅感到调卷的困难，且几于不能调卷，无法办理案件了。①

行政不集中、分类不统一此两大诱因中，究其深层原因，首当其冲者为行政不集中。同一行政官署中，尤其是省、中央各部会署中，办公文有办公文的机构，管档案有管档案的部门，两者虽同属一个机关，是办理同一种行政业务的不同阶段，却出现了从无交集的矛盾状况，李朴生一针见血地指出：

> 内政部收发处属总务司第一科，档案属总务司第二科。所属不同，人事上也许不方便。但第一科和第二科都属总务司，一司里的事情，难道还要分开科界？况查各部会除内政部外，行政院档案股隶总务组文书科，实业部档案室隶总务司第一科，铁道部掌卷股隶总务司文书科，交通部档案室隶总务司文书科，外交部档案处隶总务司文书科，军政部管卷隶总务厅文书科，教育部掌卷隶总务司第一科，海军部分司处管理，亦有分科管理者，分司处管理者均归该司处之第一科指挥，财政部各处司署各自管理，各有一管卷股，均隶属各司处之第一科，蒙藏委员会档案处隶总务处第一科，禁烟委员会管卷室隶总务处第二科，侨务委员会管卷室隶秘书处文书科，振务委员会管卷室隶总务科。可见，档案分司管理是不合适的。②

---

① 《行政效率》1935年第2卷第4期。
② 《行政效率》1935年第3卷第1期。

在甘乃光的推动下,1934年10月,内政部首先开展文书档案连锁试验,后推广到其他一些部门与省份。主要做法是"第一打戳记于公文上面,第一栏注分发某厅或某科,第二栏注年月日时,第三栏注号数,第四栏注交某办理。其次则为收文单,第一栏为档案码,二、为收号,三、为补填,(即发号)四、机关或人名,五、文别,六、事由,七、归档日期,八、附记。再次为发文单,第一栏为档码,二、发号,三、收其有,四、收号,五、机关或人名,六、文别,七、事由,八、归档日期,九、附记。关于编号,只收文编一次,发文编一次,如省政府,可分为秘民财建教五个号数,再分一总号数,科室中不再编号数,其他一切繁杂手续,一概取消,收发文单,可印多份,主席一份,秘书长及各厅长各一份,缮校室一份,收发室一份,档卷室一份,发文单上摘由重要者,科长秘书随时留意,处理事务,不致茫然,且可利用此收发文单,作为检查工具,稍迟错误,一查便知。"① 即时人及后人所总结的几个统一:"分类统一,收文经过收发耷,即将司别、类别、目别分妥";"登记统一,收发经分类编目后,登录于总收文簿(活页),每份复写三张,一张存收发处代替收文簿,一张存总档案室代替档案登记簿,一张传阅后存总务司第一科";"编号统一,收发处的收文编一总收文号,废止各司科原有的登记号";"秘书文书和平常文书的分类一致,只在归档后的保额上有所区别"。② 经过这几个统一,改善了原有司科制下不同分类、重复编号、重复登记的状况,改善了公文处理的手续,缩短了办理时限。该办法出炉不久,便产生了很大的影响,"此法出后,江西省政府即派员来部练习,广西省政府亦派员调查,其余京内外机关来研究者甚多。"③ 可谓一呼众应,此试验已初显成功的苗头。后甘乃光于1935年春转职武昌行营,又将此办法进行调整,并在武昌县试行。其调整之点主要有:

一是稿面的改良。稿面改良主要有两点:其一是公文每经手一负责人,必须在稿面上注明年月日,以便稽核和免除延搁;其二是增加项目,

---

① 甘乃光:《公文及档案等处理问题》,《云南民政月刊》1935年第24期。
② 殷钟麒:《文书档案连锁办法的主要内容和批判》,《档案工作》1958年第2期。马林青在《文书档案连锁法的重视发现——一场登记制的革新实验》(《档案学通讯》,2015年第1期)一文中,指出"实际上,'三个统一'只是方法层次上的一些具体操作,远非连锁法的本质所在,其丰富的内涵有待进一步挖掘、解读。"
③ 甘乃光:《文书档案改革运动的回顾与展望》,《行政研究》1937年第2卷第5期。

完备公文的处理手续。

二是收发文单的改良。主要有：用油印技术代替复写纸。由于复写纸的颜色不耐久，且一次仅能写三张，不够分配。武昌县试验时，改为油印技术，避免了这个缺隙，公文处理的技术大大提升了；收文单与发文单都空出一格，补填发文号数。

三是公文检查的改革。内政部试验时，公文检查采用日本式的销号方法。武昌行营时，改革收发文单，使文件的登记与检查，集中在收发文单上。

四是戳记的改良。内政部时，戳记是直行式的，项目又少，且在每个文面上，往往要加盖几种戳记，较为不便。武昌行政营，"化零为整"，改用一种戳记来代各种戳记，手续就简单得多。

后来，甘乃光在四川又进行宣传推广，遂使之"由省而县，扩大起来"。

不过，文书档案连锁并非完美无瑕，也有不足之处。如李达五在《文书档案连锁试验中公文用纸之改革》一文中所指出的公文用纸之缺点："格式内容重复，不切合实用，其中尤以代电纸格式极不便于文书处理手续；因限于格式，每发文用纸及稿纸，最少须闲置空白一面；多则二三面。此种浪费，以全年统计，当有可观；尺寸不一，收藏装订不整齐，以内政部之公文用纸论，除呈、咨、公函、训令、指令五种同一尺寸外，代电，平函笺，单令纸，稿纸，签注纸等尺寸均不一致"，并提出如下改良办法："重复及不适用各栏均删改，发文用纸面上增'核阅盖章'栏；稿纸底面及发文氏底面年月日废除；呈、咨、公函、训令、指令格式一律不分；发文用纸分单页、双页、三页、四页四种，解决浪费问题；代电纸改与其他发文用纸式样；发文用纸及稿纸，均规定纸面宽二十公分，长二十七公分；人民向政府之呈请，除正式诉愿已有规定呈文式样，可统一代售；其他关于信笺签条等用纸，可规定一律为二十七公分。"①

邱祖铭亦指出甘乃光的文书档案连锁实验的局限，"仅限于收发处兼办分类工作。对于（一）来文关系档案，随文附送（二）需要某项文件，可以一索即得两层，尚未办到。"②

---

① 《行政效率》1935年第2卷第1期。
② 《行政效率》1934年第1卷第11期。

四　省府合署办公与公文改革

（一）省府合署办公的背景

省制改革是近代中国政制改革的核心点之一，而省府合署制早在清末便已出现，即督抚合署办公，但效果欠佳。民国成立后，1913年1月，袁世凯颁发《现行各省行政官厅组织令》，要求各省公署实行合署办公，除极少数省份执行外，绝大部分未曾实施。南京国民政府成立后，实行训政。为避免晚清以来地方大员独揽大权、军阀割据，继而威胁中央权力与权威之困境，南京国民政府在地方政制设计方案中，重县而轻省，将省定位于中央与县的联络机关。为限制省主席的权力，在省制上实施委员制，即省政府委员会是事实上的权力核心，而非省长。这种制度虽能一定程度上限制省长之权，但附带而来的弊端亦是很明显的。

省府合署办公前，国民政府省县组织的基本状况为："上自中央，下至省县，皆苦于头重脚轻，官多事少。中央取各省经费以养多官，而省之建设费少。官集于中央，则省之建设人才少。县之视省亦犹是，省取各县之经费以养各厅处，而各县之建设费少。"①"省广大而县缩小，论经费则省极巨而县极微；治官之机关太多，而治民之机关太少，一切政令无法执行。"② 可见头重脚轻的行政架构不特造成治官之机构甚多，而办事机关甚少，更导致行政经费随行政级别从高到低层层递减，甚至是悬殊巨大的问题。细而论之：从横的方面来说，"各厅处骈肩而立，各成系统，各固范围，各私财用，凡属甲厅主管之事件，率不许乙厅过问，而事涉两厅以上者，往往迁延不决，权则相争，过则互诿"③；从纵的方面来说，"省与各厅处，县府与各局科，均各截然两极，中央部会，往往认省厅为其直属机关，省之厅处认县之局科亦然，彼此直接行文，遂使省府与县不克层层节制，所谓主席代表省府监督所属执行省政，各县长综理县政之规定，乃均托空言。"④ 行政系统纵、横之间均出现行政壁垒分明、事权无法集中的问题，"孤岛"式的行政体系对于

---

① 《行政效率》1934年第3期。
② 《浙江自治》1937年第2卷第5期。
③ 《省府合署办公》，《独立评论》1937年第230期。
④ 《从现行政制说到省府合署办公》，《浙江自治》1937年第2卷第5期。

公文处理而言，是极为有障碍的。

甚至就县官署而言，此种状况自不能免，"今日西北河南等省，感于县政之不统一于县长，有牵掣散漫之弊，又感于穷僻县分之经费短绌，各机关不敷开支"。①

可见，上至中央、下至省县，行政官署机构的骈枝均较多，部门重叠，人浮于事，浪费严重。尤其是机构众多，政令分歧，易致政事耽搁和延误。这种分歧所造成的浪费在公文处理上亦是明显的，"就拿'等因奉此'的公文和辗转传递这种公文的手续来说罢，其中就不知道消费了多少的精力和金钱"。② 这是实行合署办公制度的深层次原因。其中，文书处理之改制，又为合署办公制之重点。

(二) 省府合署办公的实施

1934年，德国行政学者晏纳克受"全国经济委员会"之邀来华研究中国的行政改革问题。晏纳克周游数省，深入考察，最终完成《地方政制改革意见书》，提出地方政制改革的6大问题，其中重点之一为"主张省府合署办公，以利省政府政令之统一"。③

1.《省政府合署办公办法大纲》

1934年7月5日，军事委员会委员长南昌行营为求增进省政府行政效率，颁布《省政府合署办公办法大纲》。该大纲的出台，主要是基于以下几个方面的考虑："(一) 紧缩省府复杂的组织，充实县府组织；(二) 打破各厅处并立的现象，与政府的纷歧；(三) 所谓'主席代表省政府监督所属执行省政'，及'县长综理县政'的规定，才是名符其实，完满充分的予以实现。"④ 暂定于豫鄂皖赣闽五省实施。

---

① 《省府合署实为良制》，《行政效率》1934年第3期。另，梁华玮在《国民政府实行省政府合署办公制度缘由探析》(《许昌学院学报》2015年第1期) 一文中将国民政府实行合署制度实施前之省制的弊病归纳为：省政府与各厅处呈现割裂局面；省厅组织消耗经费巨大，致使省县呈现头重脚轻局面，造成基层组织极为不稳，无法维持正常行政运转；中央之院部与省之厅处之间单线联系，致使省政整体被肢解，省政无法良好运行，政令无法良性执行；省县之间隔阂增大，沟通障碍重重，省对县的监督效能低下，县政效率低下。

② 《县府和省府的合署办公——我国地方行政的组织》，《民间 (北平)》1935年第1卷第18期。

③ 张锐：《地方政制改善的途径》，《行政效率》1935年第2卷第5期。

④ 《省府合署办公》，《监政周刊》1935年第127—128期。

该大纲对于公文工作的规定主要见于第四条—第六条，指明省府合署办公后各机关对外发文的基本权限。

　　第四条　省政府合署办公后　一切文书概由省府秘书处总收总发　由主管厅处承办　分别副署或会同副署签呈　主席判行　但主管厅处依其职权监督指挥所属职员或所辖机关之事务进行者　在不抵触省令之范围内　仍得自发厅令或处令
　　第五条　省政府合署办公后　省府所属各厅处　上对中央院部　下对专员县长或市长及其所属之科或局　均不直接往覆文书　概以省政府之名义行之
　　第六条　省政府合署办公后　各厅处所拟之命令或处分　经主席判行而已　以省政府之名义发布者　如发觉有违背法令逾越权限或其他不当情形时　依下列之一提议　经省政府委员会之议决　仍得自行修正　及分别停止或撤销之：（一）依省政府主席之提议者；（二）依主管厅处长之提议者；（三）依其他厅长处长或委员之提议者。①

2.《省政府合署办公暂行规程》

1936年10月，行政院公布《省政府合署办公暂行规程》，并废弃之前的《省政府合署办公办法大纲》。大体规定了省政府秘书处、民政、财政、教育、建设四厅及保安处一律于省政府公署内合署办公；一切直属省政府之机关，除已合署者及呈准行政院特准设置外，应分别裁并或量为缩小，改隶于主管厅处；各厅处及其所辖各机关之组织暨各科股之职掌，应依现在实际之需要，重新划定厉行裁并。② 此为解决"濡滞矛盾，重复隔阂，推诿龃龉之弊"③ 等问题。合署办公确实收到了明显的效益："经费节省、人员减少；责任明确、政令统一；行政效率提高"④，等等。该规程涉及机构间公文处理的有：

---

　　① 《省府合署办公办法大纲（南昌行营于七月五日以治字八五七五号训令遵办）》，《湖北省政府公报》1934年第50期。
　　② 钱端升：《民国政制史》，上海人民出版社2012年版，第406—407页。
　　③ 《行政效率》1934年第1卷第5—6期。
　　④ 林绪武、奚先来：《南京国民政府的省政府合署办公问题探析》，《南开学报》2007年第6期。

第四条　省政府合署办公后 除本条第二第三两项规定外 所有文书应以省政府名义行之

各厅处对于行政院所属主管部会之命令 应迳行呈覆

各厅处依其职权监督指挥直辖职员或直辖机关之事务进行者 在不抵触省令之范围内 仍得自发厅令处令或布告

第五条　省政府合署办公后 一切文书概由省政府秘书处总收总发

凡用省政府名义之文书 由主管厅处分别或会同主稿呈主席判行 并由主管厅处长副署

前项呈判文书主席认为有修改意义或办法之必要时 交由各主管厅处修改之

第六条　省政府合署办公后 各厅处呈拟之命令或处分经主席判行并以省政府之名义发布后 如发觉有违背法令逾越权限或其他不当情形时 依下列之提议经省政府委员会之议决　仍得自行修正及分别停止或撤销之

一、依省政府主席之提议者

二、依主管厅处长之提议者

三、依其他厅处长或委员之提议者①

通过这两个合署办公的出台，基本界定了省府、各厅处、行政院及其各部之间的行文办法。并通过此，将对外发文的权力集中于省政府秘书处，且须经省政府主席判行，从而强化了省政府主席的地位，是从委员制到首领制的一个转变。省府合署办公后，公文实行集中办理，相较于以往各厅直接给各县、各科下命令从而造成政令分歧是一个重要的改进。另外，从前各厅处须用公文向省政府请示，现在只有签呈，这就敏捷多了，手续省了，效率也提升了，拿广西省政府来说，"收发文则合署持较前减少一半还多"②。但其缺陷也是明显的：既然所有公文须以省政府名义行之，但又规定了"主管厅处依其职权 监督指挥所属职员或所辖机关之事

---

① 《省政府合署办公暂行规程（民国二十五年十月二十四日行政院公布）》，《浙江省政府公报》1936 年第 2784 期。

② 《地方政制改善的途径》，《行政效率》1935 年第 2 卷第 5 期。

务进行者 在不抵触省令之范围内 仍得自发厅令或处令",这一方面给予各主管厅处一定的行文自主权,但另一方面又带来一个问题:"各厅处与省令不抵触的命令甚多,究用府讼抑用厅令或处令,似乎模棱两可。"①此外,南昌行营的办法对于公文处理手续来说不是减少了,而是增加了。其第四条规定"省政府合署办公后,一切文书,概由省府秘书处总收总发,由主管厅处承办,分别副署或会同副署,签呈主席判行",这样一来,来去文书就多了下列的手续:

> 一是来文由收发送秘书长分发各厅处;二是去文由各厅处副署后送主席判行,判行前经过秘书核阅、秘书长核阅。而判行后,缮写、校对,是在省府还是仍在原该厅处,各有各办法。湖北,定往省府,而河南则仍分交分各主管处承办缮写校对。校对后,当然仍送省府用印封发,岂不较麻烦么?故合署办公后,平常公文必较从前为迟慢。②

具体而言,省府合署办公后,公文收入的系统表为"(收入)(登记)(递送)(分厅)(递送)(登记)(递送)(送厅)省府传达——总收发——公役——秘书处——公役——总收发——(公役)(传达)(收入)(递送)(分科)(递送)(登记)(递送)(分股)(递送)——厅收发——公役——秘书——公役——科收发——公役——科长——公役——(分办)(拟稿)股长——科员/事务员(总以十八人之手)"。③相应地,公文稿送核系统表为"(送核)(初核)(登簿)(复核)(递送)(重核)(递送)（核印)科员——股主任——收发——科长——公役——秘书——公役——厅长——(登记)(递送)(转送)(递送)(初核)(递送)(复核)(递送)厅收发——公役——省府总收——公役——秘书——公役——秘书长——公役(判行)——主席(总经十七人之手)。"④手续的增多,要求"省政府及各厅处之文书,应采科学管理方

---

① 《省府合署办公制之利弊》,《北平周报》1934年第92期。
② 《省府合署办公试验的几个问题》,《行政效率》1934年第5—6合期。
③ 甘乃光:《中国行政新论》,商务印书馆1943年版,第172页。
④ 同上。

第四章　行政效率运动与公文改革　　　　　　　　　　185

法，预期迅速缜密简便，每日每周文书之收发及承办，除机密要件外，均应分类摘由统计，列表互送主席及各厅处长查考。"①不过，正是手续的增多，文书处理相较以往会显得麻烦迟缓，这种情形对合署办公的新制产生不良的影响。

　　原来以为省府合署办公会在很多省份得以推行，然而"很意外的，施行省份并不十分多"②，为什么会出现这种情况？公文处理的迟缓是其中的重要原因，甚至于"有若干省的厅长不满意合署办公，就是在这一个原因上。"③

　　当然，省府合署办公毕竟给了地方省府一次公文处理改革的机会，这种机会的运用及处理的方式自不相同，福建省府合署办公后的公文处理即为典型一例。福建省府实行合署办公后，草拟了改良公文办法大纲，规定了三项原则："府文总收发，厅处文各自收发，但保安处承办之府稿，仍照旧办理；管卷方法，一律按照性质，交主管厅处分存，另由府置总管一人；科室发函事项，由各厅处自行拟办。"④但自拟合署后公文改良之大纲，但初期的公文收发并未收到效果，"尔时全府文件，虽亦统收统发，但原调收发人员，仍以厅处为单位，各司其事、各自某谋，名合实分"。⑤事权不能集中，人员不能统一，终至"名合实分"。后闽府对此进行改革，成立文书股，全府收发文件，迳由文书股直接处理。所有收发文编号，各采用一条鞭法，废除旧式簿册，另改用复活页纸登记。收文纸每套五张，每五张各分一色。每张五条，每一条为一号。并对科内人员进行严格约束，改由秘书处加委，以便利文卷收发集中管理。经过再一次调整，基本做到以文书股作为省府公文收发的中枢和信息集散地，事权统一、人司其职，成效甚佳，"不两月间，亦竟肃然就轨。收发管卷两股，工作日清，新卷都十一万八千余号，每号调检，平均仅费时约三分钟"。⑥

　　其他实行合署办公省份的情形多大同小异，皆能收一定之成效，尽管

---

① 钱端升：《民国政制史》（下），上海人民出版社2008年版，第407页。
② 《省府合署办公制度之研讨》，《政治建设》1939年第1卷第2—3期。
③ 甘乃光：《中国行政新论》，商务印书馆1943年版，第173页。
④ 《三年来闽省政府文书管理及人事管理之改革》，《福建县政》1937年第2卷第2期。
⑤ 同上。
⑥ 同上。

并不十分显著。而且，对于省府合署办公的整体来说，反倒是公文改革最有成效，"唯一可能的效果只在公文程式的小改革，实无关宏旨。"① 尽管无关宏旨，尽管只是小改革，但毕竟相对有成效。

不过，即使有成效，省府合署办公后的公文处理改革仍弊端不断，最根本的原因，亦即省府合署办公成效不大的根源："与其归于是项办法之不良，毋宁责备中央政令之缺乏系统。中央各院部会既然政出多门，毫无一贯之系统，而省政府又有恪遵中央机关命令之职责及义务。希望省府不将中央的命令照样传递到县政府，实为超出于可能范围以外的玄想。这就是省府合署办公办法未能达到预期成效的根本原因。"② 这在实行省政府合署办公后，行政院关于中央各部会对省政府各厅处行文程式的训令中亦得以体现。合署办公开始时，"中央政令最重要者，由院令省府，次要而属于部会署专管者，则由各部会署酌定，或咨省府转饬厅处，或迳以命令行政主管厅处转陈省府转饬遵行"，可见，重要的事项，以行文系统而言，当以省政府为中心的，但1937年行文系统的调整则出现了多个中心，"嗣后中央各部会署对省政府各厅处，得直接发令，各要处亦应迳行呈复，惟以有时间性及单独性之事体为限。其一般公文，仍以省政府为直接主体"③。政出多门、政令不一、体系不统本是省府合署办公后公文改革不能取得较大成效的痼疾，本该适时调整，但其后的政策中，非但未能调整，反倒愈加强化，更为紧要的是，强化的是重要案情，而非一般公文，成效不高自不用评论了。

第四节　公文处理

行政效率运动期间，对于公文处理的要求较之以往更需要有实际的效益与效率的提升。要从哪些方面进行提升，提升到什么程度等都是公文处理过程中必须要解决的问题。

---

① 《省府合署办公》，《独立评论》1937年第230期。
② 同上。
③ 中国第二历史档案馆：《民国时期文书工作与档案工作资料选编》，档案出版社1987年版，第260页。

一　公文处理的现状

公文处理在行政效率提升方面的作用早已被时人洞察至深,"论行政效率者,莫不首先注意文书处理之是否迅速简捷"①,公文是为传达政令之工具,若"处理不慎,势必影响行政效率,对于国家社会的损害,尤其重大。"② 不过,自1927年南京国民政府成立以来,虽对公文进行多次改革,也曾收到某些效果,但直至行政效率运动推行前,公文处理的效率始终差强人意,"虽几经改革,而复杂仍未少减,'等因奉此'亦非老于此中者莫辩。时间浪费,国币虚縻"③,是什么造成了这一问题?

现行机关文书处理程序普通言之,共有十六个步骤:收发员摘由登记;送总枢机关或负责长官;批交各主官部分;各主官部别之收发人员登记摘由;送各主官长官;主管长官分交各承办人员;各承办人员拟办;主管长官核可,由部别收发员送总枢机关或负责长官;经核可后发还主管部别;承办拟稿;主官长官核稿;总主任或负责长官判行;交录事室缮写;送监印室用印并校对;收发员登记发出;稿件归档。④ 程序显然过多,再加上套语盛行、语句冗长、词义晦涩等不仅阅读、领会花费时间,甚至抄写更耗人力。"往往因为经过四五个机关,要引述四五个机关的案卷,一件公文,总在千字上下,在这样长的公文中,不仅不易得到纲要,而且白白费掉许多阅读抄录的时间,这是最不经济的事。"⑤ 邵元冲就曾注意到机关里的事务官"因为承上启下的例行公文太多,手续太繁,一天到晚,忙在这些文书工作上,也就无暇顾到许多实际的事业。"⑥ 精力全都耗费于公牍本身的处理,反而忽略了实际的政务处理,本末倒置,更有案例说明公文处理改革的紧迫性:

> 有一次江宁县长梅思平先生在中央大学演讲,曾说及一件有趣的

---

① 周连宽编著:《公文处理法》,正中书局1942年版,第1页。
② 内政部、康驹编:《公文处理法》,中央训练委员会发行1940年版,第6页。
③ 《如何促进行政效率》,《警醒》1935年第2卷第11—12期。
④ 张金鉴:《行政学提要》,大东书局1946年,第124页。
⑤ 《怎样提高政治效率》,《行政效率》1934年第1卷第8期。
⑥ 同上。

事，原来江宁县某乡有座桥很危险，假如不修，春夏间山洪暴发时，必至冲毁，小则阻碍交通，大则影响附近居民生命，但一县的事务用钱在若干以上须由省府通过，于是上呈文，省府照例一搁就是几星期，后来又闭门造车的批复，这样不对，那样不合，发下来重新计划。计划拟好后再呈上去的时候，又是搁了几星期，等到准下来的时候，桥早已被水冲了，修也修不成了，所有计划等于白费，不过公文在镇江和江宁间旅行数次而已。"①

如果说因公文往复时日滞缓导致行政事务搁置，那么公文相互承转则更显呆板和缺乏效率。"江苏各县发生一件盗索，要分报七八处，如省政府，民政厅，保安处，绥靖督办公署，绥靖分署，清乡总局高等法院等等，如是这个强盗通缉得到否姑置不论，却已尽公文转辗传递的能事了。"② 大机关尚且如此，对于规模更小或稍小（如县级机构）的行政官署而言，公文处理效率更是令人堪忧，不但方法迥异，而且创新不够。"尤其是规模较小的机关，对于公文的处理，仍是因袭以前惯例，各自为政，不特各种程序和手续，甚为繁复，即方法上，亦各不一致。"③

更为可笑的是，虽然层层审核为公文处理必经手续与环节，但若只是变成走走过场，甚至连核阅也免了，只是签字判行，就显得尤为荒唐了。甘乃光亦曾叙述某机关公文处理之事实："某机关有一公文，文稿上面拟稿科员经已盖章，科长初核，秘书复核，亦已盖章。司长，次长亦经在稿面上核定，部长又经盖章画行。但公事到达缮校之手，将稿面反转过来，其余各面全无一字，实为一张空白公文稿。缮校书记，老于世故，不敢声张，急走问拟稿科员。原来该科员因感觉此公事颇为重要，故拟稿时郑重将事，用另纸先打草稿，惟后来忘记抄写在稿面纸内，而科长至部长，对于此重要公事，连稿面亦不翻一翻，已核定判行了，稿面虽盖满章，内容实是一件无字公文，空白纸稿！此乃'层层节制'变为无一层负责之好例证"。④

---

① 《如何促进行政效率》，《警醒》1935年第2卷第11—12期。
② 同上。
③ 内政部、康驹编：《公文处理》，中央训练委员会印行，第86页。
④ 《文书处理改进刍议》，《法商学报》1947年第1卷第1期。

中央各部既有此种情况存在，县政府部门自不能避免。左洪畴在《如何方可增进行政效率》一文中，指出县政府文书处理手续繁冗之例："吾校本季曾建一两操场，自呈请建筑之日起，迄奉命开工之日止，为时将近一载，文书往返，不知达多少次，如此繁冗之手续，安见有所裨益于实际？适足以减少作事之效率。以在城区两机关相率咫尺者尚若此，其他边远之区交通不便者，更何待言。"①

二 公文处理的原则

周连宽曾对公文处理的原则有四个方面的界定："公文要尽量循直线运行；手续要严密，责任要分明；簿册要尽量归并或减少至最低限度；便于稽考"②，达此要求，既有技术上的提升，又要制度的保证，可谓已触及公文处理的实质。王辅宜认为，处理公文必须合乎三种原则："时间之迅速；内容之确实；人工物力之经济"③，但三者同时兼重十分困难。相较于周连宽的界定，王辅宜的分析多侧重技术层面，但亦切中肯綮、深中要害。

不管是四个原则，还是三个原则，公文处理首先是有效率原则，即用最少的人力、物力，在最短的时间内达到最大的收益，这才是公文处理问题的实质。处理本身包含诸端头绪，有程序、内容、时间、技术等，但狭隘言之，通常是为收文、发文，亦即收文处理的敏捷与发文处理的迅速，从而使信息的流动不随时间的延长而渐失其价值，达到政令的贯彻与执行。而公文处理的基本流程大致为"一切公文无论轻重，大体不均匀 由总务司分发主办司科，下行至科员，拟具办法，逐次上达到部会长官，批示后再发下原承办机关，拟稿后复逐次上达部会长官划行，乃交总务司文书科缮校"④，即为公文处理的司科制体系。既要使处理程序、手续完备，又要使之富有效率，这恰是行政效率运动期间不能忽视的实际问题。

当然，从上述几个案例中可见，公文处理的过程本身包含机关人员的

---

① 《如何方可增进行政效率》，《江汉思潮》1935 年第 2 卷第 5 期。
② 周连宽编著：《公文处理法》，正中书局 1942 年版，第 1—3 页。
③ 《处理公文应用科学管理之商榷》，《抗震与交通》1939 年第 18/19 期。
④ 《用科学方法研究行政效率》，《科学的中国》1934 年第 3 卷第 12 期。

工作作风与官署间职能的重叠问题，当将这几个问题都视为公文处理时，这就是其广义而言的处理。如此一来，公文处理确实需要遵循适当的原则：

首先，层级分明、避免职能交叉的原则。公文处理往往不单单是仅涉某一机构、部门，而是数个、甚至是十多个部门卷涉其中，有主办，有协同，有主签，有会商。这种错综复杂的关系网络下，必须层级分明，该负责的必须负责，不能推诿，更不是反客为主、职能交叉。

其次，程式明了、避免撰制久延的原则。公文程式的制定是否妥当，是否在贯彻执行过程中快、效、简，都直接决定和影响行政效率。故，公文程式的制定宜简不宜繁，特别是少争议、利领会执行。

再次，手续简化、避免程序耽搁的原则。无论是收文还是发文处理，手续皆经过数十道，任一道稍有迟延，必致整盘运转缓慢。故，手续的处理应予以简化，甚至取消，才利于实质性过程的有效运行。

最后，送达快捷、避免传递延误的原则。公文处理程序本身是否快慢是公文处理的核心部分，但公文的传递亦是其重要组成部分。程序处理的快，但传递的慢，反而没有效率，这一点往往被人所忽视。是故，公文传递本身应是构成公文处理的重要内容。

三 公文处理的改革

公文处理的改革，曾有不少人提出各项改革办法。邵元冲曾提出几种改良办法："一种是参考法院判决书的办法，其内容以主文来赅括全部判决的结果，再叙事实来说明事实的经过，再是根据事实引法律来说明判决的理由，使人一目了然。一种是参考军队命令和报告的办法，分条列举，要言不繁，简单清楚，或者附以略图解释，更是容易了解。还有一种是参考电报文字的格式，一般电报文字，除民元武昌都督府常用长篇文字折拍发外，普通电报，总是比较简单的，简捷了畅明达，以后我们如果能够参考这几种办法来办公事，一定可节省很多的人力与时间。"[①] 邵氏从内容与格式两个层面提出了公文处理改革的建议，两个层面的核心要点为简，即内容简单、格式简单。这样的提议当然是有道理的，但公文处理的改革

---

① 《怎样提高政治效率》，《中央周报》1934年第331期。

绝非此两层面所能囊括的。也有人提出，公文处理可以依照不同性质与种类来进行：别来文职掌的工作，归在收发处；分别来文急要性的工作，归在部长办公室；来文分发的手续，有些是除了密件（密电）之外，由收发处迳行分送各主管署司；送登公报的手续，拟由主管长官决定，不必以部次长；拟稿、核稿要盖章签名，以明责任。① 还有人对公文处理中缮写用具提出改进建议：现在各机关缮写用具计有毛笔、钢笔两种，用打字机者甚少。据实地调查，各机关司缮写人员之薪金自三十元至百元不等，就中以四十元至六十元者为最多，而每人每日平均所缮楷书约为三千字，殊嫌工作迟缓，增加公文延搁时日，若采用打字机，则训练之打字员每人每小时可打八百余字，是一打字机可做二人之工作，以前雇用二十个录事之机关，可减为雇用十个打字员。至打字机之价格亦不甚贵，如商务印书馆之出品，每机自二百五十元至三百元不等，而德人发明之盆达司司登塔公文打字机每机为五百余元。采用打字机缮写公文的益处有：减少录事名额；减少公文延搁时间；减少档橱地位；便于油印；便于复写；字体清晰，排列整齐，便于阅览；无笔划讹错之虞。②

不管提出何种建议，均属理论上的分析，欠缺实践的考量，下即以公文处理改革的实例来论述之。

（一）几个实例

公文处理有统一的程序，但无统一的具体操作办法。各机构由于规模、职能、业务量等差异存在，公文处理的具体方法自然迥异。但不管怎么样，能缩短周期、节省人力、提高效率当为公文处理改革之成功的着眼点。在这一问题上，诸多机构进行了相应的改变，并收到较好的成效。

1. 江阴公安局公文处理改革③

收文簿方面，以前是制定收文簿二册，一存收发员，一存总务股。凡遇收到文件，摘录事由，等详为登记，然后将该文件移交总务股。总务股按照登记入簿，审查该项文件系何股承办，则分发各股。第二者之登记，虽为备便查核，免有遗漏，然如此作来，殊觉繁重。

---

① 《行政效率》1934年第1卷第9期。
② 《行政效率》1935年第3卷，第2期。
③ 《江阴公安局公文改革》，《行政效率》1935年第2卷第11期。

发文簿方面，以前发文，其手续与收文簿相同，亦一存收发处；一存总务股；凡发文件，先由总务股，将月，日，号数，发处，本件，发文号数，摘由，附件，等详为登记后，然后将该项公文，发交收发员登记。此种办法，意在双方有簿，可以对核，然对于行政效率，殊嫌迟缓。

江阴公安局之收、发文簿各分存两处，即收发处、总务股，意在于可核查照，但所经手续较多，层层备案、登记，殊为迟缓，有碍于公文处理效率的提升。

江阴公安局随后对之进行了改革：收文簿方面，只备一收文簿，交收发员登记。收发员与各职员同室办公，遇有收文时，收发员将应登记事项，一一登记完毕，并将簿同文件，交总务股，使检簿收文，并加盖私章于收文簿上，表明已收到此项文件，改用此法，既省重复登记之烦，又免周转费时之累，轻而易举，捷便多矣；发文簿方面，兹为改置一簿，交收发处，由收发员一人登记，并有缮校印发归档簿可资稽考，亦不致有所遗漏也。

2. 湖北省公路局

湖北省公路局改革前的公文处理基本流程为"先由收发汇呈局长批阅，再行发交秘书室依类分科；转折既多，处理不免稍形迟滞"，行政单位的主官因其事务繁忙，若所有来文均由局长先行批阅，必使其深埋于文卷之间，安得有暇去处理其他政务？若又有其他重要政务处理，实际上，必定是这样，处理文卷的时间又必会缩短，能否认真审核所有公文，实打问号。1936年，公路局修正了公文处理办法，"凡收发室收到各方来文，即送秘书室分科拟办，遇有疑难者，由主管人员签注意见。呈请局长核示办理。至例行文件，则签稿并送，以省时间，而资讯达"，并且，这种修正在实施后，收到了较好的效果："旅行以来，案无留牍，颇著成效。"[①] 严格说来，湖北省公路局的做法相较许多机关而言，实算不上什么创新，因为一般的官署的公文处理即遵循着秘书处（总务处）核稿，单位（机构）负责人核示的基本操作办法。但相对于之前的处理办法，湖北省公路局的改革至少是一个进步。

---

① 《湖北公路月刊》1936年第一卷第一期。

3. 某县政府公文处理

某县政府公文处理，其基本做法一开始不是由秘书机构拟办，而是先由县长披阅，再送秘书室分科办理，似乎走了一条湖北省公路局曾走过的、并无效率的老套路，但恰恰就是这样的"老套路"，该县的公文处理在实际操作过程中，反而收到了较好的效果，如下图示①：

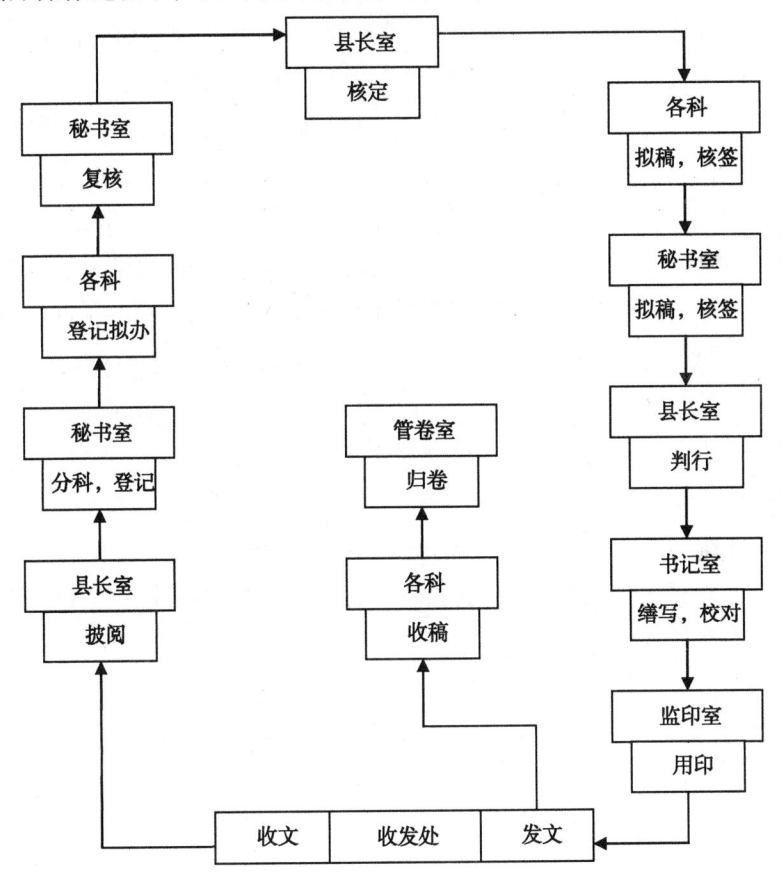

```
         县长室
         核定
    ↑              ↓
  秘书室          各科
  复核         拟稿，核签
    ↑              ↓
  各科          秘书室
 登记拟办       拟稿，核签
    ↑              ↓
  秘书室         县长室
  分科，登记      判行
    ↑              ↓
  县长室         书记室
  披阅         缮写，校对
    ↑              ↓
              监印室
              用印
    ↑    管卷室         ↓
         归卷
          ↑
         各科
         收稿
          ↑
   收文  收发处  发文  ←
```

在该县的公文处理程序图中，始终处于核心环节的当为县长室，收文先由县长披阅，可对于本单位所有往来行政业务情况了然于胸，并经各科与秘书之手后，再行核定与判行，始终能掌握与决定重要事项的安排。因为县的规模普遍不大，事权集中相较省府、中央各部而言毕竟占据一定的优势，而且这样办法并非特例，不少县皆采用此种公文处理方式。譬如浙

---

① 《如何增进县行政效率》，《苏衡》1935年第1卷第3期。

江兰溪实验室公文处理的手续:"来文先由收发编号,摘由(不分科)登入总收文簿,送给县长核阅。县长核阅以后,发交总办公厅,再由秘书依照公文的性质分科,登入科收文簿(各科循环二本),送给主管科长核阅。再由主管科长指定办稿人员,负责拟办。办稿人员将稿件拟就以后,自行登入工作考查簿(每人一本),连同所办的稿件送给主管科长。主管科长收到稿簿,同时便在工作考查簿备考栏内盖章,将该簿还给原办稿人,同时核阅原稿,并送秘书核转县长判行。经县长判行之后,发交总办公厅,由秘书检送缮校室缮写。缮校完毕,即径送监印室用印,并连同来文一并转送收发室摘由编号,登簿发出。"① 再譬如江苏东海县,收发处处理来文的程序:第一步为慎写摘由笺;第二步为登记收文簿;第三步为分科。收发处处理发文的程序:第一步为审查文件手续及程式是否完备,以后分别专送或邮寄封发。第二步为根据发文底稿,登记发文簿;第三步为发文送档。更具体而论,"盖其来文先由收发室处登记后,即直送县长批阅。该县县长略加检视后,认为比较有重要性质之公文,则盖章或加一记号,表明由科办稿后仍须呈秘书县长复核,如无甚重要之例行公事,则由科办稿后经秘书复核画行即可缮发"②。可见,先由县长披阅之办法虽具有某些优势,但劣势亦很明显,以至于"东海县之公文,多半系秘书代为画行,骤视这不免使人认为县长玩忽。此种办法现虽未有如显著之弊害,但亦殊欠慎重。"③

基层行政官署的工作当系联系民众与政府的重要枢纽,更应强调办文的效率与效益,兹以县的收发文数量对此作一讨论:

姚定尘考察完江苏各县的文书工作后,作了如下的统计:"江苏各县政府每月收发公文之数量而言,普通每月约在四五百件至千二三百件之间,收文发文之件数,大体上无极大之差异。此次江苏省考查各县行政效率委员会所考查之县,其中政务较为简单者如句容(三等县)政务较紧者如吴县(一等县)如无锡(一等县)其收发公文数量上之差异,约为五六百件",具体详见1934年8、9两个月份之统计④:

---

① 《行政效率》1935年第2卷第3期。
② 《行政效率》1935年第2卷第6期。
③ 同上。
④ 《江苏各县文书改革之建议》,《行政效率》1935年第2卷第6期。

第四章　行政效率运动与公文改革

表4-1　　　1934年句容等县8、9两个月收、发文数量统计

县别	县等级	月份	收文总数	发文总数	注明
句容	三	八	五五〇	四六四	此等数目，以稿为单位。例如通知布告等油印品纸以一件计算
句容	三	九	四四六	四五四	
无锡	一	八	九八六	一一七五	
无锡	一	九	九八六	一一九九	
吴县	一	八	一〇二六	一一八一	
吴县	一	九	一三七二	一三八四	
上海	一	八	六七九	一〇二四	
上海	一	九	七八四	一〇一七	

缘于县分为一等、二等、三等，故每等级县的收发文数量有差异，甚至较大。由上表，可以推论普通县政府每日收文之件数，平均当在十五至四十五件之间，发文件数，亦约在十五至四十五件之间。惟上列各县，皆未兼理司法，故此类文件未曾列入。

就各县收发文之性质而论，普通收文，以呈文为多，训令指令及公函函件次之。普通发文，以指令为最多，训令次之，呈文及公函又次之。以吴县、上海1934年八、九月为例①：

表4-2　　　1934年吴县、上海八、九两月收、发文数量统计

	上海县				吴县			
月份 收发数 类别	八月份		九月份		八月份		九月份	
	收文件数	发文件数	收文件数	发文件数	收文件数	发文件数	收文件数	发文件数
呈文	三一四	二一八	三二四	一八四	六七四	一三九	七六三	一五三
训令	一一一	二六六	一五六	二九六	九四	二九四	一六七	三〇八
指令	一〇九	二五二	八二	二五八	六三	四八二	一四五	五六六
公函	六四	五二	一二三	七〇	八〇	一〇六	一一七	一一五
便函	三五	三八	四五	三二	五四	一七	八一	三六
咨文	一一	一	一三	二	六		七	
密令	一〇	六	一二	四	一七	三七	二二	三三
批示		二四		二七		六三		七一

---

① 《江苏各县文书改革之建议》，《行政效率》1935年第2卷第6期。

续表

月份 收发数 类别	上海县				吴县			
	八月份		九月份		八月份		九月份	
	收文件数	发文件数	收文件数	发文件数	收文件数	发文件数	收文件数	发文件数
代电	一五	五五	二一	五〇	二八	一六	五七	五五
通知		一一		七		五		九
布告		二一		一九		一九		二一
护照		三		三				
聘书				三				
报数单				二				
委令		二		二		三		五
谕单		一		二				
通告								
催单		一五		一五				
答复		五		一				
回执		三一		二五	三		一〇	
报告书		一						
表				一二				
批回	二			三				
命令				二		一		
纪录	六				一			
电报					四		一	
电话					二		一	
总计	六七九	一〇二四	七八四	一〇一七	一〇二六	一一八	一三七二	一三八四

从上述统计来看，县府收发文之数量当为正常业务范围，"并非过重"①。不过，特别复杂的如案情侦查之类，必费时耗力，非数日所能完成，甚至累月而不竟。报告书、表等亦大体如此，甚至更为复杂。

（二）公文内容

关于公文内容的改革，张金鉴曾有过精辟的论述：

> 文书内容。现行之官文书在内容上亦有不少缺点，应加以改善

---

① 《江苏各县文书改革之建议》，《行政效率》1935年第2卷第6期。

者。第一为过重格式，上行，平等，下行种类繁多，文中用词亦多有一定之限制，所谓公文程式之一套，实无异作茧自缚也。第二为文言分歧，公文上之文字，与普通言语相去甚远，其弊害所及不但形成行政之迟缓与困难，且足以阻碍社会之进步。第三为不负责任，官样文章，多取模棱两可之语气，意欲圆滑取巧，或者取相互推诿以图卸责。第四为封建色彩嫌浓厚，现时之政府为人民之服务机关而非镇压与统治之衙门，其文书应平民化，不可以官气凌人之语气出之。①

并提出改进建议：

今后对官文书之内容应力求改善，公文程式应力求其简单化，使应用上之根制减少，以期灵活。其次应尽量采用表格，减少文字上之浪费。至于文字之内容亦宜平铺直叙，求其简单明了，不必舞文弄墨，沿用陈腐格式与腔调。中国文字之改造应于公文书内试行之，期其进步与经济。隶书之采用为中国文字史上一大进步，此种改革即发生于政府之书吏，今日我官文书中亦宜有相似之改革。②

张氏所提出的几点改进办法，确为切中肯綮、一语中的，尤其是公文文字之改革。

1. 采用新式标点

公文使用标点的呼声一直未曾停止，南京国民政府成立后虽提倡公文句读且加标点，但一直未有下文。直至1933年，国民政府行政院发布第3510号通令，规定公文应采用简单标点，各部会定于8月1日起实行，各部会附属机关定于9月1日起实行。包括：

，逗号

。句号

「」提引号

『』复提引号

…… 省略号

---

① 张金鉴：《行政学提要》，大东书局1946年版，第124页。
② 同上书，第125页。

—— 专名号

(　) ⌒或 括弧

10月，国民政府发布训令，指出"查公文标点办法，中央党部暨教育机关行之已久，近复经该行政院酌加采用，通令所属，定期实行。"① 规定自1934年1月1日起，所有各级官署公文采用新式标点。至此，公文标点的革命算是正式启动。包括：

，逗号　用于意义未完之语尾

。句号　用于意义已完之句末

「」提引号　凡文中有所引用时，于引用文之首末适用之

『』复提引号　凡引用文中另有所引用时，于另引文之首末适用之

……省略号　凡文中有可省略句语时，用以表明之

—— 专名号　用于国名人名地名机关名称及其他各种专名之左旁，但专名之习见者可省略，文中如有相连之专名，可以顿号代之

(　) 或 ⌒　凡文中有夹注词句，不与上下文气相连者，适用之

2. 简体字与行政效率运动

1935年，教育部为推广社会教育暨小学教育起见，特拟定推选简体字办法三项，即"一、由本部聘集专家，选定简字表公布，依述而不作之原则，但就向所有者选采之，向所未有者不复创制。二、经部公布之简体表，仍应酌定分期增订办法，以便采纳各方意见，逐渐扩充简字数量。三、简字强制适用之范围，暂限于民众学校课本，民众读物暨小学课本，其详由部斟酌定之。"② 并于当年6月4日向行政院提请审议，行政院经审议通过。

不过，教育部推行简体字的主张在朝野间引起强烈反响，支持与反对各执一端，对垒明显。反对简体字者认为，"何独吾国今日认数千年之正体字，厌其繁杂而求简易，将平日一般人视为草率不恭之字，而意以部令，使全国上下实行"③；实行简体字，"有背中国古文化；文字是声做的，简体字太不好看；简体字一推行，旧字会没有人认识了；学生

---

① 北京市档案局（馆）编：《民国时期北京文书档案工作史料选编》，中国档案出版社2012年版，第148页。

② 《行政院通过推行简体字》，《教与学》1935年第1卷第1期。

③ 《我对于所谓简体字之意见》，《中华周刊》1935年第530期。

只知道简体字，不能看古书"。① 时任湖南省主席何键更是批评猛烈，"字之容易认识与否。不在笔画的多寡。而在有无意义"，"果真推行简体字。则平常误写别字的。也可以说是一种简体。那末。人人都可以造字了"，"如用简体字。无形中拆散民族的统一与团结。弊害之大。曷可胜言"。②

反对推行简体字者，多从文化的传承角度来看问题，且占据优势。但从行政效率的角度来说，推行简体字，意义同样重大。行政与文字关系密切，大凡典章制度、律令准则、政令修辞无一不是信托文字来进行。"但字形繁复，不易书写，实为事实上之困难"③，如若换成使用简体字，则情形大为不一样："我们通常处理文书所感到不易化繁为简之事亦须经三次以上之登记录由，为便于将来稽考，故录由手续虽繁而事实上不可省。今若应用简体字，则人力节省而办事速度可以增加。关于保管档案，每一事由常须作二种或三种分类登记以便稽考，若用简体字，则在正字登记二种之时间内，简体字可以登记三种分类案由，其便利自无待言。"换言之，在民国新式政治制度下，要使传统的士、农、工、商等皆能在民主、平等的氛围中，同等地享有知识获得的权益，避免使文字仅成为士绅阶层的特权，繁体字难胜此任。就官署活动而言，政令的传达尤其是面向基层民众的信息传递，不光言简意赅，更需要首先能让人读明白。要使基本处于文盲状态的基层民众知晓政令内容，"字形繁复"当不甚取，而"至如告示批文用简体字则一般浅学民众，均易于了解行政处置。呈文诉状可用简体字，则平民易于作书向官府陈述意起。"④，即简体字不失为一种有效的选择。就行政机关的行政效率而言，"写一简体字较写一正体字只费一半时间，费力少而成事多，其效用自属敏捷博大"⑤，"是则用简体字不但可增进行政效率，且可增进民主政治之福利"。⑥

光从行政效率来看，推行简体字固然合情合理，但提倡的呼声终究敌不过反对的声浪，1936年1月17日，国民政府颁布训令，要求暂缓推行

---

① 《社会杂写——简体字的反对论》，《中国社会》1936年第2卷第3期。
② 《湖南省主席何键反对推行简体字》，《论语》1935年第77期。
③ 《简体字与行政效率》，《行政效率》1935年第3卷第5期。
④ 同上。
⑤ 同上。
⑥ 同上。

简体字。同年2月13日,中政会第六次会议议决,停止推行简体字。

3. 公文内容的缩编

为达行政效率最大化,公文不能过于繁冗与晦涩,左右绕圈、顾左右而言他,内容的缩编是对其质量的最基本,亦是最重要的要求,如[①]:

未经缩编的公函全文:
案据××省政府××年×月××日　　呈称
「案据本省建设厅厅长××××年×月×日」
　　签呈称,『案据本省公路管理局××年×月××日呈称,一案奉钧厅××年×月×日晏子第××号训令以奉省政府转奉行政院二十六年一月九日第零零一三号训令,以准铨叙部公函,公务员任用送审期限及其支给薪俸办法,自二十六年一月一日起实行,所定代理人员于二十日提出任用审查表件,主管机关于十日内核转铨叙机关,上项日期之计算标准,规定代理人员提出表件日期,以本人所送「公务人员任用审查表」年月栏内所填日期为准,主管机关核转日期,以原送审机关发文日期为准。等因:奉此,自应遵照输。依照××省公路管理局组织章程第三条之规定,本局设秘书一人,科长二人均荐任。自前任秘书×××随同前局长去职,科长×××已转他往,×××因病辞职,呈奉明令免职后,所遗各该缺额,由前任局长及局长分别派员代理,尚未依法呈荐。奉令前因,应即遵令送审,以重铨政。查有现任代理秘书×××曾任荐任职,经铨叙部荐任职登记合格,合于公务员任用法第三和第二款资格之规定。现任代理科长×××,大学毕业,曾任荐任职,考绩合格,并由××部所属机关之现任荐任技士调任现职,合于公务员任用法第三条第二款及第五款之资格。现任代理科长×××,××××××专门学校毕业,著有专门著作,经高等文官考试及格,分发××省政府任用,以荐任官试署已在一年以上,合于公务员任用法第三条第一款之资格。以上三员,自经委代现职以来,核其常识,经验,健康等项,均与拟任职务相当,兹饬据提出公务员任用审查表,于一月二十日送到,由局长亲加

[①] 《公文改革的几个实验》,《行政研究》1937年第2卷第7期。

考核，并将表内应由机关长官填写各栏，依据表说，填写完竣，所拟级俸，均照暂行文官官等官俸表，各该员应得应升等级，分别拟叙。理合检同该拟任秘书×××等三员任用审查表各四份，暨各该员资格证明文件，开具清单，一并具文呈请呈厅鉴核，俯准转请荐任，实为公便」。等情。计呈送×××等三员任用审查表各四份，证明文件三二件，清单一纸，据此，查核该局所称各节，尚无不合，除指令准予照转，并将任用审查表抽存三份备查外，理合检同原表件，备文呈请钧府鉴核转呈任命。』等情。据此，经提出本省政府委员会第×××次会议决议，「通过」。除将任用审查表各提存一份备查外，理合检同原件，具文呈请钧院鉴核，俯准送审呈荐，实为公便」。

　　等情。据此，相应检同原件，函请

　　贵部依法审查见复。此致

　　铨叙部。

　　　　计检送任用审查表三份，证明文件三十二件，清单一纸。（全文计共九百零五字）

缩编后的公函：

　　案据××省政府××年×月××日呈称。

　　　　「查本省公路管理局秘书科长，均系悬缺，兹拟任×××为该局秘书，××××××××为该局科长，检同任用审查表件，请鉴核送审呈荐」。

　　等情。据此，相应检同表件，函请

　　贵部依法审查见复。此致

　　铨叙部。

　　　　计检送任用审查表三份，证明文件三十二件，清单一纸。（全文计共百十四字）

四　公文传递

张金鉴指出，"公文之传递……可以利用现代之交通工具，如火车、电车、轮船、飞机、汽车等去节省时间增进效率"[1]。抗战前，公文传递在基础设施建设、传递途径、传递效率等方面较之以往均得以迅速提升。

（一）加强邮政基础设施建设

1. 邮局的增加

国民政府成立后，在基础设施建设方面取得了相对较大的成绩，蒋介石曾在多个场合的演讲中强调了交通建设的重要性：如发展交通的重要；对交通运输事业的指示；推行驿运制度的指示等，邮政基础设施建设自不例外。铁路、公路、航空、轮船等比较迅速的发展为公文快捷、有效传递提供了基础性保障，裨益自不待言。公文传递的方式大致有铁路运输、公路运输、航空运输、水路运输、步行及自行车等。就拿中西部经济、社会发展相对较落后的地区来说，邮政的建设是富有成效的。就陕西省来说，1931年到1937年间，邮政局所的设立是逐年增加，详见表4-3[2]。

表4-3　　　　1931—1937年陕西省邮政局所数量统计

年份	管理局	一等局	二等局	三等局	支局	代办所	域邑信柜	村镇信柜	村镇邮站	代售邮票	合计
1931	1		17	35	2	202		62		10	329
1932	1		17	35	2	206		59		9	329
1933	1		17	36	2	209		51	5	11	332
1934	1		17	44	3	208	1	62	5	22	363
1935	1		18	52	4	218	1	131	5	28	458
1936	1		20	61	4	243		156	3	36	524
1937	1		20	69	4	275		176	3	33	581

这种增加，不仅表现于一、二、三等支局数量的增长上，还表现于代办、域邑信柜、村镇信柜的递增上。这既是邮政事业发展的表现，亦是公文传递环境改善的表现。

2. 邮传方式的多样

就传递方式而言，公文大体有步行传递、自行车传递、汽车传递、铁路传递和航空传递。机构间驻地较近或其他方式均不适合的情况下采用，

---

[1] 张金鉴：《行政学提要》，大东书局1946年版，第20页。
[2] 陕西省邮电管理局邮电志编纂室编：《陕西省邮电史志资料》（第二辑），内部发行1988年版，第29页。

如地理位置险恶，非得人力而为者，皆可用步行传递或自行车传递，远程传递可用汽车、轮船、铁路等，更为重要者，且多限于军用方法，可用航空传递方式。

当然，除上述传递方式外，在国民政府初期，人畜力仍是不可忽视的重要运输工具。这要表现在马车、骡车以及用肩挑等运送邮件和包裹。这些寄递方式主要出现在乡村镇一级的行政机构，如民国22年（1933），宝鸡县在陇海铁路修至宝鸡时，步班邮路遂停。兴平县自民国8年（1919）建邮直至1949年，邮件转运投递全靠肩挑人背，接送火车靠一位年逾花甲的听差扛、挑搬运。遇到邮件多时，叫老伴或孩子无酬协助背运，有时雇用推车。若遇天雨邮件多时雇轿车。该时期，利用畜力车和人力寄递邮件还存在。①

3. 邮政建设的代表

随着邮政设施建设的发展，邮务函件的数量亦在逐年增长。这种增长，必然包含公文传递业务量的增加。

首先，就陕西省而言，1930—1937年7年间，其国内函件业务量显著增长，1937年较之1930年增长了近4倍，如表4-4所示②：

表4-4　　　　陕西省国内函件业务量统计（1930—1937）　　　单位：万件

年份	业务量
1930	351.3
1931	496.1
1932	742.7
1933	915.6
1934	1464.1
1935	1897.3
1936	1468.2
1937	1539.6

---

① 史雷：《晚清民国关中地区邮政发展研究——以邮政局所的变迁为中心》，硕士学位论文，陕西师范大学，2012年。

② 陕西省地方志编纂委员会编：《陕西省志·邮电志》，三秦出版社1998年版，第160页。转引自胡贝贝《民国时期陕西邮政发展研究——以1931—1945年为中心的考察》，硕士学位论文，延安大学，2013年。

其次，就贵州而言，贵州地处大西南，自然条件险恶，经济发展长期停滞。但随着地区经济的缓慢发展，其邮政基础建设亦逐步开始有起色。30年代，航空邮路788公里，占邮路总长度的5%；汽车邮路972公里，占邮路总长度的13%；步班邮路12886公里，占邮路总长度的82%。到1937年底，在全省的81个县中，已实现全程车运的22县，邻近公路、能够半车半运半步运即部分纳入车运体系的55县，仍然全程步运的只剩下4个县。由贵阳发往各县的邮件，当日可到者有安顺、黔西、遵义、独山等16县，两日可到者有玉屏、毕业、盘县、镇远等19县，三日可到者有织金、兴仁、铜仁、紫云等14县。其余罗甸、榕江、威宁、册享等31县一般需4—5日或6—7日不等。

交通建设的改善，带来了公文传递的便利。这一时期，邮政函件包裹得以显著增长。1928年收寄函件2384400件，包裹8200件；1931年收寄函件4289300件，包裹24700件；1935年收寄函件5175000件，包裹14900件；1937年收寄函件8884174件，包裹16322件。[①]

再次，以湖南省为例，民国成立以来，湖南省的邮政建设整体上处于上升阶段，其方式亦有步班邮路、水道邮路、汽车邮路、铁道邮路等。自民元以来，迄于抗战前夕，其邮政建设详见表4-5[②]。

表4-5　　　　　1912—1937年湖南各类邮路里程详情　　　　　单位：公里

年份	步行邮路	水道邮路	汽车邮路	铁道邮路	全省邮路总里程
1912	8374	750			9124
1913	10409	750			11159
1914	9886	750			10636
1915	9886	750			10636
1916	9666	1555			11443
1917	无统计数字				
1918	无统计数字				
1919	13041	2962		310	16313

---

① 顾文栋：《民国时期贵州邮政事业的发展》，《贵州文史丛刊》1989年第4期。
② 湖南省地方志编纂委员会编：《湖南省志邮电志》，第98—99页。转引自王斌《湖南邮政研究（1899—1937）》，硕士学位论文，湘潭大学，2008年。

第四章　行政效率运动与公文改革

续表

年份	步行邮路	水道邮路	汽车邮路	铁道邮路	全省邮路总里程
1920	17222	2238		310	19780
1921	17761	2238		310	20319
1922	16669	2428		310	19407
1923	17148	2428		310	19886
1924	17100	2428		310	19838
1925	17169	2428		310	19907
1926	16514	2428		310	19680
1927	16475	2428		310	19213
1928	16034	2428	172	310	18634
1929	16537	2428	304	310	19579
1930	16062	2428	858	310	19658
1931	18392	2046	978	358	22524
1932	18269	2745	1036	358	22408
1933	17993	2744	1082	357	22176
1934	18125	2871	1398	357	22751
1935	18473	2871	1752	357	23453
1936	18140	2909	2527	696	24272
1937	18566	2909	2641	693	24809

最后，再来看山西省，到1937年，全省局所达到469处，邮路总长度达17555公里。其中铁路邮路969公里，汽车邮路1155公里，步班邮路15431公里。① 山西邮政随着邮路的拓展，其业务范围不断创新，到抗战前基本开办了中华邮政的所有业务项目，各种业务呈蒸蒸日上之势。以最普通的信函来说，1937年山西邮政仅寄发函件一项就达17625600件，较民初5267700件增长了3.3倍。②

（二）简化公文传递手续

曹钟麟先生在内政部的实际调查，发现公文运转迟缓："每一简易之公文，自收文以至于发文，平均须八天之久；其稍有疑难者，平均需时两

---

① 山西邮电志编纂委员会：《山西邮电志》，山西人民出版社1995年版，第2页。
② 同上书，第167—168页。

星期至三星期之间。若与私人或普通公司办事之效率相较，则为一与五十六之比。为此，曹钟麟建议："减少簿册之重复登记；减少核阅之层级。"① 内政部亦对此进行相应改革，详见表4-6②。

表4-6　　内政部改革收发文件登记簿册省手续情形

司科处别	改革前登记手续		改革后登记手续		比较	
	旧用簿册名称	登记手续	新改簿册名称	改革办法	旧用簿册	新改簿册
收发处	总收文簿	摘由登记编总收文号送司	名称仍旧	手续仍旧	摘由登记编号送司	手续仍旧
	总发文簿	摘由登记编号封发	名称仍旧	手续仍旧	摘由登记编号封发	手续仍旧
各司	各司室收文簿	摘由登记编号分科	各司室收文稽核簿	摘由登记编号随簿交科免去各科登记手续	摘由登记编号分科	手续仍旧
	各司室发文簿	送稿时摘由登记留司存查	各司室送稿稽核簿	送稿时摘由登记并将签稿编定字号填入稿面	摘由登记	摘由登记编字号
	送稿簿	录由登簿随稿呈送判行及送缮	送稿簿	将旧用簿内案由栏改主办司（室）签稿字号栏省去录由手续	录由登簿	录字号登簿
司科处别	旧用簿册名称	登记手续	新改簿册名称	改革办法	旧用簿册	新改簿册
各科	各科稽文簿	摘由登记科收文	废去	将各科稽文簿内重要栏详列司收文簿内故废去各科稽文簿	摘由登记	废去
	各科签稿稽核簿	送稿时摘由登记留科存查	废去	将各科签稿稽核簿内重要栏详列司送稿稽核簿内故废去各科签稿稽核簿	摘由登记	废去

---

① 李朴生：《公文改革底商榷》，《行政效率》1934年第1卷第3期。
② 同上。

续表

改革前登记手续		改革后登记手续		比较	
书记处	送签簿	文件缮正后摘由登簿随文送校送印送发及归档	缮文传送簿	旧用簿内案由栏改为主办司（室）签稿字号栏省去录由手续并增加承缮人一栏以明责任	摘由登记	录字号登簿
监印处	用印登记簿	摘由登记用印文件	记印簿	旧用簿内案由栏改为主办司（室）签稿字号栏省去录由手续并增加记印及件数二栏	摘由登记	录字号登簿

上表可见，内政部的收发文件登记簿册改革确实是尽量减少了不必要的手续，各司中，收文簿、发文簿、送稿簿皆进行了不同程度的精简，各科中，稽文簿与稽核簿的废除无疑节省了不少手续。

当然，简化公文手续并非一味去繁就简，该保留的手续必须保留，该必经的程序必须经过。否则，一味追求简，有时反倒因简误事，尤其是官署与人民之间的公函往来。如1933年，北平市政府转发行政院关于人民呈请之批示一律兼用文书送达的训令，指出："各机关对于人民陈请之批示，多属沿海旧习，揭示于各该机关门首，听由陈请人民前往该机关门首探视。乃因批示日期，无一定之时日，揭示时日，亦无一定之日数。流弊所至，自非陈请人自请之日起，即须前往各机关门首守候，无由得知。废时失事，莫有甚焉。否则须纳弊胥吏，浼为探听抄送本人，而酬金之多寡，既须人情为转移，亦视案情之轻重。一事之请，动耗多金。使人民对于机关陈请，视为畏途。"有鉴于此，行政院决定："嗣后对于人民呈请之批示，一律兼用文书送达。"[①]

[①] 北京市档案局（馆）编：《民国时期北京文书档案工作史料选编》，中国档案出版社2012年版，第153—154页。

第五节　公文人员

行政效率运动期间，吏制及公务员制度的研究亦是其中的热点。不过，公务员的办事效率却并不为多数人看好，时人对于当时机关人员之工作效率曾作如下评价"我国官厅工作闲散，冗员众多，所有工作至多不及工作人员全部百分之三十。"① 且不论这样定性是否全面、合理，但至少表达了现实的情况。人是生产力中最活跃的因素，行政工作人员的素质直接决定行政效率，若确如时人所言之当时行政机关工作效率不及百分之三十，机关效率诚低矣。公务员就其身处部门及类型来说，"可分专门与普通者二种。如陆海军，海关，邮政等，非有专门学识不可。如文牍，书札，管理等，普通人才即可。"② 换言之，就公文工作而言，文书人员多为辅助性人员，但恰恰是这一类的辅助人员，对于行政效率的提升有着较大的影响，因政令的主要工具为公文。对其分析评价，能从一个侧面反映行政效率运动的得失。

一　中央各部会公文档案管理人员

就横向来说，中央各部会公文档案管理人员人数相较其他部门职员较少；就纵向而言，由中央至省、县的公文档案人数亦是逐步减少。其基本规律就是逐层逐级递减，各机关公文档案人数至参差不齐，除了机构职能、员额定数等原因外，还受制于公文处理业务量的繁简。

以行政院为例，行政院秘书处总务组文书科档案股共有职员十人：设股主任一人，科员资格，月薪二百元；其他为科员一人，月薪一百八十元；书记官四人，月薪一百六十元者一人，一百二十元者一人，八十元者二人；书记四人，七十元者一人，六十元者一人，五十元者二人。工役四人，得二十，十八，十四，十二元者各一人。③ 可见，行政院秘书处总务组文书科档案股人员不过10多人。

---

① 《用科学方法研究行政效率》，《科学的中国》1934年第3卷第12期。
② 《怎样提高行政效率》，《时代公论（南京）》1934年第95期。
③ 《行政院档案股》，《行政效率》1934年第1卷第12期。

再来看实业部、财政部各厅司科收发人员的设置状况,见表4-7①。

表4-7　　　　　　　实业部各厅司科收发人数俸给

厅司科	专管或兼管人数	每月俸给
参事厅	兼一人	六〇
秘书厅	兼一人	一六〇
技术厅	兼一人	四五
林垦署	专一人；兼一人	六五；五〇
总务司	兼一人	一二〇
一科	专二人	各五〇
二科	兼一人	一一〇
三科	兼一人	五〇
四科	兼一人	一四〇
五科	兼一人	五〇
农业司	兼一人	六〇
一科	兼一人	八五
工业司	兼一人	一六〇
商业司	兼一人	一六〇
一科	兼一人	七五
二科	兼一人	五五
三科	专二人	共一九〇
四科	兼一人	五〇
五科	兼一人	四〇
矿业司	兼一人	一〇〇
一科	兼一人	八〇
二科	兼一人	一八〇
三科	兼一人	一六〇
渔牧司	兼一人	一四〇
二科	专一人	九〇
劳工司	兼一人	四五
一科	兼一人	六〇
二科	兼一人	六〇
三科	兼一人	五五

实业部各厅署司科的收发人员约30多人,除为数极少的专职外,基

---

① 《中央各机关公文处理概况》,《行政效率》1935年第2卷第2期。

本都是兼职，月俸也不高。可见，公文人员虽有员额之规定与设置，但专职配备极少。(见表4-8①)

表4-8　　　　　　　　财政部各署司厅处科收发人员俸给

处所	人数	每月俸给	备注
秘书厅	专一；兼一	一六〇	兼管科收发；兼登记归档文件
参事厅	专一；兼一	一一〇	兼管卷
关务署	专五	共四七五	
总务科	兼一	八五	兼拟稿
关政科	兼二	共一六五	兼拟稿
税则科	兼二	共一二〇	兼拟稿
计核科	兼一	八〇	兼保管存科卷宗
监务署	专二；兼一	共三四〇；八〇	兼缮写
一科	专三	共一八〇	一科分三股每股一人
二科	专三	共二一五	二科分三股每股一人
三科	专二	共一一五	三科分二股每股一人
税务署	专九	共七九五	兼管翻译电报等
总务科	兼一	六〇	兼缮写管卷
主计科	兼一	六〇	兼缮写管卷
捲菸税科	兼一	七〇	兼缮校及捲于商标登记等
棉纱矿产税科	兼一	八〇	兼缮校及书报管理
面粉火柴水泥税科	兼一	七五	兼缮写及书报管理
印花菸酒税科	兼一	八五	兼缮写及书报管理
驻京办事处	兼二		兼缮校
总务司	专一	六五	兼管第一科收发
二科	兼一	八〇	兼管全部职员进退升调登记
赋税司	专一；兼一	八〇；一六〇	兼拟稿
一科	兼一	六〇	兼缮写
二科	兼一	八〇	兼缮写
三科	兼一	六〇	兼缮写
公债司	兼二	共二四五	兼本司会计庶务及债券抽签等
一科		五五	兼校对及全司收文

① 《中央各机关公文处理概况》(续)，《行政效率》1935年第2卷第4期。

第四章　行政效率运动与公文改革

续表

处所	人数	每月俸给	备注
钱币司	专一；兼一	八五；一六〇	兼本部会计
一科	兼一	一二〇	兼银行注册及办理普通文件
二科	兼一	一二〇	兼填发运现运券护照及办理普通文稿
三科	兼一	八〇	兼缮写重要公文
四科	兼一	四〇	兼缮写及华文打字
国库司	专二；兼一	共三一五	兼管档案
一科	兼一	一一〇	兼办稿
会计司	专四	共三六五	
一科	兼二	各六〇	兼管物料一兼办稿
二科	兼一	八〇	兼办稿
三科	兼一	四〇	兼缮写
四科	专一	六〇	
五科	专一	一〇〇	
合计	七二	六一一五	就中计兼管者三四人

　　财政部的情况与实业部较为类似，只不过，专职人数相对实业部为多，但这不能改变两部公文人员绝大多数为兼职的事实。从实业部、财政部下辖各机构收发处人员设置来看，总的人数为数十人，主要是办理缮写、打字、管理档案等一类琐杂事务。正因为公文档案人员许多是兼职，往往出现用人不够甚至短缺的问题，特别是在整理规模较大的旧卷问题上，不得不采用向社会公开招聘的办法。如"内政部为改善档案管理，实行文书档案连锁办法，感到旧卷整理颇需时日，原有管卷人员不敷分配；因于上年（1934）十二月登报招考是项临时工作人员。投考资格限于高中或同行程度学校毕业，年在十八岁以上三十岁以下者。考试科目分文书处理法，档案管理法，及图书馆学三种。"[1] 结果报考人数意想不到的高，"不数日，报考者已达三百七十八人"[2]，经过考核，最终录取了14人。

---

[1] 《记内政部档案整理员考试》，《行政效率》1935 年第 2 卷第 3 期。

[2] 同上。

二 县公文档案人员

相较于中央院部和省厅机构，县级机关公文档案人员不仅数量少，而且技术人才极其匮乏。如，1930年，浙江萧山县的行政编中，秘书仅1人，下辖办事员5人。①蔡国铭考察完江宁自治实验县政府档案室以后，所反映该县公文档案人员的状况概更能说明这一问题的普遍性，"档案室有五个人工作，但其中两个是整理期间临时添派的，将来整理完竣，就只有三个了。他们说因为经费支绌，所以不能多用人。……五个人中，有两个是科员，一个拿八十元一月，一个拿七十元。一个是办事员，每月三十元钱。两个是书记，每人才拿二十四块钱一个月。另外还有一个工人，月薪是十块大洋。"②

县级机关公文档案人员数量之少，真的是或者仅仅是因为"经费支绌"之故么？县级机关公文档案人员虽数量少且为办事员，但像秘书或科员之类均是通过正式考试途径选拔任用。首先来看县行政人员的任用资格。民国24年（1935）十二月七日国民政府公布县行政人员任用条例，关于科员的任用资格包括下属之一即可任用："凡具有局长或科长之资格者皆可；惟关于考试后取得之资格则不限曾任委任职一年以上，关于劳绩取得之资格，则不限中等以上学校毕业；其他如现充或曾充县政府办事员，或书记，继续服务三年以上，而有成绩者；曾在教育主管机关认可之中等以上学校毕业，并曾任行政事务一年以上者；曾任小学教职员二年以上者；曾办地方自治二年以上，确有成绩，并有相当之学识者；于普通考试举行前在内政部备案之各省县政训练机关毕业者。"③

上述规定有两个显著特点：一是要有行政（教育）历练经历；二是须有知识，此二者恰是办理公文工作所必需。然而，县级机关公文档案人员的数量之少不惟与县级机关政务活动之简有涉，还与工作环境有关。李朴生指出这一症状之源：

> 县政府因为经费支绌、知识分子喜欢集中都市，不愿在乡村工

---

① 方新德：《国民政府时期浙江县政研究》，浙江大学出版社2012年版，第80页。
② 《江宁自治实验县政府档案室参观记》，《行政效率》，1935年第2卷第3期。
③ 钱端升：《民国政制史》（下），上海人民出版社2008年版，第560页。

作，尤其在二二等的县份，这两个问题真够使一个县长要找能干的职员，感着极大的困难。县政府本是要做事的，不像许多高级机关办公文就是做事，以县政府偏听则暗之少，工作之多，就是全部人员全副精神去做事，也有'日不暇给'的情势。奈何现在县政府有不少高级职员却把精力尽耗在'国文教员改课文'的工作。这，因为现行的公文有一定的程式，尤其是上行的，如出了岔子，小者责问，大者也许撤职，总之，面子不好过。所以县政府对于公文便不能不在'推敲'上兢兢业业。县政府所需要的本是技术人才，实务人才，绝不是文章之士！可是在这情势下，县政府经费少，员额少，若要罗致'文武全才'的人物，不能得，则宁取文章之士，求公文的'驾轻就熟'，可以敷衍长官之耳目，不愿取实务人才以求实惠于人民。上级机关对于这个问题是不容易注意到的，因为现在的机关组织，经费支配，都像倒立的金字塔，上级机关有比较宽裕的经费，有比较有关的人才，公文程式可以损害能力，减低办事效率，是不易得知的。①

可见，除了经费的问题外，还有诸如专业技能、与长官之私人交情、敷衍塞责等综合因素相关。"不积压公事，不推诿责任"② 本是对公务人员两方面的要求，然而，因为诸种原因，到了县官署公文档案人员这边，情况就悄悄地发生了变化，即县级机关的公文处理人员面对日益繁重的文书工作，不得不穷于应付，甚至闹出"科员政治"的笑话。

1936 年，汪精卫任行政院院长，其妻陈璧君企图兴办自己的实业，见国际市场上机油价格看好，故要行政院通令各省调查适宜种植桐树的荒地。结果发现浙江桐庐县填报的调查表上说该县有适宜荒地 20 万亩，汪、陈即前往实际查勘。但接待的桐庐县县长却根本不知此事，本县沿江也没有如此多荒地。后经查验档案才发现，是县政府建设科某科员所填表，其认为此为例行公文，表随意填毕后只要送出就无事了，结果造成令县长尴尬的笑话。③

---

① 李朴生：《县政府的公文处理》，《行政效率》1935 年第 2 卷第 3 期。
② 《行政效率与服务精神》，《行政效率》1934 年第 4 期。
③ 董中生：《七省主市幕中记》，载《中外杂志》第 44 卷第 3 期，1988 年 9 月，第 115 页。转引自方新德《国民政府时期浙江县政研究》，浙江大学出版社 2012 年版，第 83 页。

第六节　行政效率与公文革新的评价

行政效率运动是南京国民政府自成立以来，迄于败退台湾，这28年期间，在理论研究、实证调查、行政改革等方面成效最为显著，然显著中之显著者，当属公文档案改革。就积极意义而言，此次改革对于公文档案革新运动产生了深远的影响。

首先，行政效率运动从理论意义上奠定了现代文书档案学的诞生

中国近代的文书档案学产生的直接动因是行政效率运动，因其为中国近代文书档案学的产生"提供了体制条件，并奠定了方法论、人才、实践和理论等方面的基础"①。第一为体制推动，行政效率运动的突破口是公文档案改革，使得原本"深藏不露"的官府公牍由幕后走向前台，由卷阀把持走向专业管理。国民政府还通过各项法令对公文档案的程式予以规范，从体制上对之进行推动与管理，确保公文档案的改革在行政效率运动的大背景下不断深入；第二为专家推动。一大批留洋学成归国的行政人员，在科学管理思潮的影响下，纷纷指陈公文利弊得失，从理论上进行了深层次的分析、讨论。最为重要的是，这些理论研究成果并不仅限于"相互切磋"，而是付诸实际，并在改革过程中予以再发现、再认识。

其次，行政效率运动又是一次成效有限的运动，公文改革仍然局限明显

行政效率运动涉及面广、内容复杂，选择对物不对人的文书档案改革作为该运动的突破口不失为一种良策，而且效果明显。不过，技术上的改进不可能使行政效率运动真正深入下去，它只是某一方面、某一层次的调适，而且，公文只是政令的推行工具，它既由行政所产生，亦受制于行政本身。当公文改革需要行政作出进一步的改革以利促进时，问题就产生了，"在国民党派系纷争、人治高于法治的情况下，即使从纯技术层面来进行行政改革仍不可避免触动某些利益群体而招致重重阻碍，敷衍塞责、徒托空言的现象比比皆是"②。正是受制于这样的行政大环境，省府合署

---

① 徐辛酉：《"行政效率运动"对中国近代档案学产生的影响》，《山西档案》2006年第4期。

② 孙宏云：《行政效率研究会与抗战前的行政效率运动》，《史学月刊》2005年第2期。

办公后的公文改革仅限于数省,未能推向全国,使之不能成为有规模、有气势的改革运动;正是受制于这样的大环境,在公文管理中,卷阀把持案卷的现象甚难杜绝;正是受制于这样的大环境,公文程式也罢,制度也好,终是摆脱不了旧式的、繁复的公文体例。

第五章　抗战时期的公文改革与行政效率

上述几章讨论了相对和平时期各政权对于公文改革的具体做法，本章讨论1937—1945年8年抗战期间的公文改革与行政效率。由于抗战期间，全国一切人力、物力、财力皆集中用于抗击日本军国主义的侵略并打败之。如此一来，抗战时期的行政效率相对于1928—1936年期间的行政效率的评价有所不同。它更强调经济、效益和立竿见影的成效，以服务和服从于整个抗战的大局，即公文改革必须适应于战时行政效率之亟须。

第一节　战时公文管理机构

抗战初期，国民政府先后于多个战场发动淞沪会战、太原会战、徐州会战等一系列大规模对日决战，但终因力量悬殊，节节败退。1938年，武汉失守后，国民政府迁往重庆，作为临时陪都，国府所辖各机关纷纷西迁。如此一来，之前所实施的文书统一管理之机构，特别是"合署办公"模式不复存在。如何在战时继续延续之前所实行过的统一的公文机构呢？

陈国琛认为，"在政府播迁之下，首须注意者，即为其一切行政设计工作，必如何与文书管理求得一适当机构"[①]，如何求这一适当机构呢？陈提出以下机构为参考标准[②]：

一是分科理事。前方代表政令机关，可分为机要、事务两科。这种政令机关可采用单一组织形式，以利于行文之便利。

[①] 陈国琛:《文书之简化与管理》，档案学通讯杂志社编:《档案学经典著作》（第一卷），世界图书出版社2013年版，第399页。

[②] 同上书，第399—400页。

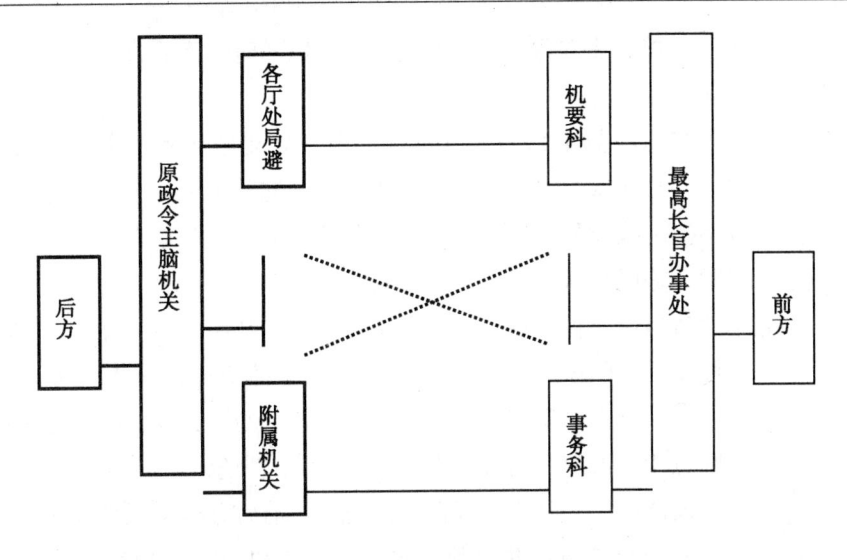

单一组织对于行文之便利①

若厅处长设办公室，即成为骈枝机构，徒增行文层级纷杂、政令回转繁复，对于公文处理的效率来说不是提升反而是阻碍。

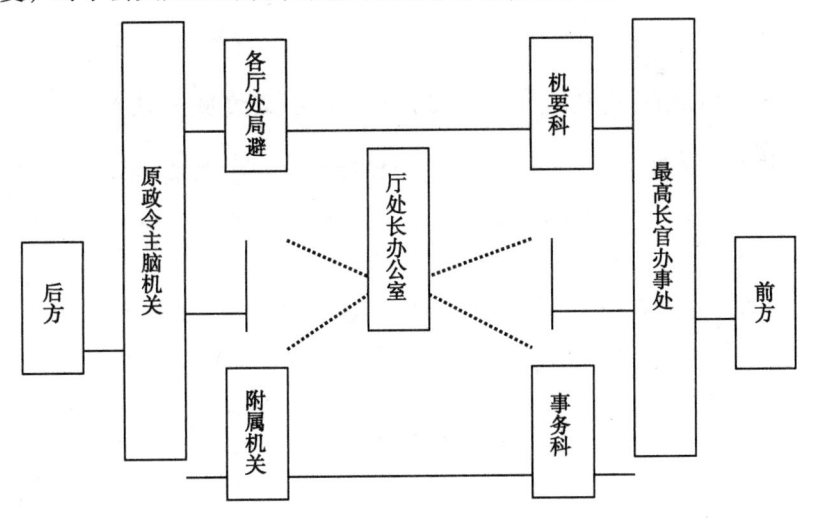

骈枝组织对于行文之濡滞②

二是文件编号。

---

① 《战时文书管理与行政效率》，《地方行政（广东曲江）》1941年第2卷第1期。
② 同上。

三是文稿并档。前方每一发之原稿，亦应以随时封寄后方归档，以不堆积存留，随军转徙为原则。

公文处理多迭经数个部门，虽各自负责，却又是互相推诿，空耗时间，浪费财力，公文旅行之现象就不足为奇了。究其缘由，大抵是为各部门事权划分不清。战时的文书处理若再重蹈此顽疾，行政效率就更为令人堪忧了。对此，陈国琛认为，应作如下划分[①]：

一是柔性清划说。曾有提议将政务主要部分，凡属急性文件，归由前方处理；缓性文件，归由后方处理。陈氏对此不甚赞同，缘于"所谓急性、缓性云者，当有主客观解之不同，甲视为急，乙视为缓，既不能明定缓急界线，则急者亦可谓之为缓，而缓者亦可谓之为急"。

二是刚性划清说。主张用会议形式，明定一前后方行文联络办法，旁及所属机关，并厘定前方办事细则，详列职掌，以求其事权行文之绝对统一。

第二节　公文制度

一　行政院公文改革的导向——《公文改良办法》

1938年7月7日，国民政府行政院颁发《公文改良办法》的训令，强调战时行政效率提升的重要性，并规定战时公文改良的具体方法，其要点有：

一是尽量减少公文数量。第一种是上级机关交下级机关核议事件，若同在一座城市，可将原件发交下级机关并于原件上粘贴答签呈，不另行文；第二种是一般通令及例行呈报备查文件，由收受机关出具收条，不再以公文答复；第三种是机关之间商洽事件，由主管人员尽量接洽，节省公文。

二是尽量减少不必要的公文内容。第一种是尽量采用代电及报告体裁，文字力求简明，并应分段及标点；第二种是电报文字，应删除一切客气及无用字句。抗战前，内政部曾提议公文的体裁改为电报式。电报因为（一）属

[①] 陈国琛：《文书之简化与管理》，档案学通讯杂志社编：《档案学经典著作》（第一卷），世界图书出版社2013年版，第401页。

于紧急性；（二）要论字计费，所以减少无谓的称谓和套语，直截了当。据内政部举例，若用电报式的公文，该部一年可省一百万至二百万字。……每年省二百万字，每月是省十六万，每日是省五千三百字，普通一个书记每日是写四千余字，一个书记的月薪是五十元左右。一部的公文又比较少，若总计中央各机关，更计上各省市机关，这个数目不算小数呢。①

三是格式力求规范与保密。第一种是公文纸式是概用十行单页；第二种是下行公文不摘由；第三种是封套一律改用军机信封，机密文件用火漆钤封。②

1942年，行政院为适应行政三联制改革的需要，再次出台《公文改良办法》。在不到4年的时间内，行政院先后出台两次规定，足以说明公文改良的必要性与迫切性。其最大的特征是简明、实用，即手续省、内容减，能解决实际政务处理问题。这样的改良方案为抗战时期的公文改革奠定了一定的政策先导，对于后续公文处理的具体规定有着宏观上的指导作用。

二 行政三联制与公文改革

抗战初期，国民政府实行高度集权，期能解决效率低下问题。但由于行政系统的弊端积重难返，腐败盛行和机构的臃肿，导致公文积压、公务员坐等公文、人浮于事，行政效率反而不高。1940年3月，蒋介石在国民党中央人事行政会议上发表《行政三联制大纲》为题的训词，首次提出推行"行政三联制"，用蒋介石的话说，其内容是"万能政府建立的主关键……依据我十余年的经验，及研究所得的结果……就要实行行政三联制，即是计划、执行、考核……这个制度"③，换言之，行政三联制就是关于设计、执行、考核三部分组成的行政制度。在此过程中，又实行幕僚长制与分层负责制，这对于公文及处理工作产生重要影响。

（一）幕僚长制

幕僚长制，引申古义，其实就是幕府中办理文书的人，如参谋、书记之类。国民政府在行政制度上仿效西方，设政务官与事务官。各部会下设

---

① 《公文改革底商榷》，《行政效率》1934年第1卷第3期。
② 中国第二历史档案馆编：《民国时期的文书工作和档案工作资料选编》，档案出版社1987年版，第308页。
③ 《行政三联制之检讨》，《新福建》1943年第2卷第5—6期。

政务次长与常务次长,常务次长即相当于幕僚长。1940年冬,国防最高委员会开始在各级行政机关中实施幕僚长制度。重大提案及公文,由幕僚交由政务官处理;一般的提案与公文,由幕僚长负责交由下属秘书处处理。凭借此种制度,幕僚长可以大大提高公文的处理速度,提高行政效率。而主管官员亦有更多的时间与精力去考虑较大的、更为宏观的问题。如此一来,"通常机关上所习见的'尾大不掉'或'脑充血症',都可以不治而愈。"①

(二) 分层负责制

抗战期间,各官署主管官员之间的权责并不十分清晰,常常因为利益而陷入内斗。以资源委员会为例,彼时翁文灏为秘书长,钱昌照为秘书。两人因为权责不清,相互之间又不信任,无论大小事务,都要两人共同决定。以公文而论,任何来往公文均须经正副主任委员过目,甚至一件极不相干之事,亦非两人划行不可。② 如此一来,许多公文办理就在这种"共同划行"中浪费了时间,拖延了处理。分层负责制,"就是各机关内部办事,除应维持各该机关整个性而外,并实形(行)厘订该机关内部各属职权,使其各守范围,不得逾越,亦不得推诿"。③ 分层负责制实际上从法律法规等方面明确了各级官署职员所应担负和所必担负的职责,相较于职业道德层面,分层负责制更能有利于纠正机关的不正之风,利于行政效率的提升。如表5-1所示④:

表5-1　　　　抗战期间国民政府行政分层负责制结构

机关名称	第一层级	第二层级	第三层级	第四层级	第五层级
行政院	院长(副院长)	秘书长(政务处长)	主任	科长	
立法院	同上	秘书长(编译处长)	科长		
司法院	同上	秘书长	主任		
考试院	同上	秘书长	科长		

---

① 吴哲生:《行政三联制概论》,正中书局1943年版,第66页。
② 李村:《世风十像:民国学人从政记》,生活·读书·新知三联书店2013年版,第106页。
③ 吴哲生:《行政三联制概论》,正中书局1943年版,第72页。
④ 同上书,第74—76页。

续表

机关名称	第一层级	第二层级	第三层级	第四层级	第五层级
监察院	同上	秘书长	科长		
各部	部长	次长	署、司、处长	科长	
军政部设署系统	部长	次长	署长	司、处长	科长
考选委员会	委员长（副委员长）	秘书长	科长		
中央公务员惩戒委员会	委员长	书记官长	科长		
最高法院	院长	书记官长	科长		
行政法院	院长	书记官长	科长		
省政府	主席暨委员	秘书长、厅处长	科长		
省政府行署	主任	处长	科长		
高等法院	院长	书记官长	科主任		
监察总署	监察使	秘书、科长			
审计处	处长	主任			
市政府	市长	秘书长、局（科）长			
行政督察专员公署	专员	秘书、科长			
县政府	县长	秘书、科长			

在分层负责下，各级长官的职责考核有了相对明确的标准。就公文而言，各级主管官员的职责主要有：

> 幕僚长：审核下级不能决定之全部文稿；机要文件之办理；指导本机关一切档案文件及图书等之管理等；①
> 上有司处之科科长：重要文件执行之拟议；②
> 不经第一级官或幕僚长判行，由主管司长或科长迳行批发：单位职掌内之例行文件；依列备查及指令令悉等类文件；根据法令规章所为核示而性质不关重要之文件。③

---

① 吴哲生：《行政三联制概论》，正中书局1943年版，第80页。
② 同上书，第81页。
③ 《两年来之行政三联制》，《陆军经理杂志》1942年第4卷第6期。

在所有不同层级的主管官员及普通办事员中，关于公文处理的通行规定有：

> 每日送呈总收发文表，及机关内单位处理文件表，收发文清单（机密文件得另列一表），于次日送呈幕僚长及第一级官核阅，如发现处理错误，可立予纠正；
>
> 由文书之撰拟至文书之审核，关于引用人名地名数目字之错误，应由拟稿人负责。例案及奉令处理之案件，如有错误，应由科长负责。财务机关之数字，应依各该机关情形规定由其上级长官连同负责；
>
> 文书收发至交办、撰拟、审核、缮写、校对、用印、封发，以迄归档，各经办人员均应于办理时注明时间，以明责任；
>
> 为求节省手续及时间，下列各款文件得不经第一级官或幕僚长判行，由主管司长或科长迳行批发：单位职掌内之例行文件；依列备查及指令令悉等类文件；根据法令规章所为核示而性质不关重要之文件；
>
> 根据上级长官指示或法令规章规定办理而时间急迫，不及递级呈判者（但须事后补呈判行）。①

1945年，国民党中央党政军提高行政效能及行政三联制总检讨会议决议案再次提到公文的分层负责制问题，即"行文编号时，重要文件，冠以机关名字。……例行文件编号时，不写机关名字，若仍以第一层官名义行之，则就代行之第二三层官主管单位名字编号，如行政院例行文件由秘书长代行者，编号为'秘〇第〇〇号'至例行文件之较为简单者，得以第二三层官之名义迳行之，如行政院较为简单之例行文件，得由秘书长或政务处长名义行之。"②

哪怕是抗战胜利后，分层负责制的办法仍很盛行，如1946年10月4日，北平市政府制定了《北平市政府分层负责文书简化实施程序》，规定

---

① 《两年来之行政三联制》，《陆军经理杂志》1942年第4卷第6期。
② 《中央党政军提高行政效能及行政三联制总检讨会议决议案》，《役政月刊》1945年第1卷第4期。

了市政府市长为第一层官，合署办公各机关之主官及市府各处长为第二层官（秘书长就其职务上之关系言为幕僚长，就其为秘书处主官言为第二层官），其各科室主管人员（科长室主任等）为第三层官，非合署办公各机关拟办府稿时亦准此规定。①

然而，由于国民政府诸多因素积重难返，加之又是抗战最艰苦的阶段，行政三联制改革并未收到多大的成效，公文方面亦然。"实行行政三联制并没有革除公文往返、办事拖沓、敷衍塞责的弊端。"②蒋介石在1945年3月14日关于中央党政军提高行政效能、行政三联制总检讨会上的讲话也承认："过去幕僚长制度与分层负责办法，均行之而不实在，各机关虽均订有办事细则，大抵都成具文，是宜重加检讨，何种机关应分几层，何种公文，应由第几层主管处理，明白规定，切实奉行。"换言之，1941年开始的行政三联制，4年后的情况并不理想，仅就公文办理时限而言"现在各机关办一件普通公文，动辄十天半月，两个以上机关的会稿，辗转洽商，费时尤多。至于表册调查之繁，令人为之头晕目眩。"③

第三节 公文处理

抗战时期，虽中心工作服务于抗战大局，但相关的行政业务量不减反增，公文的数量自然随此水涨船高。拿1938年6月24日行政院一天的发文量来说，便可见端倪。该日，行政院呈国府"呈请铸造麻醉药品经理处印章由"1件，呈国府各地的免赋简明表文5件，呈国府"拟内政部呈报该部警察总队启用印章日期请备案由"1件，指令内政部"拟呈报该部警察总队启用印章日期请备案由"1件，指令内政部"拟呈报该部警察总队启用印章日期指令执照由"1件，训令内政部"呈国府指令已重申公务人员革除婚丧寿宴浪费暂行规程前陵令仰知照由"1件，指令经济部1

---

① 《北平市政府分层负责文书简化实施程序》，《北平市政府公报》1946年第1卷第10期。
② 白寿彝总主编：《中国通史 第12卷近代后编（1919—1949）》（上册），第2版，上海人民出版社1999年版，第660页。
③ 中国第二历史档案馆：《民国时期的文书工作与档案工作资料选编》，档案出版社1987年版，第381页。

件，训令内政部密函1件，函军委员密1件，咨司法、立法、考试、监察密函1件，电函经济部3件，训令外交财政1件，训令财政部5件，训令教育、财政部1件，训令湖北省政府财政部1件，函中央秘书处陈果夫1件，函行政法院1件，函文官处1件，指令陕西省政府1件，函电内政部1件，函电财政部2件，代电方旭等1件，函电财政部、救济会1件。由上可知，一天之内发文计有33件。发文尚且较多，收文数量则会更多。据统计，行政院每天平均共收发文500份左右。[①] 行政院尚且如此，全国那么多行政机构加在一起的收发文总量恐是多得无法精确统计的。公文数量如此庞大，必然带来流通速度的放缓，如此一来，提高公文处理的效率就成为公文流通便利的重要手段。

一 制定公文处理办法

（一）中央层面

针对各机关于公文处理方面的歧乱之象，为增进抗战效率，1940年7月13日，国民政府颁布《中央各机关处理公文办法》，再次明确了：

> 一、关于公文标点及行文款式仍遵照二十二年（1933）十月二日本府令颁公文标点举例及行文款式办理；
>
> 二、关于公文用纸仍遵照十八年（1929）十月十八日本府划一公文用纸令办理；
>
> 三、关于各机关行文自称仍遵照二十年（1931）四月十六日本府划一各机关行文自称办法令办理；
>
> 四、关于行政院所属各部对省市政府及其所属厅局行文仍照向例分别用咨及令；
>
> 五、行政院所属各委员会及其他各院与军事委员所属部会院对于各省市政府暨所属厅局行文准此照前条分别用咨及令但对各省市政府所属厅局用令时须分咨该管省市政府查照；
>
> 六、关于各机关越级公文应仍交来文机关之直属上级机关办理；
>
> 七、关于公文内长官之签署仍照向例：1. 上行公文在年月日前

[①] 刘大禹著：《国民政府行政院的制度变迁研究（1928—1937）》，社会科学文献出版社2012年版，第182—183页。

缮具衔名盖用小官章2. 平行公文在年月日前盖用签名章3. 下行公文在年月日后盖用签名章。①

1943年，行政院公布《改革处理公文办法》，规定了几下几点：

  划一收发文簿；定期举行公文检查；废弃不必要的登记簿册；废弃公文虚套语句，务求详略得宜；
  公文用纸力求简洁，区分四种不同类型；
  公文寄递力求便利，区分为：
  公文重量：除重要特长及有附件之公文外 普通公文每件公文纸连同公文封合计之重量以二十公分为度；
  公文寄法：除重要必须挂号公文外 普通公文一概不挂号 按照平件寄递；
  公文封上印信：除机要公文外 普通公文封套外而不盖印；
  快递公文：除有时间性之公文必须快递外 普通快邮代电一律改用平寄或平快。②

1943年，国民政府转发文官处呈文，主张各机关通过科学管理的方法来处理公文事务。能电话或能当面解决的，不用行文（重要者除外）；明确了文书处理的分层负责原则；实行文书稽核制度等。

（二）地方层面

1939年，广东省政府公布了限期处理公文的办法，"1. 密件及速要件，随到随办，不得停留。2. 次要件，应即日办清，如文件过多时，至迟不得逾两日。3. 普通文件，如不能即日办清时，至迟不得逾三日。"尤为引人注意的是，该府还制定了缮校文书标准期限表（详见表5-2③。）

---

① 《划一中央各机关处理公文办法》，《国民政府公报》1940年第48期。
② 《改革处理公文办法》，《国民政府公报》1943年第503期。
③ 《广东省政府限期处理公文办法》，《广东省政府公报》1939年第445期。

表 5-2　　　　　　　1939 年广东省政府限期处理公文办法

公文类别	最速件			速要件				普通件（即例件）			
字数约止	四千字以下	四千字以上六千字以下	六千字以上八千字以下	字数过多者	四千字以下	四千字以上六千字以下	字数过多者	四千字以下	四千字以上六千字以下	字数过多者	
缮竣送校期限	即缮即发	不得过一天	不得过两天	由股长负责督促尽力赶缮	限一天内缮妥校对送印	限两天内缮妥校对送印	由股长负责督促尽力赶缮	不得过两天	不得过三天	分日缮写	本府秘书处第一科缮股缮写公文标准期限表
备考	各科长送缮公文由缮校股注明收到日期时刻以备查核并以缮校收到公文之日期时刻起计	同上	同上	同上	同上	同上	同上	同上	同上		

对于最速件、速件和普通件规定了明确的缮写期限，无论字数的多少，最迟不超过三天。这能从法规及规章层面解决文书缮校迟缓的疑难杂症。公文的抄缮历来备受诟病，一是效率不高，二是易生错误，三是抄写字迹不清晰又容易导致公文旅行，即往复询问。抛开所有技术层面的因素不谈，光就期限的规定，明显解决了文书抄缮拖、延、慢等问题，对于提升公文处理的进程无疑具有进步意义。

江西省政府的公文处理办法则从收发、判呈、请示、判行、抄缮等基本环节的办理期限上进行了更具体的限定。1940 年，江西省政府制定了公文处理办法，规定了省府各厅处各科处理公文的基本方法；党政军等机构行文的基本规定；秘书公文的处理规定等。尤为引人注意的是，该办法特地明确了公文的周转时限："一、总收发收文分送各厅处，不得逾八小时；二、各厅处拟稿送判，或签呈请示，重要者不得逾十六小时，寻常者，不得逾二十四小时；三、请示案件，经批复后拟稿送核，不得逾十二小时；四、判行后，立即发缮，缮写不得逾十小时；五、缮正后，陆续发校，校对不得逾五小时；六、校正后陆续送印，印毕送交总收发，不得逾五小时；七、总收发点收后，封发不得逾八小时；八、发文后还稿，不得逾十六小时（以上时间以每日办公时间来计算）。"①

当然，也有对于公文处理的某个具体环节提出改良办法的，如公文承办，就有提出文号中心制、卷夹与簿册等方式。所谓文号中心制，即凡一件公文，在承办过程中，如送核、呈判、发缮、用印，皆记其文号，视文件号码为中心，不必更记案由等，文号登记可省免者，亦省免之。于此有须提明者，文件之号码，应以文件收进时，最初在公文表上登记之号码为准。文件在承办过程中，遇上述种种承转手续，用文件承转簿，记文件号码于其上，省略繁琐之记载，监印用簿，亦可以此化繁为简。于此复须提明者，各机关内部单位之发文即登记于收发印交公文登记表之下半面，无须另为发文簿。而承办稿件人，为便于检查经办事件始末，并为递转凭证，其自用之案稿登记簿，仍不可少。所谓卷夹与簿册，分为红色、黄色、白色三种，紧急文件，则用红色。机密重要之文件，则用黄色。通常之文件，则用白色，收发室及各单位公文递转时，并宜如此办理。②

不过，各地对于文书处理办法并不一致，甚至迥异。陈国琛曾指出，自行政效率运动起，迄于抗战时期，公文程式五光十色、层出不穷，究其原因不外有两点："上无改革之认识与决心者半，下无改革之标准与能力者亦半。"③为此，他提出统一全国专署县市政府文书处理程序，建议如下④："统一收发文处理程序；统一文稿处理程序；统一档案处理程序；统一文卷归档分类表；统一替代文书用具；统一文书用纸管理；统一文书检查方法；统一区乡镇文书处理办法。"

陈国琛的认识无疑是深刻与正确的，做到这4个统一虽未必能最终解决公文处理的低效率问题，但对于规划文书处理的标准与方式是有促进作用的，并进而推动行政改革。

二　纠正效率低的公文处理方式

抗战初期，不少机关向国民政府军事委员会行文，不光事项缺略，而

---

① 《修订江西省政府处理公文程序》，《江西省政府公报》1941年第1209期。
② 《改良文书之建议》，《中央训练团团刊》1943年第173期。
③ 《抗建大业中之灵活政府喉舌问题（下）：统一全国专署县市政府文书管理办法》，《地方建设》1941年第1卷第6期。
④ 同上。

且代表机关简号几多不载,以致军事委员会"查询分发辗转需时,殊属延误时机"。① 对此,国民政府于 1939 年 3 月 31 日发布训令,要求机关文电往复,应"将发文日期、字号、简号,一一分别详注,其有应行加注地址者,亦须一并注入。"并对负责文电事宜的承办人员作出"倘有遗漏不注,即从严惩处该承办人"的决定。② 自 30 年代行政效率运动以来,公文处理的确已逐渐改良,并已取得不少的成绩,但文书处理上的"官衙文章"的余毒仍未彻底根除。有人提出用"新生活标准"来处理低效率的公文处理,即"整齐、清洁、简单、朴素、迅速、确实"③。亦有人提出"合理、便利、经济、有体系"④ 的文书处理原则。不过,公文处理效率的提升涉及从体制到政策、从制度到技术等诸多层面,光从技术上加以改进,只是略有增益而已。

三 不同类型部门之改革

（一）不同层级

1. 省

陈国琛在抗战期间主管福建省政府文书改革创新时,厉行"缩级行文",实施三级行文制度。即凡直属主管院,既已直接令部令省,则旁系之关系院、部,即毋庸再同样"令"、"咨"省政府。如县人事法令的原动设计者为铨叙部,其行文直系,当以铨叙部为第一级,考试院铨叙处、省政府、行政督察专员公署等为第二级,县政府为第三级。三级之间直接行文,缩简旁系行文。并创立了简便表来处理公文的制度,"收效甚宏"⑤。

除在实践上颇有收效外,陈国琛的公文处理简便表亦深受时人称赞,王福沼认为该办法尤佳,并将之细分为如下三种情况⑥:

---

① 中国第二历史档案馆编:《民国时期的文书工作和档案工作资料选编》,档案出版社 1987 年版,第 309 页。

② 同上。

③ 《对文书处理的几点意见》,《训练与服务》1943 年第 1 卷第 5—6 期。

④ 《如何建立合理的文书体系》,《缉政月刊》1944 年第 1 卷第 1 期。

⑤ 陈国琛:《文书之简化与管理》,档案学通讯杂志社编:《档案学经典著作》（第一卷）,世界图书出版公司 2013 年版,第 202—208 页。

⑥ 《处理文书简化之管见》,《江苏民政》1946 年第 1 卷第 2 期。

第五章 抗战时期的公文改革与行政效率

首先，若是下级机关以某事呈请备查备案，上级机关仅须示知准否备查备案者，或某一机关就某一事项相询，而被询之机关仅须答复其所询事项为已足者，均可以简便答复表填复之，办法为下图所示：

（机关长官衔名）签章	附记	到文日期	事由	原发文机关	（机关名称）简便答复表 发文编号 中华民国　年　月　日
		年月日时			
	答复事项			文别	
			附件		
				原发文编号	

［此图实沿用陈国琛所创公文处理简表，详见陈国琛：《文书之简化与管理》，档案学通讯杂志社编：《档案学经典著作》（第一卷），世界图书出版公司2013年版，第208页］

其次，若是上级机关令饬下级机关遵办事项，必须认真督促催办，庶无因循延忽之弊，此类催办公文，亦可代以简明之表式行之，如下图示：

（机关长官衔名）签章	催办事项	原案事由	（机关名称）催办令 发文编号 中华民国　年　月　日 令（受令机关或受令人）
	查此案经于　年　月　日是（原发文编号）令饬办日久，迄未据复，合行催饬，迅将指办事项，克日具报，毋再稽延，为要！ 此令	附记	

最后，常见某一机关呈请备案或核定事件，仅以缺少其中某一文件，需其补缴，或尚需补充说明者，往往再番令知，其间所耗人力、物力，亦不再小，似亦可代之以询查或补正手续通知表，如下图示：

（机关长官衔名）签章	应补正手续	应申复事项	送达机关	（机关名称）查询或补正手续通知单 发文编号 中华民国年月日
			原案事由	
			附记	

陈诚在抗战期间曾主政湖北，对于机构、人事等方面做了大量调整，公文改革亦是其主政湖北期间的一个亮点。面对国民政府公文模式基本沿袭传统的现状，即公文程式上，皆习用陈腐套语，语言上多文白交杂；公文处理上层层请示，级级核准，陈诚对之进行了改革。以"简单扼要"、"分条分项"、"文字通俗"为原则。规定公文处理办法为：与各厅处有共同性质及相关事项者，由主办厅处将办理情形提会报告；有研究性质者，提会讨论；属于各厅处主管业务者，迳由各厅处负责办理；各厅如有不能迳自处理者，可与有关厅处商酌决定，或请示。① 陈诚对于公文处理的改革实际上采用了集中办理、协商讨论、分级负责的办法，集中办理即涉及几个行政部门的事项，由主管部门牵头，要么提交会议讨论，要么专题报告，可以集中办理公文，不致拖延；协商讨论即关涉其他部门，但自身不能做决定者，可互为通气，反复斟酌，或致办文耽搁，但不致敷衍事项；分级负责即属于自身职权范围之事务，可自行依据规定办理，不必反复上下或左右行文，大可节省手续，提升效率。

2. 市（特别市）

1940年，厚和特别市公署制定了《暂行办理文书规程》，对办理文书的专门机构、专门人员、处理时间、收文程序、拟稿判行程序、缮写钤印程序、签呈等作了较为周详的规定。

文书机构与人员方面：总务科总揽文书处理，管理文书人员，文书内容还须通过各科科长之认可，从而形成了总务科、各科、文书人员相互隶属及监督的机构与人事体制。

处理时间：办理文书工作时间是自上班起至下班止，特别重要或紧急

---

① 《湖北省29年度中心业务概要》，湖北省档案馆藏，转引自昌文彬《陈诚主政湖北研究（1938—1944）》，湖北人民出版社2002年版，第51页。

事项则不受此拘束；总务科科长须饬文书股长每月详造一文书办理完竣与否一览表。①

3. 县乡（镇）公所

抗战时期，县级及以下机构的公文处理状况："（一）因为公文过多，事务增多，县政府对于一切政令，每苦不易应付，若事事遵办，格于环境，欲权衡轻重缓急，又恐有违功令，于是不计成效，层层承转，以致所有公文，多成例行的公事。（二）公文既多，办事人员不得不将所有精力，用于案牍上面，因而不能对于本身职务，详加计划，更无余力从事行政活动，积久而视处理公文，为其分内职务，公务执行的效率，无形减少。（三）公牍增多，因员额所限，处理方面，不免草率，或有积压，甚至紊乱纷歧，以致费时误事。"② 县级及以下机关本身就面临文牍过多、人员与经费短缺等困扰，然而雪上加霜的是，"现时各县政府，处理公文，尚无整个的划一规定，其处理程序，仅散见于办事细则或其他规则之中"。③ 更有甚者，县级官署公文处理的手续同样至为繁琐。每一件公文处理，"至少要经过十个以上的程序，自收文起，以至送阅，分办，会签，退签，呈核，批示，拟稿，会稿，核稿，判行，缮稿，校对，用印，发文，退稿，归档等，这十几个程序，在公文的处理中，都是不可少的。"④ 除此之外，县级机关虽规模相对较小，但其公文处理的流程"须经过收发室，秘书室，各科，县长，缮校室，监印室，档案室等七个单位"，极易发生"公文长期旅行"的毛病⑤。故，"欲求文书处理的快捷，必行缩短公文的过程"⑥。

1939年9月19日，国防最高委员会审核通过《县各级组织纲要》，开始推行新县制，它是对之前历届政权县制改革的一个延续与发展。20年代南京国民政府颁布的《县组织法》规定县府设四局一科（有时为二科），后又"裁局设科"，即将局归并于民政、建设、财政、教育等科。1939年通过的《纲要》规定将县府所设科扩大，包括民政、财政、教育、

---

① 《厚和特别市公署暂行办理文书规程》，《厚和特别市公署市政月报》1940年4月。
② 内政部、康驹编：《公文处理法》，中央训练委员会发行1940年版，第6—7页。
③ 同上书，第23页。
④ 同上书，第23页。
⑤ 同上书，第95页。
⑥ 同上。

建设、军事、地政、社会等。科数骤然扩大，带来相应办公人员的增多。以福建宁德县为例，"新县制"实施后，县府设八科，"人员比较从前增八倍之多"①。这种情况当然不是个案，1942年，四川巴县县政府就设置了民政、财政、地政、教育、建设、军事、社会、粮政八科，秘书室、会计室、户籍室、军法室以及国民兵团部。②就全国来看，此种趋势有增无减，到1944年，"县政府内之单位最多者已增到八科九室，人员计达一百五十余人"③。

机构的扩大、人员的增多，部门之间事务交叉日繁，这样一来，公文处理手续更加歧杂繁琐。1939年12月，《四川省政府民政厅联合在川各大学考察县政总报告》指出，新县制实行后，各联保办公方式"仍不脱为传统式的公文政治"④ 陈国琛曾对这样的手续繁琐举了一个鲜明的例子：

> 某县奉到省府甲厅命令，办理某事，但县政府认为与乙丙两厅亦有密切关系，第分呈请求之结果，仅能得到：1. 甲厅指令：既据分呈，仰候乙丙两厅核示；2. 乙厅指令：既据分呈，仰候甲丙两厅核示；3. 丙厅指令：既据分呈，仰候甲乙两厅核示。如是不特县府请求之余，毫无所获，即再度呈请，亦大率依样葫芦，仍无补于政令推进的实益。⑤

据此，陈国琛提出从"收发"、"理稿"、"管卷"三个部门着手进行统一。

---

① 章福星、陈步首、陈锡江：《"为地方元所凋残千载——见新增政治人员难以负担请求裁汰以苏残喘苟延"呈文》，中国第二历史档案馆，内政部档案，十二——8。转引自周联合《论新县制的体制性腐败》，《广东社会科学》2011年第5期。

② 重庆市档案馆，0055全宗，第2目录，第60号。转引自王双见《20世纪40年代四川省"新县制"研究》，硕士学位论文，西南大学，2007年。

③ 《内政部对新县制之检讨稿》，中国第二历史档案馆，内政部档案，十二——6——14016。转引自周联合《论新县制的体制性腐败》，广东社会科学2011年第5期。

④ 四川省档案馆藏，$5\frac{143}{3}$，第21页。转引自曹成建《地方自治与县政改革（1920—1949）》，四川人民出版社2006年版，第216页。

⑤ 《从推行新县制谈到县公文改革》，《地方行政》1940年第4—5期。

首先，统一收发文管理程序，即收发文编号统一、收发文簿籍统一、收发文送达手续统一；

其次，统一文稿处理程序，即清划理稿事权、节约理稿劳费、一般理稿注意事项；

再次，统一档案管理程序，即分类管理、登记管理、出纳管理；

最后，公文检查，即要案始末登记、文稿积压检查。

梁上燕认为，县政府公文处理包含合理程序与不合理程序两个方面："合理程序具备手续简要、权责分清、尊重能力的优点；不合理程序具有手续麻繁、事项混乱、方法不善的缺点。"[1]

关于县政府公文处理程序较有代表性的有三种，即秘书批示大意为中心的程序、科长批示大意为中心的程序、主办人员直接拟办为中心的程序[2]。

第一种 秘书批示大意为中心的程序

上述程序中，由收发部门登记、摘由、编号后，交由秘书批示大意，并经副县长、县长、科长的核阅后，方可进行承办。该处理程序的优点是县长是核阅的关键和中心，通过核阅便能对当前之政务状况有个比较清晰的认知与把握，便于政令的推行。但缺点亦是明显的，即核稿手续众多，若其中一环一经耽搁，其余手续必受影响。

第二种，科长批示大意为中心的程序

上述程序中，收文经登记、摘由、编号后，径由各科科长来批办，并经秘书、副县长核稿后进行承办过程，最后经三次核稿后，由县长判行。它的优势在于各科科长比较熟悉各科的实际业务，明了科室各项工作的来龙去脉，相较于秘书批示大意的办文手续，科长批办更能体现业务工作的实际。但核阅、核稿的过程相对较长，易生耽搁。

第三种，主办人员直接拟办

相较于前述二种，第三种公文处理程序已减少些许，只十二种程序。收文经县长、秘书、科长核阅后，交由主办人员办理，一方面，县长、秘书、科长经阅理文件已知大意，另一方面，文件直接由主办人员办理可以使其不受拘束，从而能直接切中弊端、独立提出改良方案。

---

[1] 《县政府公文处理程序的研讨》，《行政与训练月刊》1941年第1卷第2期。

[2] 同上。

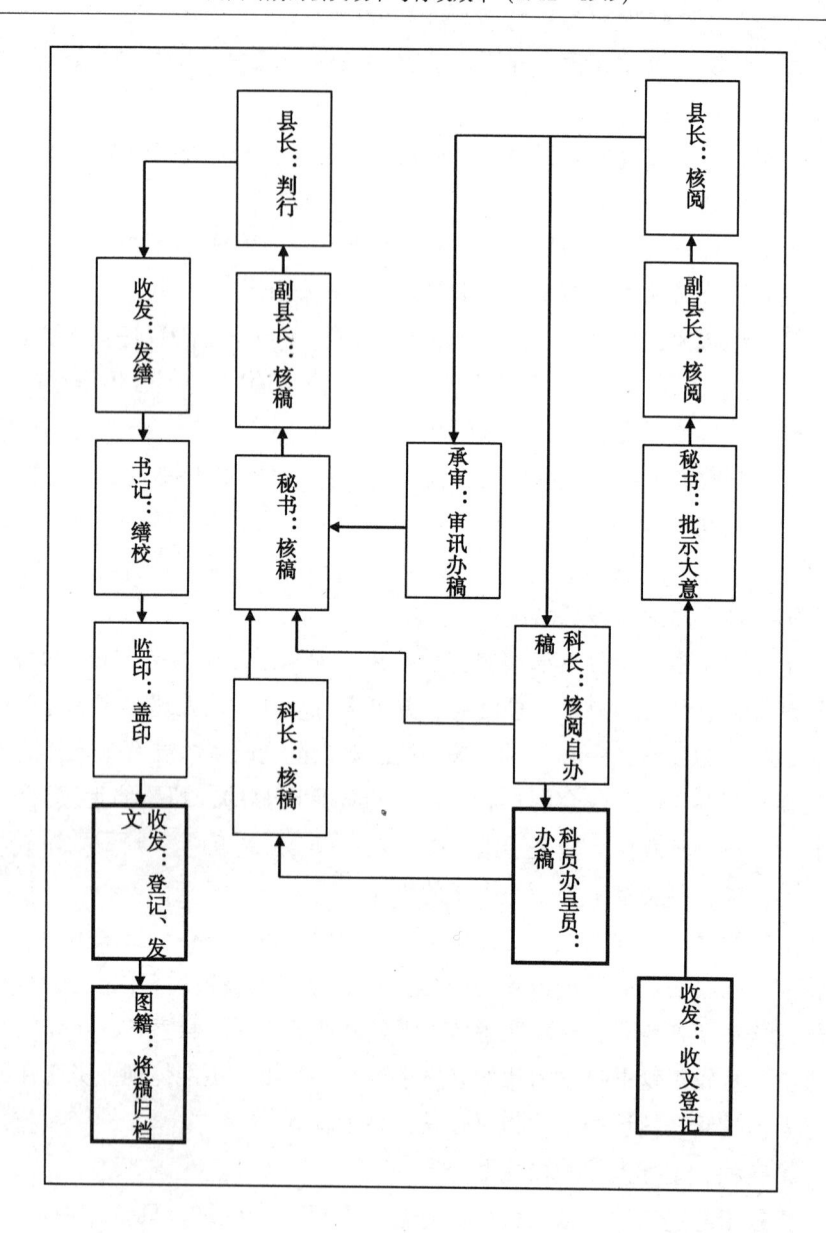

```
                        ┌─────────────────────────────────────────────────────────────┐
                        │                                                             │
                        │           县长：判行              县长：核阅                   │
                        │              ↑                      ↑                        │
              收发：发缮    副县长：核稿         副县长：核阅                               │
                ↓                ↑                      ↑
              书记：缮校     秘书：核稿 ← 承审：审讯办稿   秘书：批示大意
                ↓                ↑              ↑              ↑
              监印：盖印     科长：核稿      稿  科长：核阅自办
                ↓                ↑              ↑
              收发：登记、发        ← ── ──  科员办呈员：办稿
                ↓                                     ↑
              图籍：将稿归档                      收发：收文登记
```

1944年1月21日，江西省政府制定了《江西省各县乡（镇）公所文书处理办法》，对于本省所辖各县乡（镇）的文书处理提出趋于统一的范式。其要点主要有：

来文由书记拆封、摘由、编号并分送各股；各股收文后提出拟办意见；事涉两股以上之文书，由主办股主办，或相互协商办理。特别是对文书内容的承办方式上提出了适用的办法：一是全文抄转法，即重要法令或

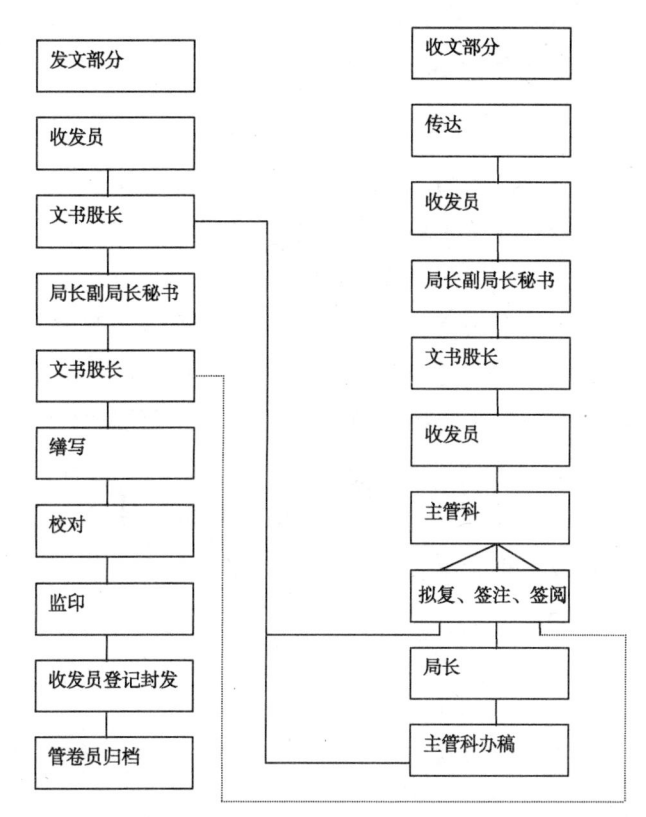

```
发文部分                    收文部分
   │                          │
 收发员                       传达
   │                          │
 文书股长 ──┐                收发员
   │       │                  │
局长副局长秘书               局长副局长秘书
   │       │                  │
 文书股长 ←┘                 文书股长
   │                          │
  缮写                       收发员
   │                          │
  校对                       主管科
   │                          │
  监印                   拟复、签注、签阅
   │                          │
收发员登记封发               局长
   │                          │
 管卷员归档              主管科办稿
```

1945年6月13日，交通部公布了《文书手续简化办法》。主要是规定了收发文电及缮校、拟稿及核判、编号、一般办法等。①

其实，公路部门对于公文处理程序的规定相较其他行政官署而言，多有便捷之处，手续亦相对简便，这与部门性质和所从事的职责有较大关系。

2. 军事部门

1944年，军事委员会发布《军用文书改良办法》，规定了令（令、命令、训令、指令）、批、呈、公函、布告诸文种；对于公文内容除行政机关公文通行所要求的言简、分段外，特地强调了公文除电外，一律用标点符号，共分9种，是为逗号、句号、综号、问号、提引号、复提引号、专名号、省略号、括号。②

---

① 《公布本部文书手续简化办法》，《交通公报》1945年第8卷第9期。
② 中国第二历史档案馆编：《民国时期的文书工作和档案工作资料选编》，档案出版社1987年版，第325—326页。

四 公文登记手续的改革

公文处理手续中,最费时费力者,莫过于摘由登记了。摘由可简可繁,简者自可节省不少时间,繁者譬如全文抄录则费时更多,若出现字迹模糊等情况,摘由则更为不顺利。登记过程较多,簿册也相应较多,自然会耗费时间。以县政府为例,抗战时期,县政府收文登记录由手续有多至十次或十一次者。一件公文须以登记录由者有总收文、科收文、送稿、缮校、监印、发文、归档等七次手续,所置簿册种类有总收文簿、科收文簿、送稿簿、送印簿、发文簿、归档簿几种,可谓种类繁多、烦不胜烦。据此,有人对于县政府公文登记提出了"统一登记法",即"由收文到归档用一本簿册登记,中间只录由一次,在文件转送过程中,收文依次由本人在规定栏内填明日时盖章。"其基本方法为:

> 收发员于收文后,即按性质分科,分科既毕,即行分别登入各科室登记簿内,汇文呈送。急要件随到随即登记呈送。密件只登记到文时间,事由栏内注明密字即送呈县长或秘书拆阅,奉批交办时,再补登文别及来文机关或人名;
>
> 文件经县长或秘书批阅后,发还收发员,即由收发员在原簿交办栏内注明日时盖章,按规定职掌交承办人拟稿;
>
> 承办人将稿拟定后即在原簿处理情形栏内注明处理情形,并于拟稿日时栏填明日时盖章后送核;
>
> 科长初核,秘书复核,县长判行,均按原簿各栏分别填明日时盖章,文件随簿交缮;
>
> 缮正的文件由督缮员在原簿缮写栏填明日期,送交校对,得印分别盖章后,交收发员封发;
>
> 收发员按照原簿所列文件点收,依各科室主管司务分别编号,并将号码填入原簿字号栏内,即行加封送邮,填明寄发月日,另将底稿存查文件交管卷员归档;
>
> 管卷员收稿及存查即在原簿归档栏填明日期盖章后将原簿仍交由

收发室保存，以备续登。①

当然，机构的级别、规模、公文数量不同，登记的方式自然有别，但其中核心要素不会有变。不外乎初收文将日期、机构、案由等进行登记，送阅后，分交各部门承办，复经登记。经每一程序之后总得登记一次，所经层级越多，登记的次数也就越多。于是有人建议采用活页一次登记制，具体的做法是：收发室每日收到公文，由承办人依据各机关内部组织职掌按其性质，分别汇集，用油印缮印应行登记各项于登记表，此项登记表，应按机关内部组织小单位印成若干份。文件送主官阅后，即将应分交各单位之文件，连同登记表一份，分别交各单位承办。收发室将表自留一份备查，按日积存，每月届满，汇订成册，各小单位亦如此。收发室与各单位，即各以此印成之表为各用之登记簿，故只须一次登记已用。②

五　公文内容改革

战时条件下，各项政策务须即时顺应瞬息万变的军情、政情。就公文来说，内容方面必须作些调整，方可适应政令的及时、快捷、准确传达。对此，有人提出了如下的建议：1. 尽量采用军队式命令化，文字力求简明，事项条例，以期醒目；2. 来文过长（在五百字以上）者，宜摘要叙述，如必需录全文者，可将原文抄附；3. 切实厉行新式标点，分段叙述；4. 尽量采用表格化；5. 简单命令利用复写纸，不必照通常手续，以期迅捷；6. 扩大签呈范围，多用报告方式；7. 布告及对人民批示，改用简明语体文；8. 减少单行法规，以命令行之，或只定原则。③ 此种建议不可谓不务实，从行款、行文、方式、语体等方面进行了较详细的分类与剖析，切中公文内容的实质与要害。

又有人提议从格式与用语两方面着手：

格式采用列表式，即"普通例行公文，无论指令训令，均摘录详细案由，按日或按周分类列成代替行（不另）文一览表，填上日期，字数号数，分发所属各机关知照，不另逐件行文，各机关奉到此项一览表之

---

① 《改夏县政府文书登记手续的刍见》，《新西南》1941年第1卷第12—13期。
② 《改良文书之建议》，《中央训练团团刊》1943年第173期。
③ 《文书内容改革意见》，《新公务员》1940年创刊号。

后，应当切实遵办。"①

用语采用提案式，即"将公文内容依照提案的格式，分为三段，弟（第）一段'事由'，第二段'说明'，第三段'办法'"。②

这种提议在某些方面确实是可以采用的，尤其是公文用语的提案式，既叙述全面，又一目了然；既罗列清晰，又便于阅读。

国民政府对于上述提议进行了呼应，将公文内容的改革作为公文改革的一个重要方面。主要有：首先，公文文字提倡通俗易懂。1941年10月31日，行政院发布训令，指出"近查各级行政机关所发布告，每多词句深奥、文义晦涩，以致不易了然，殊非普通晓喻之道。"为此，行政院要求"嗣后各种布告文字，力须力求通俗，其有涉及科学用语，或专门名词者，更宜加以浅显之解释，以期适合民众知识标准，而符推行政令之本旨"。③ 布告文字要求通俗，因其适用于对公众宣布事实或有所劝诫，但若过于晦涩，导致民众不可能理解，政府的政策或意志就不可能通过其喉舌即公文传达至民众，如何适应抗战的大局？行政院要求布告类文件须通俗易懂的做法是符合抗战实际的。其次，下行公文增设案由。1938年行政院公布的公文改良办法中，规定下行公文不摘由，首页亦不印事由一栏，本为减省公文手续起见。因公文摘由耗费公文人员不少时间与精力，而且摘由不能偏离发文原意，特别是某些重要的公文摘由，耗时更长。不曾想，该办法在实践中遭遇"危机"。各省市政府迭据向行政院呈文，认为下行公文不摘由导致"各下级机关收文手续增多，易生错误"。1941年5月8日，行政院发布训令，要求嗣后下行公文应于机关衔名后增设案由一栏。④ 再次，应简则简，但应详则详，不能一味求简而略详。1942年，行政院关于改善公文缺点四项的训令中，明确指出各机关公文内容略而不详的表现："文内不叙本案缘起及经过之概要……致办理时查卷困难，且易发生错误及漏略"，"一文内并列数案，致归档时不能分开"。⑤ 此两种情况皆不符合办文规则，易生误端，再费时耗力去查找，更致政务延搁。

---

① 《文书内容改革意见》，《新公务员》1940年创刊号。

② 同上。

③ 中国第二历史档案馆编：《民国时期文书工作和档案工作资料选编》，中国档案出版社1987年版，第311页。

④ 同上书，第312页。

⑤ 同上书，第315—316页。

是故，不能忽视公文必要的程序与手续，否则简后弊生。

1945年，国民党中央党政军提高行政效能及行政三联制总检讨会议决议案中亦提到公文程式简化问题：

> 下级机关不论奉上级多少级机关之命令，只叙奉"上级机关层令"，或只叙发令之某高级机关之"层"令，其中间机关，则不必叙，上下客套语全不用；
> 下级机关奉上级机关命令，不叙令开全文，只叙扼要案由或办法，有必要时另附附件；
> 上级机关发布命令，只叙扼要办法，有必要时，另附附件；
> 同呈请备案之例行公文，采用列表方式或批回方式；
> 凡公文应一文一事。①

第四节 公文人员

人是行政效率提升中诸因素中最关键的一环，公文处理效率的提高当然离不开处理公文的文书人员的作用。对此，方仁杰认为，幕僚人员要处理好公文需适应"研究、计划、实施、检讨、改进"五端，更具体地说，"各处文书负责人，对于所属，应随时讲解公文程式及处理公文手续，以收学以致用之效；负责校对人员，至为重要，务宜择其文字通顺谙习者司之；负责收发人员，宜择其谙习处理公文手续者任之，切勿使滥竽充数；确定轮值制，尤以收发为要；各单位主管官，均应自动的并指导督促各级官佐；收发手续，须经过若干段落。故登记之工作，务须在可能范围内，极端减省，力求简单明了；规定普通文电，不得迟逾两天拟办呈核，急要公文，应随到随办；译电股及总收发室，对于收到文电之移送，应分别缓急轻重，加以标记，各分收发务须认明分别送办；各单位缮校主持对于交缮之文件，宜先阅览一通"。②

---

① 《资料：中央党政军提高行政效能及行政三联制总检讨会议决议案（附表）》，《役政月刊》1945年第1卷第4期。

② 《幕僚人员怎样处理公文》，《训练月刊》1941年第3卷第1期。

若是特种部门的公文人员，对其要求更为严格。1944年7月19日，国民政府考试院公布了《特种考试文书人员考试规则》，共分为甲级文书人员、乙级文书人员、丙级文书人员、丁级文书人员四类。每类的考试资格、考试科目见表5－3、表5－4①：

表5－3　　　　　　　　　　特种部门文书人员考试资格

级别		资格						附注
		一	二	三	四	五	六	
文书人员应考资格表	甲级	公立或经教育部立案或承认之国内外专科以上学校毕业得有证书者	经甲类高等检定考试及格者	有社会科学专门著作经审查合格者	曾任各机关文书职务高级委任者或与高级委任职相当职务三年以上有证明文件者	曾充高级中学以上学校教员讲授国文三年以上有证明文件者	经乙级文书人员考试及格并曾任各机关文书职若干年以上有证明文件者	
	乙级	公立或经立案之私立高级中学或其他同等学校毕业并曾任各机关文书职务二年以上有证明文件者	曾任各机关文书职务初级委任职与初级委任职相当职务三年以上有证明文件者	曾充任初级中学以上学校教员讲授国文三年以上有证明文件者	经丙级文书人员考试及格并曾任各机关文书职务若干年以上有证明文件者	有甲级文书人员应考资格者		
文书人员应考资格表	丙级	公立或经立案之私立高级中学或其他同等学校毕业得有证书者	经甲类普通检定考试及格者	曾任各机关文书职务三年以上有证明文件者	曾充中心国民学校以上学校教员三年以上有证明文件者	经丁级文书人员考试及格曾任各机关文书职务若干年以上有证明文件者	有乙级文书人员应考资格者	
	丁级	公立或经立案之初级中学或其他同等学校毕业并有证书者	具有前款学校毕业之同等学历者	曾任各机关文书职务一年以上有证明文件者	曾充国民学校以上学校教员有证明文件者	有丙级文书人员应考资格者		

---

① 《中央法规：特种考试文书人员考试规则（三十三年七月二十九日考试院公布）》，《四川省政府公报》1944年第277期。

表 5-4　　　　　　　　　　特种部门文书人员考试科目

	级别	考试科目
文书人员考试科目表	甲级	国父遗教（三民主义救国方略救国大纲及第一次全国代表大会宣言）、国文、论文、公文、中国历史及地理、宪法、法学通论、理则学、修辞学、外国历史及地理、文书管理（上列国文一科目论文及公文以两科目计算。外国历史及地理、文书管理由应考人任选一科目）
	乙级	国父遗教（三民主义建国方略及建国大纲）、国文、论文、公文、中国历史及地理、宪法、法学通论、文书管理、速记（上列国文一科目论文及公文以两科目计算，文书管理、速记两科目由应考人任选一科目）
	丙级	国父遗教（三民主义及建国方略）、国文、论文、公文、中国历史及地理、公民、速记、打字（上列国文一科目之子且各以两科目计算，二科目之公文、速记、打字由应考人任选其一
	丁级	国父遗教（三民主义）、国文、常识、书法、打字（以上书法、打字二科目由应考人任选一科目）

从上表统计来看，特种部门录用文书人员不仅学历、经历、资历等方面要求严格，而且考选更为严格。从所考的科目来看，政治类、国文类、公文类通常是必考科目，历史、常识、速记、打字等技术类多属备选。不同种类的人选考试有差异，但要求都是相当高的。

不光行政部门对于文书人员的要求甚严，就连社会上之文书人员的需求同样如此。1943 年，某公司刊报征求文书人员"本公司近公开征求华文打字员，档案管理员，及收发人员三种。资格以高中以上学校毕业，曾在社会服务二年以上有证件者。或具同等学历，在社会服务三年以上有证明文件者。又技术特长，文字特优者，均可应试。录取后，能力强者以办事员试用，次者以助理员试用云。"①

当然，抗战期间，国民政府为培养文书人员曾努力在教育层面进行改善，希望通过培训的方式解决文书人员队伍缺少的不足。1939 年，教育部在湖北私立武昌文化图书馆专科学校内开设档案管理专科，从高中毕业生中招生，学制 2 年，前后毕业 30 余人。3 年后，该校又开办档案管理专科，招收在职人员，培训 4 个月，共办 7 期，培训人员约 200 名。1941

---

① 《公司征求文书人员》，《简讯》1943 年第 714 期。

年6月，国民政府制定规则，对县政府的文书档案人员进行培训，开设文书处理、档案管理等课程。

第五节　蒋介石与抗战时期的公文改革

蒋介石早已认识到公文改进的重要性。1933年8月29日，蒋介石提出"今后中央政令下行，最重要者应由院令省府，次要者而属于部会专管者，则由部会自行决定，或咨省府转饬厅处，或由部会径令主管厅处，均无不可。令文中附以仰及拟办，转陈省府具复或转陈省府转饬遵行字样，则中央与地方均能兼顾。"[①]

行政效率运动期间，蒋介石对于延误公文处理的形象深恶痛绝，"近来各种审核公事，多搁置不批，甚至有延误半年以上者，如此懈慢，何以立国，其不败亡何待"。鉴于此，蒋介石以手令的方式发给南京军委会主任、第三厅厅长、军政部次长等多人，要求"嗣后无论何种公事，如在一星期以上尚未批核完峻者，必须通知该原公事之机关，叙明延迟之理由，并声明展期之日数，否则作为有意延宕。贻误职责者惩处"[②]。

抗战期间，蒋介石对于公文改良仍给予关注，多次提出公文及其改良的建议。首先，倡导公文改良。1942年，蒋介石为适应战时行政效率的极大提高，建议"以统一简单明瞭与容易为主，并设法减除各级政府之填造表册工作，俾得有余裕时间以从事于实际工作"。其次，强调公文保密。抗战期间，公文档案因为战时需要多迭经移动，常有不慎遗落者，但亦有许多人为疏忽所致。蒋介石给军事委员会总长、中央党部秘书长、行政院秘书长等人所发代电指出："迭据报称，各机关公文底稿，常有保管未周，遣散民间，致机密消息由此泄漏者。"其责任当为"管档人员既放弃职守，主管长官亦毫无觉察"。蒋介石再次重申："查文件纸屑常关机要，慎重焚弃早已通令在案，合再电仰通饬各机关查照前令，切实注意，

---

① 行政院第122次会议记录，《行政院会议议事录散片（四）》档案，中国第二历史档案馆藏，全宗号2（1），案卷号9982。转引自刘大禹《国民政府行政院的制度变迁研究（1928—1937）》，社会科学文献出版社2012年，第183页。

② 中国第二历史档案馆编：《民国时期的文书工作和档案工作资料选编》，档案出版社1987年版，第378页。

以重机密为要。"① 再次，批评机关办文工作中的官僚主义与文牍主义。公文只是传达政令、解决实际政务问题的手段与工具。行政官署不能以处理公文为中心，更不能将其作为目的。1945年元旦，蒋介石对文武官员的训词，明确指出现有公文上的官僚主义情形："发令的机关，往往以公文发出之时，就是我们的责任已尽，而受令的机关，遇有实际困难不能执行，既不肯多方研究，以求克服困难；也不肯直言声复，请求改正，不是随便应付层转办理，就是实行的时候变了本质。"蒋介石称此为"我们现在政治上一个最大的缺点与耻辱"，足以表明官中的公文官僚主义盛行。与之相关联的文牍主义，亦声势不减，"我们簿书冗垒，职务繁重，天天疲于日常业务的处理，日复一日，是会陷于知其然而不知其所以然的错误的"。蒋介石要求文武官员"每逢兴办一件事务，发布一项命令，都必要求其确实收效，而且要贯彻到底。"②

不过，在所有蒋介石与公文改革的关系中，蒋介石手令是尤其特殊的一个方面。

国民政府历次所颁发的《公文程式》中，均有令、训令、指令一说，但无手令之设。虽如此，它仍集"令、训令与指令等三文种于一体"，并"代替法定公文指挥党政军事务，并自定其处理方式，要求一体遵行，形成民国时期一种特殊的文书处理制度。"③ 蒋氏所发手令，数量众多，据其侍从室人员回忆，从1936年1月至1948年4月，侍从室所收藏蒋氏手令达120多公文箱。④

蒋介石为何对手令如此钟爱？史家之说众纭。蒋氏对其所发手令在处理过程中要求极严格，主要有：限期办理、专册登记、专人负责、按月考查、年终汇报⑤，试以限期办理和专册登记为例。就限期办理来说，"除有特殊原因一时未能呈复者……其余无论如何办理，均应迅速具报，最多

---

① 中国第二历史档案馆编：《民国时期的文书工作和档案工作资料选编》，档案出版社1987年版，第379页。

② 同上书，第380—381页。

③ 孙武：《蒋介石手令处理规程考略》，《民国档案》2004年第2期。

④ 秋宗鼎：《蒋介石的侍从室纪实》，《文史资料选辑》第81辑，中国文史出版社1986年版，第955页。

⑤ 孙武：《蒋介石手令处理规程考略》，《民国档案》2004年第2期。

不得超过一个月以上"①；就专册登记来说，蒋介石要求各机关对其手令实行专册登记。1939年12月31日，蒋介石致电行政院孔祥熙："嗣后各高级机关接奉中正手令，除办发外，并应专备一册"②，行政院亦将此件转发所属各部会执行。1942年，国防最高委员会所属之党政工作考试委员会拟定了《受（发）令专册式样及填写办法》，规定了手令以全抄为原则，或可择要；专册由主管长官指定高级幕僚一人负责，作为密件保管，空袭时应随身携带，不得散失。③

总之，抗战期间，为适应战时需要及政治行政整体效率之快速提升，国民政府在公文程式、公文机构、公文处理等方面确实进行了改进，也收到了某些效果。而且，又处战乱，如何保证国家建设与战时特殊国情相结合，是对公文工作的一大挑战。在这样的情况下，国民政府（包括蒋介石）仍能从效率提升的角度来改进公文工作，不能不说是我国公文工作史上的重要发展阶段，为以后的文书工作奠定了重要的基础。当然，一方面由于战乱导致稳定大环境的缺失，另一方面由于国民政府官僚政治的阻碍，抗战时期的公文工作并未取得预期中的实质性进步，这可以从许多方面加以考察。仅以基层官署来说，以县政府为例，便可知其成效如何了。

以四川罗江县政府为例，罗江县政府在1945年1—11月间收发公文总计19096件，平均每月1736件，平均每天57件以上。其中收文10419件、发文8677件，收文经发文多出1742件；属于训令、指令等强制性事项占绝大多数，如上列数据就有6810件（收到训令、指令合计3717件+发出训令、指令3093件），占收发公文总数的35.66%。④

再以该年1—8月间的收发统计来作进一步的说明，详见表5-5⑤。

---

① 中国第二历史档案馆编：《民国时期文书工作和档案工作资料选编》，档案出版社1987年版，第379—380页。

② 《蒋介石世侍秘渝代电（1939年12月31日）》，转引自孙武《蒋介石手令处理规程考略》，《民国档案》，2004年第2期。

③ 《受（发）令专册填报办法》（1942年12月），中国第二历史档案馆藏国民政府档案。转引自孙武《蒋介石手令处理规程考略》，《民国档案》2004年第2期。

④ 王春英著：《民国时期的县级行政权力与地方社会控制：以1928—1949年川康地区县政整改为例》，四川大学出版社2012年版，第186页。

⑤ 同上书，第265页。

表5-5　　四川省罗江县政府收发文统计（1945年1—8月）　　单位：件

项别		共计	呈文	咨文	函	电	训令	指令	委令	委状	布告	批示	呈词	其他
总计	收	10419	1579	130	850	1495	1880	1837	421	163	684			1380
	发	8677	3095	127	525	1455	2359	734	75	15	30	316	44	2
1月	收	851	125		38	121	198	150	50	18	46			105
	发	550	221		34	105	150	39				11		
2月	收	921	143	5	40	113	210	140	88	26	36			120
	发	867	283	2	66	196	221	77				21		1
3月	收	880	121	11	84	110	154	196	24	13	45			122
	发	738	285	4	50	91	251	42				15		
4月	收	831	137	4	80	132	114	181	10	18	36			120
	发	741	312	1	47	63	225	68				25		
5月	收	898	191	2	87	139	124	125	56	20	36			118
	发	844	355		36	85	255	93				20		
6月	收	895	142		89	145	157	142	30	12	48			130
	发	792	294	2	41	158	235	28				34		
7月	收	1005	155	5	84	133	184	158	42	5	82			151
	发	735	213		75	113	203	88				43		
8月	收	1021	189	12	84	141	188	192	20	4	89			152
	发	759	277		38	157	181	74				32		

上表仅统计了1945年1—8月份，就数据本身来看，罗江县政府在所有发文中，呈文占了大多数，训令其次。而这两种类型的文种，基本是需要往复或需要去落实的。一来一往，不光费时耗力，而且常会陷于文牍主义的误区。而本身并不需要回复，只须对方知晓类文件，如函、布告所占比例远低于上述二者。一个县政府尚且如此，何况省政府、中央各部会？

第六章 抗战后（1946—1949）的公文改革与行政效率

抗战胜利后，本是恢复国民经济、进行民主政治建设的最好时期。然而，国民政府的重心在于尽快接收日战区，并随时准备发动新的内战。所以，抗战胜利后国民政府的重心在于政治与军事，公文改革与行政效率只是在"戡乱"遇到阻碍时才予以着重强调，并不是一以贯之的重要工作。但不管怎么说，抗战后，国民政府在改革公文与提升行政效率方面确实也做了不少工作，开展过不少活动。

第一节 公文程式

1945年，国民党中央党政军提高行政效能检讨会议议决案曾提出了4点公文程式的简化办法，即下级机关不论奉上级多少机关之命令，只叙奉上级机关层令，或只叙奉发令之最高机关之"层"令，其中间机关，则不必叙，上下客套语全不用；各级机关奉上级机关命令，不叙令开全文，只叙扼要案由或办法，有必要时，另附附件；上级机关发布命令，只叙扼要办法，有必要时，另附附件；凡呈请备案之例行公文，采用列表方式或批回方式。[①] 此四点对于以往公文改革未曾涉及或曾涉及但不曾有所改观的公文程式而言，无疑是进步的，是对以往程式方面简化之再简化，尤其是第一点，即转发机关层次之间的简化，当为有特别意义，不仅是简约、提炼了公文叙述，更是促进了公文办理的效率，不特有重要意义。下以实例来说明简化转述层次对于公文程式简化之效：

---

① 《役政月刊》1945年第1卷第4期。

第六章 抗战后（1946—1949）的公文改革与行政效率

未简化之原令

案奉

某○某第○区行政督察专员公署卅四年○年○月○日令开：

案奉某○省政府民政厅三十四年○月○日令开：『案奉某○省政府三十四年○月○日令开：『案奉行政院三十四年○月○日字第○○○号令开：『案奉国防最高委员会代电开：「查同盟各国，多于暑期实行战时工作制度，法良意美，足资仿效。现夏季时届，亟应利用日光，提早工作，并藉以节省电力之消耗。兹规定全国各地自本年五月一日起至九月三十日止，均将时间提前一小时（即普通将钟表上之时刻拨早一小时例如现在之七时在实行时间制度后钟表上所指之时刻与各地所报之标准钟点均应为八时）。所有机关部队学校以及社会工商各业水陆空交通通讯各方面应一律实行。除分电外，合亟电达查照办理，并转饬所属一体遵照要」等因；奉此，除分令外，合行令仰遵照，并转饬所属一体遵照。此令』等因；奉此，除分行外，合行令仰遵照，并转饬所属一体遵照。此令」等因；奉此，除分令外，合行令仰遵照，并转饬所属一体遵照。此令』等因；奉此，除分令外，合行令仰遵照，并转饬所属一体遵照。此令」等因；奉此，除分令外，合行令仰遵照，并转饬所属一体遵照。此令」等因；奉此，除分行外，合行令仰遵照，并转饬所属一体遵照。此令①

上述公文之层层转述，历经太多上级机关，不惟读来头晕目眩、无从着手，更是浪费阅稿、承办人与判行主官之精力与时间，客套语过多、过滥，实在是不利于机关工作的开展。此次会议提出的转叙层级的简化，即只叙奉上级机关层令，或只叙奉发令之最高机关之层令，中间概为省略等规定颇为必要，亦为必需，且节省办公时间与成本。依据简化的程式所修改后的公文如下：

某○县政府训令

层奉

---

① 《文书简化办法》，《资源委员会公报》1945年第9卷第1期。

行政院令，全国各地，自本年五月一日起至九月三十日止，均将工作时间提前一小时（即普通将钟表上之时刻拨早一小时例如现在之七时在实行时间提前制度后钟表上所指之时刻与各地所报之标准钟点均为八时），所有机关部队学校以及社会工商各业水陆空交通通讯各方面，应一律实行。除另发公告晓谕人民一体遵照暨分行外，令仰遵照办理。此令①

改后的公文不仅无过多套语、赘语，而且阅读便利，意思拿捏准确，处理与承办起来既节约成本，又迅速便捷，益于效率之提升。

当然，有人提出公文程式应作这样的改革："一、取消旧名称，旧种类，改为上行甲乙二种，平行甲乙二种，下行甲乙丙丁戊己六种。二、取消旧习用语，'为呈请事''等因奉此''实为公便'等，不用说，应当取消；就是'案奉''内开''理合呈请鉴核'等也可取消。三、打破旧结构，前有事由，接下去有引叙，本叙，结尾等等，改为近乎填发式，分摘要、事实或原因、目的三栏。四、必要处用标点，不必要处则不用，以省时间。五、文体文白不论，只须文不要骈丽，或桐城派古文，白不要土语。六、有事行文，依事撰文，一事一文。"②并举例说明改革前后公文程式变化之大：

改革前的原文
案奉

钧部第×号训令：「饬职属各部立即移驻×邑增防，以咨保卫。」等因；奉此，遵即立饬所属准备一切克期开拔，前赴×处。旋据各团长营声称：

「此次军队出发，道路较远，中经××等处，既无铁路交通之便，运输供应，异常困难，深处延缓贻误，拟请拨给军用汽车××辆，以利输送，以资便捷。」

等情；据此，查军事运输利在迅速，该团长等所陈各节，委系实在情形，常此国事多故，防务重要之秋，一切进行，均宜力谋神速，

---

① 《文书简化办法》，《资源委员会公报》1945 年第 9 卷第 1 期。
② 《彻底改革公文程序建议》，《文藻月刊》1948 年第 1 期。

以免延误事机……令饬具领,实为公便,谨呈①

若采用建议中的公文程式,即使粗通文墨、不谙公文用语者亦可按格填写,且一目了然,详见表6-1②。

表6-1　　　　　　　　　公文程式改革建议

目的	事实或原因	摘要
请充拨军用汽车×辆立待复文 某师某旅长某某	接贵师部下行丙第×号文,传知本旅各部立即移驻某地增防。当即准备一切克期开拔。但据各团营长称,因道远,又某段无铁路,运输太困难。	为所属某旅部开赴某地增防请拨发军用汽车输送

更有甚者,提出了:"将现有公文一律取消,改用代电,以资划一简化,而便通行。"③ 用意为善,但并不可取。不过,更为激进的建议是:"废除公文程式"④,如此一来,公文只是一篇叙事文,或议论文。其格式为:

某县政府给某省政府的公文
主席:
(一)事由
(二)主文(是一篇简洁明了的受事文或议论文,内分事实,理由,办法等)
某县政府县长某某某⑤

总的来说,国民政府在抗战前后颁布多项公文程式仍不尽如人意,或在实际行政事务开展过程中仍存在诸种缺陷。抗战胜利后,胡适认为公文"还没有改良,一些公事还是盛行古文词令,咬文嚼字之徒,仍在那里大

---

① 《彻底改革公文程序建议》,《文藻月刊》1948年第1期。
② 同上。
③ 《改善行政公文刍议》,《中国评论》1948年第7期。
④ 《废除公文程式》,《经纬生活》1947年第1卷第5期。
⑤ 同上。

显身手"①。蒋经国则从通俗易懂角度提出公文改革的必要性:"一般人所谓的'上行'、'平行'的普通公文,不一定要我过目,便可发出,惟有布告一种,大家得特别留意,因为它的对象是老百姓,老百姓才是我们的上司,这种真正的上行文,自然要使其通俗易解。"② 故,抗战后的公文程式无论在调整力度、颁行次数、学术或行政界的讨论程度等均大不如前,只是在局部进行微调,且多限于地方。

1946年11月,上海警察局对公文进行了革新,其中之一是公文内容的改革。针对转发公文层级过多、套语过滥、甚至引语比正文还要长的情况,该局创立了二头一尾之承转格式。所谓二头,是指"首行为本承转机关之衔名,及发文字号月日,第二行起列本案之来文机关(分直接对本机关来文之机关,与原始来之机关)日期字号,文别";所谓一尾是指"摘叙本案规定暨饬办之事项"③。上海警察局的二头一尾之公文革新办法不失为对旧公文程式的一个突破,亦是对国民政府公文简化办法的一个呼应。

1948年,浙江省公路局进行公文程式的简化,其简化的最大特点是该局所属内外各部分"除电报及签呈外,一律采办法所规定之范式",即"原有程式如呈、令、训令、指令、公函、批及代电等名称,一律不再沿用,统称之曰'公文'"④。虽简化"过头",但在实际公文办理中,反倒收效不错。

1948年,陈仪主政浙江,进行公文改革,遵循三个原则:尽量排除以往机构方面之精神、人力、物力、人才、时间等无谓浪费;尽量排除以往手续方面之冗杂、散漫、推诿、濡滞、敷衍等杂乱情形;尽量排除以往办稿辞句之陈腔滥调,模棱两可等文书术语,意求表意责任化、肯定化、表格化。程式方面的改革主要有:无论上行、下行、平行之公文,尽量采用代电;各种表册等应填用"表册三联单"替代正式行文;若令下级机关遵办事项逾期仍未办理者,不用训令,而用印版"催办令",等等。⑤

---

① 《胡知之反对中国公文》,《海燕》1946年新7。
② 《蒋经国论公文》,《一周间(上海1946)》1946年第5期。
③ 《本局现行公文之革新与实施》,《上海警察》1946年第2期。
④ 《节省人力物力时间,局颁办法简化公文程式——呈令函等一律改称公文,局内局外分别定期实行》,《浙赣路讯》1948年第322期。
⑤ 《浙江公文革命》,《廓清》1948年第1卷第9期。

第六章 抗战后（1946—1949）的公文改革与行政效率

1949年3月2日，浙江省政府秘书厅于省政府公报上刊文（不另行文），要求各级行政机关努力简化公文程式，节省时间、人力、物力。① 浙省公文程式的革新原则与革新办法，在抗战后所有地方省份中是较为彻底且最富有成效的省份之一。彻底是相较以往而言，决心将以往公文程式之弊一扫而空，干净利索；成效是原则与方法的制定富有进取性，具体策略具有可行性。但因蒋介石国民政府很快败退大陆，浙省的公文程式革新遂成昙花一现。

在具体的公文程式的理解与操作方面，抗战后的国民政府一如之前的南京临时政府、北洋政府及1928年的南京国民政府，总是会遭遇不解、质疑，然后是呈文咨询、批回，下级机关依然不解、疑窦，再呈文咨询，如此往复循环、周而复始。但抗战后，行政系统内部对公文程式的疑问多陷于如何简化方面，即具体的程式改进，而社会团体对于公文程式的疑问仍陷于以往其与官署之间行文用何种文种的窠臼。1946年5月24日，北平市政府就民众法团及非直辖附属机关对本府各局行文作了这样的规定：本市各民众法团（如市商会、工会等）对本府各局行文一律用呈；本府各局附属机关对主管局行文用呈，对其他各局（如市立医院对公用局行文）一律用函；各局对本府行文用呈，对各局行文一律用函（如北海公园董事会对工务局行文）。② 随后北京市商会于1946年6月呈文国民政府行政院，对于商会向市政府行文用呈表示不解，因为两者毕竟不是行政官署之上下级关系。行政院对此发布训令，明确指出："市商会系人民团体，依法受社会局及目的事业主管局之指挥监督，行文时自应用呈。"③ 关于人民法团与官署之间的行文，其实民初即南京临时政府与北洋政府初期都曾碰到这样的情况，由于彼时民主政体草创，百端待兴，商会对于其与官署之间的行文多沿用晚清旧制，即使民国政府发布要求其遵照新式公文程式办理公文往复，但仍遭遇普遍质疑与反对。按理说，民国的民主共和制度经过30多年的实践与发展，这样的情况不复再现方为合情合理，

---

① 《请各级行政机关努力公文程式简化节省时间人力物力》，《浙江省政府公报》1949年[春字52]。

② 北京市档案局（馆）编：《民国时期北京文书档案工作史料选编》，中国档案出版社2012年版，第310页。

③ 同上书，第311页。

但抗战过后，这样的情况在北平这样的大城市仍然存在，可见公文程式的推行总非一帆风顺，这种相互博弈的过程真实地反映了公文程式的适用、传播与变迁。

但事情并未至此结束，1947年6月11日，北平市商会又代电国民政府社会部①再次表达对北平市政府各局（社会局除外）用呈的不解，"商会法施行细则第廿九条规定，商会对于不相统属之官厅得用公函，条文规定极为明显，本会受本市（北平）市政府社会局之监督指导，历来行文用呈，对其他各局，因不相统属，历来用函，行知已久"。② 照理说，北平市商会的疑惑当然是有依据的，但上一年北平市政府的关于商会与市政府及所辖各局的行文却又是这样规定的，市商会对市府所属各局一律用呈，市府各局附属机关对于主管局行文用呈，对于其他各局一律用函。其实，这样的规定，本就有抵牾之处，市商会就是典型的例子。它是市政府社会局监督指导下的民众法团，与市政府及市政府所属的社会局行文，自然是用呈，这既与北平市政府的规定相对应，又与商会法相符，不存在误解与矛盾。问题就在于"本府各局附属机关对于主管局行文用呈，对于其他各局一律用函"这一规定上。照此条规定，市商会向市府所属之社会局行文用呈，但对于其他局行文用函，但又与"本市各民众法团对本府各局一律用呈"相矛盾，何去何从，市商会自难捉摸。对此，国民政府社会部答复如下："平时洽办一般事项得相到用函，但于该官署主管事项有所呈请或申述时，仍应用呈。"③ 这样，市商会与市府所属各局之间的行文规定就以"折衷"的办法予以处理。

第二节　文书工作竞赛

文书工作竞赛早在抗战期间便已出现，1943年，为激发缮写人员服务精神、推进缮校工作的正确美观及迅速，安徽省政府制定了《安徽省

---

① 作为民国史上最重要的社会行政机关的国民政府社会部，是在1938年3月31日召开的国民党临时全国代表大会上决定设立，隶属于国民党中央执行委员会。1940年10月11日，国民政府公布《社会部组织法》，11月16日社会部正式改隶行政院，成为全国最高社会行政机关。

② 北京市档案局（馆）编：《民国时期北京文书档案工作史料选编》，中国档案出版社2012年版，第430页。

③ 同上。

政府公文缮写竞赛规则》，通令各厅处于该年十一月一日开始施行。1944年9月11日，教育部修正缮写人员工作比赛办法，主要是根据缮写人员的数量、质量给予数额不等的奖励或惩罚，并规定了工作评定办法：缮写人员每人缮写字数由缮校股负责一员计算 每月终呈由主管科长司长核转人事处以凭考核；缮写人员缮写讹误或遗漏字数由校对员负责记载；缮写人员缮写是否秀美工整 清楚明白或潦草模糊 由缮校股负责人员负责记载；主管科科长每日抽查 每周审核；缮写优胜人员除本部依照本办法二三条予以奖励外 并得选择优胜人员三人至五人由部函请工作竞赛推行委员会依照奖励办法奖励之。①

抗战胜利后，"公文旅行"的现象并未得到彻底地纠正，办理的时间反而越拖越长，时人形容为："假如甲机关再到乙机关，乙机关再到丙机关，地是一个当事人很可以去作一次世界旅行，包管你回到原处，答复还没有揭晓"②，虽形容极为夸张，但不无揭示公文处理迟缓之现实。于是有人想到了公文竞赛的方法，希冀能缩短公文旅行的时间，这种想法是基于这样的现实："前些时，上海各位大人来了一次老爷足球赛，邮政局因为学自外国，常有伪造一封信，试验寄递的快慢，以为邮员奖惩的张本"，于是此人就此设想了一个公文竞赛的方案："这个公文竞赛请市长做总裁判员，由参议会推出专家，分别各种性质，拟具题目，这些题目对于各局照理办起来是速度不相上下的，署名用没没（默默）无闻的老百姓，然后在各局投进去。单程的以谁先到市长面前为胜，来回的，以先批下来到那个具呈人为准。谁办得最快，赏他一双'百姓杯'。谁最慢的，自局长以下罚俸三个月。"③ 从设计与操作角度而言，该方案不无可操作性，而且，通过这次简单的活动，可以一窥整个机关公文的处理效率，很有参考性。

当然，无论是抗战期间安徽省的公文竞赛实践，还是抗战胜利后舆论界关于公文竞赛的设想，只是个别的、特例的，尚未上升到国家层面。尽管如此，其所面对的实际问题却是普遍的、共性的，不久后，这一想法很

---

① 《修正教育部缮写人员工作比赛办法（第三三五三八号部令公布，三十三年九月十二日修正）》，《教育部公报》1944年第16卷第7期。

② 《公文竞赛》，《是非》1946年第7期。

③ 同上。

快在国民政府的决策中得以落实。抗战胜利后，同样为了解决公文处理效率低下，即单位时间内处理公文数量不多、速度不快等问题，国民政府决定开展一场文书工作竞赛活动。

1947年，国民政府组织了一个公文工作竞赛推行委员会，作为公文竞赛的组织机构。该委员会于1947年2月24日拟定并通过了三个纲要：《文书处理竞赛实施办法纲要》、《缮写工作竞赛实施办法纲要》和《档案管理工作竞赛实施办法纲要》。

一 《文书处理竞赛实施办法纲要》[①]

《文书处理竞赛实施办法纲要》主要分个人拟办文稿竞赛和单位处理文件竞赛两类。

个人拟办文稿竞赛，主要考察拟办文稿之速率、数量及质量。所谓速率，即规定每人每日拟办若干基本单位数量文稿之标准，再按照每日实际办毕文稿之基本单位数量数目加以登记；所谓数量，即先将文稿分为若干种类，规定一基本单位数量，再按实际数量，折合为若干基本数量；所谓质量，即以一基本单位数量之质量，作为质量基本单位，再按其实际质量之分量，折合为若干基本单位数量。

各单位处理文件竞赛，主要考察各单位处理文件之时间及数量。所谓时间，即按照文件之性质分为最速件，次速件，重要件，次要件，及普通件等种类，每种按其情节之轻重分别规定其办毕之时间，并指定人员依照各种文件规定办毕之时，加以稽催。所谓数量，即各单位每周或每日将其依照前款规定办法处理文件之数量，与各该单位每周或每月收进文件之数量，以百分比记分方法评定其成绩。文件处理竞赛由设计考核委员会竞赛组主持设计及开展相关活动，组织者须指定人员办理。

二 《缮写工作竞赛实施办法纲要》[②]

《缮写工作竞赛实施办法纲要》也有两个项目，即机关缮写人员自行竞赛和各机关缮写竞赛优胜人员联合竞赛两种。竞赛的标准有四项：一是平均每日缮写字数以平行文（行楷书）五千字为标准，（除星期例假俯，

[①] 《中央法规：文书处理竞赛实施办法纲要》，《浙江省政府公报》1947年第3426期。
[②] 同上。

或一个月累计达十二万五千字者）上行文（楷书）每千字约折合平行文一千六百字，下行文每千字约折合平行文七百字；二是缮写钢板复写纸八百字作平行文一千字计算，缮写表格并注字者，七百字作一千字计算，中文打字每千字作九百字计算，各种字体均写者，得按比例折合平行文字数总计之；三是缮写讹误遗漏经校对发觉者，每字扣除十字，发觉原稿有错误字句报请更正者，每项工作平行文增加一百字计算；四是缮写不合规则或错误不堪更正发还重缮者，不予重计字数。

三 《档案管理工作竞赛实施办法纲要》①

档案管理工作竞赛的项目有：点收（文稿、附件）、录由（收发文字号及案由、附件）、分类（依照各机关实际情形分类）、编目上（编登总号簿、登记卷目簿、缮写卷面、编组卡片、附件）、复核（文稿、附件）、归档（抄分存单、装订、归卷、归档）、调卷（调卷、还卷、催收），标准是以每人每日办竣二百件为原则，其各项文件之计算标准另订。

从上述三个纲要中，可以看出，国民政府为提升公文处理的效率，的确颇费了一番苦心。并旨在通过这场运动，从技术层面改变"公文旅行"的低效率现状，进而促进整个行政效率的提升。它的主要标准更多的是倾向于显性的、数量的、直观的层面，因为在这样一些层面上，所收效果能立竿见影，利于振奋人心。此外，国民政府通令各地实施文书工作竞赛办法，各省依据中央的规定，或多或少也曾进行过相应的改革，试以缮写竞赛为例，以窥此次文书工作竞赛的成效。

福建省政府颁布了《文书处理竞赛实施办法》，竞赛的项目包括拟稿竞赛、缮校竞赛、收发竞赛、档案竞赛四类，并有相应的竞赛标准。竞赛时间为每月举行初赛一次，每三月举行决赛一次，暂以举行决赛二次为限。竞赛成绩等第分为：总成绩在九十分以上者为甲等，总成绩在八十分以上者为乙等，总成绩在七十分以上者为丙等，总成绩在六十分以上者为丁等，总成绩不满六十分者为不及格。②

1947年，沈阳市制定了《缮写人员奖惩标准》，规定奖励的方面有升用、加薪、奖金、记功、嘉奖；惩罚的方面有撤免、减薪、罚金、记过、

---

① 《中央法规：档案管理工作竞赛实施办法纲要》，《浙江省政府公报》1947年第3426期。
② 《福建省政府文书处理竞赛实施办法》，《闽政导报》1946年第38期。

申斥。并规定了缮写人员每人每日工作之限度：楷字二千字，钢板四千字，行书四千字，打字六千字。①

最为典型者，莫过于北平市了。1947年5月，北平市政府秘书处制定了《北平市政府缮写竞赛实施办法》，分为毛笔工楷、复写工楷、钢板工楷和打字四项。比赛时间每项半小时，评判标准亦有四项：一为速度，即以参加人员所写最多字数作100分，折合各人实得分数；二为对错，即不错为100分，每错一字扣5分；三为整洁，即甲（100）乙（90）丙（80）丁（70）戊（60）五等；四为美观，亦分甲、乙、丙、丁、戊五等。市政府秘书处17名雇员中除一人因病请假外，余16人皆参加了比赛。最后，雇员孙继龄夺毛笔工楷、复写工楷、钢板工楷三个单项第一和总分第一，并受到了嘉奖。② 而且，随后以《北平市政府雇员缮写竞赛成绩表》的标题刊登于《北平市政府公报》1947年第2卷第15期上，可见此次活动受重视之程度。

第三节 公文处理

一 公文简化成为公文改革的主流

抗战胜利后，公文的繁文缛节、手续众多、迂回濡滞等现象并未得到根本的改观，如何处理及怎么处理，成为时人所关注的焦点，并将其弊归于四源："行文处理手续冗繁；行文表意模糊与重叠；公文收发管理之散杂；档案管理之杂乱。"③ 虽非全面，但大体也从技术层面进行了切中要害的总结。抗战胜利后，国民政府的重心转向"戡乱"，加之1949年败退台湾，此4年间，就公文工作而言，无论规模、成效均较30年代为逊。其于公文工作方面所作的努力多于简化方面。

如国民政府军事委员会令颁《简化公文程式》、国营招商局《励行公文简化办法》、福建省银行总管理处《简化公文办法》、财政部监政总局《提高行政效能及简化处理公文办法》、天津市政府《简化公文方案》、四

---

① 《沈阳市政府缮写人员奖惩标准》，《沈阳市政府公报》1947年第2卷第7期。
② 杨玉昆：《民国时期北平市政府的一次缮写打字竞赛》，《北京档案》2004年第8期。
③ 《处理文书简化之管见》，《江苏民政》1946年第1卷第2期。

川省政府各厅处局会《普通公文简化处理办法》、北平市政府《分层负责文书简化实施程序》、交通部邮政总局《关于规定简化行文手续的训令》、交通部邮政总局《关于公文格式彻底简化的训令》、交通部邮政总局《关于公文简化事项的训令》等，涉及公文程式、处理程序、公文内容等，无一不反映了简化成为抗战后公文改革的重点。择其要点，分述如次：

（一）简化的具体事例

福建省银行总管处《简化文书办法》规定：省行总管处向各机关行文尽量采用代电 叙事须简要明确 对各分支行处行文用函 其内容应尽量采用分条列举方式；本处对各行处行文其属于通告或例行事项一律刊登省行通讯 不另行文；非紧急事件不得拍发电报 如须拍发 应压缩文语 以词能达意为原则等。①

1946年5月25日，台湾省行政长官陈仪公布《台湾省各机关处理公务分层负责及简化公文办法》的署令，对于行政层次、减少文稿盖章、减少答呈请示、改进签查会稿制度、简化表报等进行了革新。其突出之点是：省内除公布令，公告文，任免令，签呈通知仍照规定格式外，所有上下平行文，务用代电，只加句读，必要时加引用符号括弧，不必使用繁复之标点符号；对中央及各省行文，尽量使用代电，必要时仍照公文程式条例办理。②上述两例中，皆强调尽量使用代电，以求公文办理的迅速。

代电，全称为"快邮代电"，以快速邮递代替电报。清末便已使用，初只对边远偏僻地区不通之地或其紧急程度尚不需拍电报时，即可用快邮代电的方式快速投递，文字简明、扼要，格式、语句均仿效电报，抄写方便，上行、下行或平行均可使用，传递快捷。③代电在抗战胜利后得以迅速发展。

1946年，财政部监政总局颁发《提高行政效能及简化处理公文办法》，规定了几种简化公文处理的办法：一是尽力避免会签；二是各单位主管每两星期集会一次，报告及时讨论彼此有关事项，以便各单位明了全局情形且利于接洽；三是厉行局所订立的新公文程式，拟稿人如不采行由

---

① 《福建省银行总管理处简化公文办法》，《省行通讯》1945年第10卷第6期。
② 《台湾省各机关处理公务分层负责及简化公文办法》，《台湾省行政长官公署公报》1946夏字42。
③ 张宪文、方庆秋等主编：《中华民国史大辞典》，江苏古籍出版社2001年版，第570页。

主管人予以处分；电报应力求简化，等等。①

1948 年，天津市政府颁布《市府简化公文方案》，提出简化的原则：办稿时必须先确定处理办法；权责必须划清以求层次减少；内容必须简单明了；格式力求简化。明确了市长、秘书应判行公文种类型。特别是对公文内容的简化提出具体办法：呈复文件简述来文或免述来文；免述与本案无关之文字；转行公文应简述来文；减少承转文书层次；例稿多订定型文件；转报公文得改用本机关语气，不叙层转例行首尾套语。②

1948 年，《邮局简化公文方法》出台，简化表现为减少公文数量、更改行文方式、文字简化、承转手续简化四个方面。减少公文数量方面，主要是常规公文利用表报，附属机关来文无特殊情况，一般不复；更改行文方式方面，主要规定了总局与附属机关之间行文的一般规定；文字简化方面，主要是上、下行文常用的套语，一概不用，来文不用引叙，公文尽量分段，并加标点；承转手续简化方面，凡登报之公文，不再另行文通令，总局所发命令，由各附属机关转发，收文由收发单位迅即发各承办单位，性质不重要之文件，由各单位代行或迳行。③

（二）简化的基本规律

一是处理时间的缩短。1946 年，首都警察厅发布了《公文处理期限及检查办法》，就期限而言，强调处理公文期限自收文之时起至发出之时止，不得超下列限期：紧急文件八小时；机密及重要文件十八小时；普通文件三十六小时。④ 大体时间分别为半天内、一天内和两天内。

二是公文文字力求简捷。1946 年，国营招商局总经理强调："本局为业务机关，处理业务及公文字句，均应力求简捷，勿染官僚习气，内部行文，尤须摒弃拘泥繁琐字样，对于'钧鉴''奉悉''仰祈''职''经理''叩''呈'等冗文，全宜革除"，并特别重申："如仍再有违犯，当

---

① 《提高行政效能及简化处理公文办法（三十五年八月十六日起施行）》，《盐务月报》1946 年第 5 卷第 9 期。

② 《配合戡乱简化公文程序——改变陈腐作风提高工作效率》，《天津市》1948 年第 7 卷第 7 期。

③ 《邮局简化公文方法略述》，《现代邮政》1948 年第 2 卷第 1 期。

④ 《首都警察厅处理公文办法（民国 35 年三月二十三日起施行）》，《首都警察厅复员……周年纪念专刊》1946 年复员一周年纪念专刊。

予处分。"①

三是答复社会疑问。1947年，天津王叙九呈市政府"公文手续应再简化"书信一则，提出可以省略收文送阅手续，以求手续的简化。主要简化建议有三：一是省略呈阅手续。理由是各局长来文一律交由秘书主任核阅，若正忙于其他事务，则不可能立即批阅。还不如由收发文按来文重要性质直接进行分科，如属重要者，交秘书主任批阅，若属常规例文，直接分科处理，否则，重要与否的文件均掺杂于一起等阅，浪费时间；二是会稿应灵活处理。理由是：会稿由会核科室会完，送还原办稿科室再行呈阅，若在同处办公，尚不迟慢，若办公地点不在一处，则送得迟慢。此种情况，会稿不如由会核室代为呈阅；三是减省人事任免的呈文手续。理由是：人事处规定的任免呈文格式，尚合"简化"原则，惟各局处呈送此类稿件时，辄先送人事处再转收发，此种手续实属多费。建议是直送市府收发股，由收发股迳分人事处。②市府秘书处具文答复："送阅程序，乃一般机关通行之办法。本府由主任秘书代阅，已较迅速多矣，如此一手续，再行省去，恐有偏弊。"③

二 公文登报制度

公文登报制始于晚清，民国成立后，延续这一制度，不同政权机关都曾认定登报公文的法定效力等同于纸质公文，甚至规定以登报公文为准，不另行文。公报所刊登之政府公文，在中央政府则分为法规、令、训令、指令、院令、部令、附录七个项目，在各省政府则通常分为法规、命令、公牍、附录等若干类别。1914年，江西省财政厅曾颁布《公文登报规则》，其要点为刊登公报之公文别为刊登后仍行文与不行文两种，若是刊登后不行文，各科各自备戳记盖于其送交厅长核定，并照稿缮就，另立簿册加以注明等。④

1945年，国民政府召开的中央党政军提高行政交通及行政三联制总检讨会议决议案中就规定："国民政府公布法令及各院部会署公布法规颁

---

① 《总经理重申前意公文字句力求简捷》，《国营招商局业务通讯》1946年第39期。
② 《公文手续应再简化——简化之中不简化的地方》，《天津市》1947年第2卷第6期。
③ 《关于公文手续简化》，《天津市》1947年第2卷第8期。
④ 《财政厅公文登报规则》，《江西财政公报》1914年第4期。

行通令有全国性者一律登载国民政府公报……不别行文。"① 1946年，粤汉铁路局规定，凡在《粤汉半月刊》上所刊登的各种令文均与正式公文同效。② 1946年9月30日，交通部发布训令，规定自即日起，《交通公报》改为每星期出版一次，该公报与正式公文有同等效力。③ 1946年，沈阳市政府实行《"不另行文"公文刊载公报暂行办法》，包括"1. 凡含有普遍性之非机密公文；2. 凡对本府所属机关无时间性之训令；3. 凡对本府所属机关之一般指令；4. 凡对团体或个人营业事业上请求为法律之认许而所准驳之批或通告；5. 凡对人民之请愿陈诉而行准驳之批示；6. 凡公布非紧急性之办法细则或须知。"④

将公报所载公文视同纸质公文为同等效力的做法，不惟与简化公文处理手续有关联，更能从技术与程序层面提升行政工作效率，不失为一种能推动行政改革的有效方法。这一决议通令施行后，确"已收简化公文之效"⑤，但"狃于旧习，未将公报视为到文，致公报上所载有关功令延未执行者，亦所在多有"⑥。针对此，1948年6月4日，行政院令转发国民政府各机关，强调"特重申前令，各机关主管官务须遵照前令，指定办理收发之专责人员按日收阅公报，见有通案及有关该机关之公文告随时剪贴盖戳，作为正式收文依例递办理，免误要政。"⑦ 同样是为了简化公文处理手续及节约物资起见，1948年6月10日，北平市警察局颁布了《北平市警察局公文提登旬报临时办法》，规定提登旬报的公文分为两类：一类是先予行文，再提登旬报；另一类是只提登旬报，不另行文。此两类提登文件可由各处室于签拟文稿时如认为有提登旬报必要者，亦可由秘书室经审核后，加盖

---

① 《中央党政军提高行政效能及行政三联制总检讨会议决议案》，《役政月刊》1945年第1卷第4期。
② 《本刊所登各种令文，均与正式公文同效：局令各单位应妥为保存，在新旧交替时专案移交》，《粤汉半月刊》1946年第9期。
③ 《令所属各机关：本部交通公报与正式公文有同等效力在新旧交替时应专案移交》，《交通公报》1946年第9卷第21期。
④ 《公文刊载公报暂行办法》，《沈阳市政府公报》1946年第1卷第7期。
⑤ 北京市档案局（馆）编：《民国时期北京文书档案工作史料选编》，中国档案出版社2012年版，第493页。
⑥ 同上。
⑦ 同上。

"提登旬刊"及"提登旬刊不另行文"等戳记。①

更有人对公文登报制度大加褒扬,并将之作为公文避免各级政府层转费时的弊病,更甚提倡多设公报局,"中央及省最高行政当局应多设一个公报局,可能的话,并在各地设置公报公局,这些公报局要完全电化,嗣后所有经公报局公布的中央地方重要命令均可作为正式命令,无须再以电文分由各级政府层转分支机构及人民团体。"②

公文登报制度是近代中国报刊发展史上的一个重要里程碑,各级政权机关通过有效的传媒手段与工具,将政府的正式条文、法令、制度等登报公示,一方面可使政府的政令贯彻较之纯纸质传递更为及时与有效,另一方面,通过报刊登载的方式使之晓谕或执行,从而将政府的权威有效地延伸至社会各角落。特别是有时规定,所登报之公文,不另行文,即刻生效,虽然此类公文"实居绝对少数"③,但毕竟还有,这就避免了过于繁冗的处理手续与传递过程,使较为普遍周知的政府法令能为广大民众所知晓,从而使得政治信息的传递避免了层层过滤,保持了某种真实性与完整性。如若忽视公报的作用,必然会产生不良现象,陈国琛总结为:"一、通令或类似通令案件,因怠忽注意,恒易误及'时效',甚或影响整个行政效率;二、指令或类似指令案件,因坐待向例封送指示,致停止进行,或易招致进行错误,亦或再度呈请(指原机关),仍复呈请(指关系机关);三、解释或类似解释案件,原请示机关之原稿归档后,并无复文可资边带查考,偶易办稿人员,即生检阅艰困;四、公报邮递,与公文封发邮递,在邮局处理'打包'手续,本无二致。但收受公文机关,对于要案玩忽漏办部分,恒易文过饰非托辞邮局漏送,希图卸责。"④

尽管如此,借助传媒手段贯彻政令不失为现代国家提升行政效率的重要途径,但这一方式取决于多种基础或前提条件的相对完善与成熟,失此前提,公文登报之理论上的有效亦会流于形式。这些基础或前提条件有哪

---

① 北京市档案局(馆)编:《民国时期北京文书档案工作史料选编》,中国档案出版社2012年版,第494—495页。

② 《谈公文简化与行政区效率》,《闽区直接税通讯》1946年第1卷第8期。

③ 档案学通讯杂志社编:《档案学经典著作》(第一卷),世界图书出版社2013年版,第248页。

④ 同上。

些呢？至少包括"教育普及，民智发达，新闻事业已充分扩展，自属易办"等。问题是，民国时期具备这些条件么？或许从不同的视角而言有不同的解读，据时人观察之，"我国文盲未尽扫除，印刷尚感困难，一般公务人员，亦未养成尊视公报布政令之习惯。"① 言下之意，民国时期的这些基础或前提条件并不具备，如此一来，公文登报制度所传达的政令越往基层，越不易获得，公文登报制度便成为"空中楼阁"。

三　公文用纸的统一

1945年5月31日，国民政府行政院修正《统一各机关公文用纸格式细则》，主要规定了公文封、信封、签呈纸、稿面纸、十行纸、信笺、官电纸、便条、卷宗、收文簿、发文簿的规格与尺寸，以及令、代电、函、咨、呈文种的文面款式。公文用纸的统一，既利于公文的办理与处理，又利于档案的保管，更利于公文处理各手续的统一与完善。但抗战胜利后，1947年，行政院发现不少机关的"公文书写多不如式，用纸尤为参差，亟应予以纠正"②，于是饬令各行政机关今后的行文款式与公文用纸格式必须遵照1945年规定的公文格式办理。

抗战后，上海市警察局的公文用纸格式不一，内容欠完整。光对内用纸、摘由纸均有二种以上之不同格式，会签（对局外）无一定之会笺用纸等。上海市警察局随之进行了改革，分为对内用纸与对外用纸两种情况。对内用纸，改定一种式样，将原来预印全部办理文稿人员之职衔，改为拟稿，核稿，判行三栏以符一稿三章之原则。并专开会稿一栏，以便填注会稿单位名称及签章。摘由纸改为拟办笺，统一式样，并专开主办及会办单位栏等，以便应用。对外公文用纸，除照行政院1938年7月7日制订之公文改良办法规定外，采用单页不列拟办批示等栏外，并仿西式，不画格线，以便伸缩，印黑色名衔，与文字同色，以资一律，并画一其大小，以便装订。③

1946年，台湾省行政长官公署发布训令，指出当前行政机关"处理

---

① 余超原编：《实用公文作法》（第二版），新记书局1947年版，第235页。
② 《统一各机关公文用纸格式细则（三十四年五月三十一日修正）》，《北平市政府公报》1947年版第2卷第13期。
③ 《本局现行公文之革新与实施》，《上海警察》1946年第2期。

文书，办法纷歧，公文用纸，亦感参差什乱"①，规定划一文书整理数点办法。

四 公文传递与保管

（一）公文传递

公文传递迟缓的现象时有发生，某县县长于1946年8月递到民政厅的一份公文，该厅于8月15日送出，递转各厅处核签，但两年过去了，这份公文还没有回到此县长手里。②

1946年6月5日，国民政府黄河水利委员会代电各附属机关，规定了急要公文处理邮递办法。究其缘由，是为："最近黄河堵口复堤工程局报告河南新乡潞王坟石场被破坏一案 该案系发生于5月26日联总所派工程师张季春当日即拟具报告交邮快递 28日下午4时即寄达本会 而该局正式公文于5月29日方始发出 又因交付普通挂号 未用快邮 封面上亦未标明紧急字样 迟至6月3日始行寄到 文内所述另发之辰寝电报更迟迟 迄今尚未到达 延误事机 可以概见"，"推原该局行文迟缓原因 皆由墨守行文惯例 不察轻重缓急"③。基于此，该委员会规定：电报往往较快邮尤为迟缓 如事关紧急 同时应抄稿快递；交邮寄递 凡通航邮处所应用航快 其不通航邮者 应用快递 勿用普通挂号 反致延误；文件封面必须加盖"最急件"戳记 以便收发人员接到时 即可提呈优秀处理。④

（二）公文保管

公文保管方法在南京国民政府成立后所颁发的公文程式中即已提及，后迭经多次强调，保管方法几经修正。但保管不当、保管不善现象时有发生，甚至出现所保管公文（档案）流散现象。1947年，浙赣铁路局发现，在该局附近烧饼店摊，居然用盖有该局印之公文纸类来包裹烧饼。惊诧之下，订立了局公文纸类处理办法，其中之一是嗣后若发现该局所保管之文件档案流落在外者，各该主管及承办人应负连带责任。⑤ 并且，国民政府

---

① 《台湾省行政长官公署训令：为划一文书整理规定须知数点希遵照办理》，《台湾省行政长官公署公报》1946年秋字70。
② 《公文旅行三年不回来》，《社会评论（长沙）》1948年第75期。
③ 《为规定急要公文处理邮递办法由》，《水利委员会季刊》1946年第3卷第2期。
④ 同上。
⑤ 《杜流弊节公物！局订公文纸类处理办法》，《浙赣路讯》1947年第26期。

还对公文档案保管有贡献的人予以褒扬。如某市公用局秘书何骧、荐任科员并管理档案工作之顾柏华等人在抗战期间，国土沦陷之际，设法稳妥保存好公文公物二百一十三箱。抗战胜利后，国民政府行政院发布训令予以嘉奖。①

结　论

从南京临时政府的成立到蒋介石国民政府败退台湾，大陆38年的民国政治起伏跌宕、斑驳陆离。公文革命自1912年民国政府的成立起，就一直随着政治、行政制度的不断变革而处于不断的延续中、演进中、发展中，荣辱共俱、成败皆备，成为促进行政效率提升的重要力量与手段。

一　公文程式与行政效率

偏狭而言，投入与产出的比率即为效率，比率越高，效率越大，即"有效功"是衡量行政效率的唯一指标。不过，这种有效功既有量上的显现，更有质的内涵；既有技术上的改进，更有非技术上的提升。故，作为具体的行政规则，公文程式寓于政治、行政制度的改革中，隐性或非技术的因素占有极其重要的比重。而民国时期的政治、行政制度又表现为近代化与现代民族国家构建等基本特征，体现并且深入展示近代化与现代民族国家的构建，就是公文程式富有行政效率的更深层次的内蕴。

就现代化而言，西方话语体系中构建的现代化研究视角成为剖析中国近代社会的一种有效模式。作为"社会变迁的一种类型"②，现代化不仅限于工业化，也发生在知识增长、政治发展、社会动员、心理适应等方面，还是一种心理态度、价值观和生活方式的改变过程。③中国的近代化有三次较大的发展模式，即从十九世纪下半叶到二十世纪初之初始阶段、

---

①《市政府传令嘉奖何骧、顾柏华、金保贤战时保全公文公物有功》，《公用月刊》1946年第14期。

② 查普夫：《现代化与社会转型》（第2版），陈黎、陆成宏译，社会科学文献出版社2000年版，第135页。

③ 罗荣渠：《现代化新论》，北京大学出版社1993年版，第11—16页。

1911年辛亥革命到1949年革命之游离状态、1979年以后之体制内改革。①而民国时期恰处于第二阶段，即近代化的启动与抉择阶段。反专制与求民主是这一时期的重要特征，而这一时期的公文程式作为行政体系的组成部分，自不例外。

南京临时政府的公文程式创荆辟莽，大胆改革，废除称谓上之恶习与文字上的避讳，以平等的姿态与精神始立民国第一个公文程式，影响深远。北洋政府时期虽出现过短暂的历史倒退，特别是袁世凯为称帝而逐步恢复旧式专制式的公文程式是对民主政体与近代化的公文程式的亵渎，但总的来说，北洋16年统治时期，基本沿用或保留了民初公文程式的许多做法与精神，不失为公文程式的进步。南京国民政府成立后，在公文程式的改进方面更是高歌猛进，政界、学界、社会舆论一起加入讨论公文程式改进的行列中，极大地推动了公文程式的革命。时人曾谓公文革命的原则有三个方面："一是要澄清封建遗毒，培养互助友爱的精神；二是要打倒'推、拉、拖'的师爷积习，建立分层负责的制度；三是要改良公文体裁，以适应时代需要。"② 而1927—1949年的公文程式的改革皆能程度不一地在上述三个方面有所体现，如政府机关对于人民与社会的行文，无论是通知、指示，抑或是执行事项等，向用令，以示权威。而1928年9月7日，国民政府发布训令指出："机关对于人民有所指挥时，得用令；对于陈述事项分别准驳时得用批；宣布事件或有所劝诫时，得用布告……布告与批令均不适用时，自可……采用公函。易言之，凡属通知事项，不具指挥强行之性质，不特机关相互间得用公函，即机关对于人民，亦得用之"③。这已经将公函的使用扩大到了民主平等的政治范畴，是澄清封建遗毒的重要表现。此外，公文用语，尤其是下行文用语譬如致干未便、毋许妄渎、实为恩便等均布满专制时代之上下尊卑口吻，"与党化精神相违背，均宜举一反三，完全屏弃"④，1930年教育部划一教育机关公文格式办法已明文规定加以废弃。故，近代化的转型带来了公文程式的近

---

① 罗荣渠：《现代化新论续篇——东亚与中国的现代化进程》，北京大学出版社1997年版，第108—112页。

② 《论公文革命》，《物调旬刊》1947年第29期。

③ 《公文程式之演进及其撰拟原则》，《盐务月报》1942年第10期。

④ 同上。

代化。①

就民族国家的构建来说，民国时期的公文程式亦有明显的体现。1930年1月17日，行政院公布《蒙藏公文程式》，规定了国民政府、五院、各部会、省及其他机关对于盟旗所使用公文程式的具体规定。由于蒙藏历史上的特殊性，如何更好地将其纳入民国的版图与政制中，实属必要。1930年的国民政府公文程式既"承认其（蒙藏）超然地位，于公文程式中特寓亲睦之意"，又"能团结于国家之内，其意义实未可等闲视之"。②对于少数民族，尤其是其称谓，国民政府亦颇动一番脑筋。由于夷夏观念的历史影响，历代政权对于周边少数民族用蛮、狄、夷、戎等称谓，充满蔑视色彩。1939年，广西省政府发布训令，禁止滥用夷瑶等名称。1939年8月21日，国民政府发布改正少数民族称谓的训令，要求"普通文告，及著作品、宣传品等，对于边疆同胞之称谓，似应以地域为区分……以尽量减少分化民族之称谓"③，并于1940年9月18日，颁布了《改正西南少数民族命名表》④，时人谓之为"此种泯除歧视同胞之界限，纠正分化民族之错误，实为千百年来公文革进之异彩"⑤。此外，公文程式中涉外部分提倡使用本国文字或以本国文字为主，更无疑是现代民族国家构建的极其重要的部分。1931年12月，国民政府为"振起民族精神起见"，针对"近来各机关办理对国外事务所用文件，有仅列外国文并不附本国文译本者；有外国文本国文并列而文义不甚符合者，即易发生误会，且丧失民族精神，实非所宜"⑥的现状，要求各机关今后办理涉外事件应用文牍，须以本国文字为主。这就从符号权威的角度外争国权、提升国家的国际地位。1946年，江汉海关公文开始改用国文实施办法⑦，是在外人操纵极深的领域争取国权的重要体现。因此，公文程式的效率远远大于技术操作的领域，它实际上是政治、行政架构上的一个重要里程碑，并为行政效

---

① 侯吉永曾在多篇文章中阐述了公文程式的近代化问题。
② 《公文程式之演进及其撰拟原则》，《盐务月报》1942年第10期。
③ 同上。
④ 《云南省政府公报》1940年第12卷第91期。
⑤ 《公文程式之演进及其撰拟原则》，《盐务月报》1942年第10期。
⑥ 《令饬办理涉外事件应用文牍须以本国文字为主案》，《南京市政府公报》1932年第47期。
⑦ 《海关公文改用本国文字》，《征信新闻（重庆）》1946年第466期。

率的内在提升提供了规章制度上的保证。

当然,从君主专制走向民主共和的征程并非一帆风顺,民国时期的公文程式仍有罅隙,公文文种的封建集权专制的缩影,如令、呈、批等仍旧承袭旧式用法,故有人称之为民国时期的"公文程式是不民主的"[①]。另外,公文程式虽较晚清已大为简化和便利,但仍不显著,除"国人的保守性大"外,技术上当有一重要原因,即"拟稿部门与缮写部门的分立",细而述之,通常机关里的拟稿工作大部分属于业务行政部分,而缮写工作则属于事务范围。拟稿人既不负缮写责任,因此拟稿时尽可按照公文上规定格式信手直书,层转命令或拟复文稿也只消以"原文全叙"的简例手续塞责了事,至于原文是否值得"全叙",是否只要摘录或根本不提,拟稿人则不加考虑。[②]

二 公文机构(人员)与行政效率

行政效率的提升很大程度上源于行政组织的建立与完善,而行政组织的建立与完善亦有诸多评价指标,能够具备或满足这些指标,即意味着行政组织已经趋于成熟,在其运转过程中,行政效率自能提升。考察这些指标,就必须理解何谓组织。系统理论学派的重要代表人物费里蒙物·卡斯特和詹姆斯·E·罗森茨韦克认为组织是"有目标的,即怀有某种目的的人群;心理系统,即群体中相互作用的人群;技术系统,即运用知识和技能的人群;有结构的活动整体,即在特定关系模式中一起工作的人群。"[③]言下之意,具备目标、心理系统、技术系统、活动整体等要求并能切实运转之,组织即为有效率。而民国时期的行政组织恰处于新旧交替、嬗变更替之际,如何评价这种转变及转变后的行政组织实属困难。不过,当时风靡世界的科学管理理论或许可以给出一点启示。泰罗通过对新旧管理体制的比较,得出了这样的结论:劳动生产率的提高,与其说是依赖于人的因素,不如说是依赖于管理体制。在放任的旧式管理体制下,生产效率低下,而在科学管理体制下,生产效率就提高。换言之,行政组织是否有效

---

① 《彻底改革公文程序建议》,《文藻月刊》1948 年新 1 第 1 期。
② 《谈公文简化与行政效率》,《闽区直接税通讯》1946 年第 1 卷第 8 期。
③ Jay M. Shafrits, J. Steven Ott: Classics of Organization Theory, Third Edition, Brooks/Cole Publishing Company, 1992, pp. 521—522。

率，从科学管理理论角度而言，实在于体制方面。

自民元肇始，公文机构在中央层面和省制层面始终附属于政务厅（处）、秘书厅（处）等，间有文书股、文牍科等专职管理机构，在具体的部会署局等机构中，基本无公文机构，仅设专职人员。这种附属性是与民国行政组织尤其是与中央行政组织的整体性相关，还与行政组织的层级有关。就整体性而言，国民政府成立后的"中央行政组织是整个的，各部及各委员会虽然个别存在……但是他们本身不是有多少单独性，而是构成行政院的分子"①。就层级性而言，与西方政府层级不同的是，中央政府、省政府、县政府，鲜明地构成三个层级，且每个层级之间还有层级隶属。对此，陈之迈作了如下精辟的分析：

> 国民政府对五院下命令，五院对各部会下命令；各部会对五院上呈文，五院又对国民政府上呈文。各部会如果有附属机关，例如经济部的资源委员会，他们对于各部会又须上呈文，各部会对之下命令。所以在中央政府之内也有许多层级，也有许多下命令与上呈文的关系。更重要的，因为各省政府以及隶属于行政院的市政府是属于行政院的，各省市政府与行政院之部会在'行政系统'上遂立于平等的地位。国民政府对于各省市政府固不直接下命令，而必由行政院转令，各部会却不能直接对各省市政府下命令，而只有用平行机关的咨文，唯有行政院才可以对各省市政府下命令。②

附属性使得公文机构并不具备独立行政组织的特征，总是处于辅助机构地位；而层级性则使得公文机构的设置呈现纲张目弛的特征，即普遍性。如此一来，公文机构虽非重要，但属必要，设置趋于常态化、稳定化，且并不随行政机构与行政组织的变动而废弃。公文工作机构设置常态化、稳定化的最大影响是确保了公文工作的连贯性，能充分发挥"组织即力量"③的强大作用。另外，虽不同层级的行政公署设置了不同的公文管理机构，但文书工作机构的设置并非随意而为，在科学管理盛行与政务

---

① 陈之迈：《中国政府》（第二册），商务印书馆1945年版，第3页。
② 同上书，第3—4页。
③ 张金鉴：《行政学提要》，大东书局1946年版，第40页。

处理业务量剧增的时代，尤须注意机构设置的科学性与合理性。因此，灵活公文机构是公文行政基本原则之一。首先，就机构的规模而言，"一人能办之事，决不妄用两人；两人能办之事，决不设股；一股能办之事，决不设科；一科能办之事，决不设处；一处能办之事，决不添置部会"。[①]其次，理顺事权与职责。不同的机构、部门有不同的职责，职责不同即所面对的主管事项不同。如此，理顺其权责关系，不特利于文书机构的合理设置，更利于解决事涉多部出现扯皮、推诿之乱象，即"原案初归甲办，此复分由乙办，或乙处仅况片面理由，误翻甲处原案……等矛盾现象"，[②]并在公文革新实践中，取得一定的成效。然而，由于民国时期的政局多变，行政体制亦变动较大，且不稳定，这对公文机构的设置与管理造成了较大的负面影响，加之机构臃肿、骈枝过多，往复多耗费不必要的时间，终使其不能发挥更大的效用。

提高行政效率，不特有良好、健全的行政组织，更要有负责担当、锐意进取、业务能力强的行政人员，甚至在某种意义上，后者较前者更为重要。民国肇建，立志取法西方，揖美追欧，在行政用人方面移植了西方的文官制度。于是，行政人员的铨叙、任用、奖惩、退休等相关制度遂步制定、实施并完善。从此，中国的公文与档案管理人员在一定程度上摆脱了旧式师爷、幕僚、卷阀等以旧法治卷的弊端，开启了与近代行政相衔接的新式治文牍之旅。尤其是南京国民政府成立以后，对于行政人员的研究、讨论，为公文人员的考选与管理提供了相对完善的理论与技术路线。尤其是具有新知识、新思想、新理念的自由知识分子加入国民政府具体行政业务的处理时，对于"机构的改革、行政院内部的公文处理，行政效率的改革与提高、行政程序的优化以及具备现代化理念等方面无疑产生了一些推动作用"[③]。正因此，公文程式、公文处理、档案保管等始终处于不断地改进中、完善中。公务员制度与公文人员的考选，大大促进了公文处理工作效率的提升，进一步推动了行政效率的提高。

不过，由于政局较为动荡，先后历经九一八事变、抗日战争及国共内

---

① 《文书革命的先头部队》，《地方行政（福建崇安）》1942年第3期。
② 同上。
③ 刘大禹：《国民政府行政院的制度变迁研究（1928—1937）》，社会科学文献出版社2012年版，第175页。

战，公务员制度的稳步推行就大打折扣，"1936年以后就没有对干部制度（公务员制度）的认真构建了"①。加之民国成立后的公文程式虽处于不断的近代化过程中，但旧式文牍的影响始终根深蒂固，新式的公文人员掌握、理解与运用公文程式不惟有一定的难度。更重要的是，民国时期的文官制度只是照搬西方，并未充分考虑到其所实施的社会经济、文化等条件，"正如洋务运动的'中体西用'不可能取得预期的结果一样，这种徒袭皮毛的现代文官制度也不可能达到西方国家那样减少腐败提高效率的目的。"②

三 公文处理与行政效率

就公文行政而言，公文处理最能体现行政效率的量化。民国成立后，历届政权皆制定过公文处理的具体办法，上至中央院部会署，下至省县，内至各单位处局所。尤其是南京国民政府成立后，对于公文处理更是进行了规模较大、成效较为明显的实验、研讨与总结。历经数十年改革、试验，文书处理已有所起色。民国时期公文处理革新的最显著特征是追求简，即程序简、手续简、时间简、人力与物力简。20世纪30年代的行政效率运动与抗战时期的公文改革是其最重要的两大阶段，成效亦较明显。特别是《文书之简化与管理》、《公文处理法》、《县政府公文处理与档案管理》等经典公文处理的理论总结，更是将公文处理上升到了一个前所未有的高度。

不过，以纵向维度来看，民国时期的公文处理的效率并不高。以县级机关为例，民国36年（1947）时，县级公文处理仍须经历12道至14道手续，是为：发收文、内收发收文、分科、交办、拟办、核办、拟稿、核判、交缮、样对、送印、内收发发文、外收发发文、归档；簿册有6种至14种以上。如此一来，公文办理费时、费力、费财。此12道至14道手续，平均每道最少半日，计时已须7日，即使最快速办理，非2日上下不可。若是向下行文，须转令办文能力益差之区乡保甲民；县以上，须呈办

---

① 李毅：《中国社会分层的结构与演变》，安徽大学出版社2008年版，第46页。
② 秦昊扬主编：《民国文官考试制度研究（1912—1949）》，国家行政学院出版社2009年版，第222页。

文手续益繁之署府部院。这样一来，一件公文的单程时间为①：

单程至少为时 ［（2+5）日 –（7以上+5）日］×10 = 70 日→120. 日；往返至少为时（70 日—120 日以上）×2 = 140 日→240. 日

再来看费财数，有人统计某省数县月办公文，在 900 至 1500 件之间，县政府经费，平均最少月支 2000000 元，这样一来每件公文平均每次须费 2000.000+2000 = 1000 元，故每份文件：

单程须费 1000×10 = 10000 元；往返须费 1000×10×2 = 20000 元。

接下来看看办理日常公文须花费多少人力。县府员工兵警约计百人，区乡至少各为 10 人，保至少保长一人，据内政部统计，中国有 2026 县市局，83922 乡镇，776581 保，区数估计为乡数六分之一，即 13970 区。照此统计，中国县区乡保办文人数，计有：

2026×100 人+（13790+83922×10 人）+776581×1 人+1961081 人。几使县区乡保大半人才，耗于办文一事。

由此可见，民国时期的公文处理历经数十年变革，仍未达到从根本上有效提升行政效率的阶段。

四　公文信息交流与行政效率

作为政令传递的工具，公文的实质是一种信息传递，沟通上下层级。无论是公文程式、公文处理，都是在特定的环境中进行信息的双向互动交流。这种双向互动的信息交流，弥漫于中央政府、地方官署、各内属机构及社会团体与公众间。细而论之，民国不同的政权，制定的公文革新办法，通过令的形式向下传递，经由各种途径传递至受传者即地方行政机关及社会民众。在传递的过程中，会出现对办法的疑义或建议，于是通过特定的途径将此信息反馈给中央政府。中央政府根据所反馈的信息，对之前所颁布的公文革新办法进行适度的调整，再传至地方及社会民众。如此周而复始、往复循环，就构成了一个有效的信息传播系统。这一过程，实际上也构成了信息传播的基本要素，即传播者、信息、途径与受传者。② 它带给公文行政的最直接的结果就是：公文程式的不断修正、公文格式的不断调整、公文处理的不断改进，这正是信息交流有效性的体现，虽然这种

---

① 郭培师：《公文改革实验谈（上）》，《政衡》1947 年新 1 第 4 期。
② 倪波、霍丹主编：《信息传播原理》，书目文献出版社 1996 年版，第 89—90 页。

有效性并未完全发挥出来。这种有效性,基于官署间、官署与社会间信息交流的频繁、持久,实际上也是行政效率提升的具体表现。而且,在这一系统中,接受公文及其革新办法,进而接受中央政府权威便形成了较为普遍的共识。中央政府通过自身的政治与法理权威,牢牢地掌握"在这一场域中利害攸关的专门利润的得益权的分配结构中实际的和潜在的处境"①,这样一来就实现了特定的信息传播目的。这一过程,其实完全符合美国政治学哈罗德·拉斯韦尔所提出的信息传播学的5W模型②:

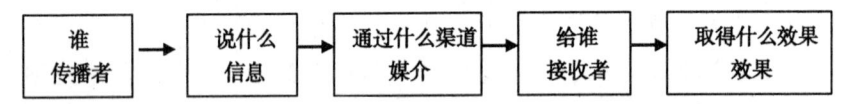

| 谁
传播者 | → | 说什么
信息 | → | 通过什么渠道
媒介 | → | 给谁
接收者 | → | 取得什么效果
效果 |

然而,民国政局始终不太稳定,缺乏一个和平稳定的环境,国家建设自然无从谈起,更不用说公文改革了。加之,国家只仅有表面上的统一,派系斗争激烈、外患迭起、内乱不止,国民政府始终无法获得实质性的统一号召与权威,缺乏"强大政府"的功能。如此一来,千百年来的官场腐败、官僚主义盛行、人浮于事等自无法彻底根除,公文行政染上了"文书政治"的恶习。它讲究"上顶、平推、下压",仅主张公文本身的完善,即文字巧妙、套语合理、手续齐备,而对于公文的内容能否执行,怎么去执行,以及执行效果如何均置若罔闻、抛诸脑后。一旦出现问题,便敷衍塞责、推诿于人;一旦产生效果,便装模作样、急利于己。文书政治所表现于文书本身上即不讲究效率,这是与中国传统政治中的官僚政治息息相关的,甚至说,官僚政治是文书政治的产物与本源。而官僚政治的本质:"第一是孤独、主观的与社会脱节的;第二是除了冀图巩固或扩充个人权位而外,对一切政事都是消极的,以'无为而治'的态度处之。"③

总之,民国时期的公文改革虽仍有诸种不足,但不可否认的是,"经

---

① [法]皮埃尔·布迪厄:《实践与反思:反思社会学导论》,李猛、李康译,中央编译出版社1998年版,第133—134页。

② [英]丹尼斯·麦奎尔、[瑞典]斯文·温德尔:《大众传播模式论》,祝建华、武伟译,上海译文出版社1987年版,第17页。

③ 《"文书政治"与"科学政治"——十月二十五日在桂省府国父纪念周上讲话》,《建设研究》1943年第9卷第3期。

过二三十年的渐进改革，民国晚期的公文与民国早期的公文相比，从内容、形式到语言文字，已经迥然不同，封建文书的影子已不复见，文书处理的程序也较为便捷。这是适应社会潮流的积极、进步的变化。"[1]

---

[1] 裴燕生、何庄、李祚明、杨若荷编著：《历史文书》，中国人民大学出版社2003年版，第441页。

参考文献

Jay M. Shafrits, J. Steven Ott: Classics of Organization Theory, Third Edition, Brooks/Cole Publishing Company, 1992。

《史记·秦始皇本纪》。

汉·王充：《论衡·别通》。

《筹办夷务始末》，同治朝卷二十八。

《清史稿·志九十·职官二》。

冯桂芬：《校颁庐抗议》上卷，《省则例议》、《易吏胥议》。

朱克敬：《瞑庵杂职》卷一，《部胥之权》。

交通部、铁道部交通史编纂委员会：《交通史邮政新编》，民智书局1930年版。

《教育部划一教育机关公文格式办法》，中华书局1930年版。

南京法政讲习所发行：《公文程式诠义》，江苏第一监狱印刷科1931年版。

邹炽昌编：《公文处理法》，世界书局印行1931年版。

周定枚：《公文程式详论》，上海法学编译社1932年版。

江康黎：《行政学原理》，民智书局1933年版。

王权：《邮政》，商务印书馆1933年初版。

张锐、殷菊亭编：《公文程式与保管》，商务印书馆1934年版。

朱雨苍：《标点公文程式》，会文党新记书局1934年版。

曹辛汉、金湛庐编：《实用公文示范》，中华书局1934年版。

张金鉴：《行政学之理论与实际》，商务印书馆1935年版。

孙松龄：《公文要义》1942年版。

朱翊新编著：《现行公文程式集成（全一册）》，世界书局出版1936年版。

秦翰才：《文书写作谭》，耕耘出版社1937年版。

内政部、康驹编：《公文处理法》，中央训练委员会发行1940年版。

参考文献

周连宽编著：《公文处理法》，正中书局1942年版。
甘乃光：《中国行政新论》，商务印书馆1943年版。
吴哲生编著：《行政三联制概论》，正中书局1943年版。
萧文哲：《行政效率研究》，商务印书馆1943年版。
陈之迈：《中国政府》（第二册），商务印书馆1945年版。
郑尧枰：《增进行政效率之方法》，商务印书馆1945年版。
傅振伦：《公文档案管理法》，重庆文通书局1946年版。
孔仲文：《现代公文程式》，光明书局1946年版。
张金鉴：《行政学提要》，大东书局1946年版。
朱博能、陈国熹编辑：《行政经验谈》，开来出版社1946年版。
余超原编：《实用公文作法》（第二版），新记书局1947年版。
甘乃光：《中国行政新论》，商务印书馆1947年版。
金寒英编著：《公文新苑》，中华书局1947年版。
李楚狂：《行政管理之理论与实施》，浙江文化印刷厂1947年版。
徐珂：《清稗类钞》，第11册，胥役类，中华书局1955年版。
朱寿朋：《光绪朝东华录》，中华书局1958年版。
国家档案局明清档案馆编：《戊戌变法档案史料》，中华书局1958年版。
徐中约：《中国近代史》，香港中文大学出版社1970年版。
徐积成编著：《文书管理实务》，台湾黎明文化事业公司1978年版。
《辞海》，上海辞书出版社1980年版。
《中华大字典》，中华书局1981年版。
钱实甫：《北洋政府时期的政治制度》，中华书局1984年版。
邹家炜、董俭等：《中国档案事业简史》，中国人民大学出版社1985年版。
潘嘉主编：《中国文书工作史纲要》，档案出版社1985年版。
《清实录》（第30册），中华书局1985年版。
《孙中山全集》（第2卷），中华书局1986年版。
《孙中山全集》（第9卷），中华书局1986年版。
秋宗鼎：《蒋介石的侍从室纪实》，《文史资料选辑》第81辑，中国文史出版社1986年版。
中国第二历史档案馆编：《民国时期文书工作和档案工作资料选编》，

档案出版社1987年版。

［美］阿尔蒙德等：《比较政治学：体系、过程和政策》，曹沛霖等译，上海译文出版社1987年版。

［英］丹尼斯·麦奎尔、［瑞典］斯文·温德尔：《大众传播模式论》，祝建华、武伟译，上海译文出版社1987年版。

吉林省档案馆：《吉林省大事记（1912—1931）》，1988年版。

李进修：《中国近代政治制度史纲》，求实出版社1988年版。

《辞源》，商务印书馆1988年版。

陕西省邮电管理局邮电志编纂室编：《陕西省邮电史志资料》（第二辑），1988年版。

张玉法：《中国现代政治史论》，东华书店1989年版。

陈国琛：《文书之简化与管理》，档案出版社1990年版。

张樑任：《中国邮政》（上卷），民国丛书（第二编），上海书店1990年版。

中国第二历史档案馆编：《中华民国史档案资料汇编》（第2辑），江苏古籍出版社1991年版。

罗荣渠：《现代化新论》，北京大学出版社1993年版。

代继华、谭力、栗时勇：《中国职官管理史稿》，法律出版社1994年版。

赵世瑜：《吏与中国传统社会》，浙江人民出版社1994年版。

山西邮电志编纂委员会：《山西邮电志》，山西人民出版社1995年版。

倪波、霍丹：《信息传播原理》，书目文献出版社1996年版。

张我德，杨若荷、裴燕生编著：《清代文书》，中国人民大学出版社1996年版。

罗荣渠：《现代化新论续篇——东亚与中国的现代化进程》，北京大学出版社1997年版。

戴逸主编：《中国近代史通鉴（1840—1949）》，第1卷，红旗出版社1997年版。

［法］皮埃尔·布迪厄：《实践与反思：反思社会学导论》，李猛、李康译，中央编译出版社1998年版。

宁波市邮电局编著：《宁波市邮电志》，上海社会科学院出版社1999

年版。

刘广生、赵梅庄编著：《中国古代邮驿史》，人民邮电出版社1999年版。

白寿彝总主编：《中国通史 第12卷近代后编（1919—1949）》（上册），第2版，上海人民出版社1999年版。

聂中东主编：《中国秘书史》，中州古籍出版社2000年版。

王铭主编：《公文选读》，辽宁大学出版社2000年版。

王铭：《文书学理论与文书工作》，武汉大学出版社2000年版。

查普夫：《现代化与社会转型》（第2版），陈黎、陆成宏译，社会科学文献出版社2000年版。

胡春惠：《民初的地方主义与联省自治》，中国社会科学出版社2001年版。

张宪文、方庆秋等主编：《中华民国史大辞典》，江苏古籍出版社2001年版。

昌文彬：《陈诚主政湖北研究（1938—1944）》，湖北人民出版社2002年版。

[美] W. 理查德·斯格特：《组织理论》（第4版），黄洋等译，华夏出版社2002年版。

[日] 织田万：《清国行政法》，李秀清、王沛点校，中国政法大学出版社2003年版。

徐绍敏、李统祜：《档案立法研究》，浙江大学出版社2003年版。

裴燕生、何庄、李祚明、杨若荷编著：《历史文书》，中国人民大学出版社2003年版。

仇润喜、阎文启编著：《天津的邮驿与邮政》，天津古籍出版社2004年版。

茅海建：《天朝的崩溃：鸦片战争再研究》，生活·读书·新知三联书店2005年版。

曹成建：《地方自治与县政改革（1920—1949）》，四川人民出版社2006年版。

杨剑宇：《中国秘书史》，上海人民出版社2007年版。

王铭：《文种钩沉》，中国档案出版社2007年版。

董丛林：《晚清社会传闻研究》，人民出版社2007年版。

孙藜：《晚清电报及其传播观念（1860—1911）》，上海世纪出版集团 2007 年版。

李毅：《中国社会分层的结构与演变》，安徽大学出版社 2008 年版。

章猷才：《民国初年社会结构论稿》，人民出版社 2009 年版。

秦昊扬主编：《民国文官考试制度研究（1912—1949）》，国家行政学院出版社 2009 年版。

钱端升等：《民国政制史》（上、下册），上海人民出版社 2011 年版。

谢俊美：《东亚世界与近代中国》，上海人民出版社 2011 年版。

邓小南、曹家齐、平田茂树主编：《文书·政令·信息沟通》（上、下册），北京大学出版社 2012 年版。

北京市档案局（馆）编：《民国时期北京文书档案工作史料选编》，中国档案出版社 2012 年版。

王春英著：《民国时期的县级行政权力与地方社会控制：以 1928—1949 年川康地区县政整改为例》，四川大学出版社 2012 年版。

刘大禹：《国民政府行政院的制度变迁研究（1928—1937）》，社会科学文献出版社 2012 年版。

方新德：《国民政府时期浙江县政研究》，浙江大学出版社 2012 年版。

许金华：《社会变迁与乡村革命（1860—1928）：赣南农民暴动的源起研究》，江西人民出版社 2013 年。

［美］周永明：《中国网络政治的历史考察：电报与清末时政》，尹松波、石琳译，商务印书馆 2013 年版。

档案学通讯杂志社编：《档案学经典著作》，世界图书出版社 2013 年版。

李村：《世风十像：民国学人从政记》，生活·读书·新知三联书店 2013 年版。

沈蕾：《民国时期公文程式研究》，世界图书出版公司 2014 年版。

《江督裁汰书吏札文》，《选报》1902 年第 8 期。

《兵部遵旨裁革书吏折》，《鹭江报》1904 年第 79 期。

《书吏难裁》，《新民丛报》1904 年汇编。

《署粤督奏请裁广东驻京提塘改设交报局片》，《政治官报》1911 年 2 月 22 日。

《内务部咨行各部及通令所公文程式》,《临时政府公报》1912年1月30日。

《总统府收发处通告》,《临时政府公报》1912年2月15日。

《法制局荐任职员名单》,《临时政府公报》1912年2月11日。

《陆军部总长布告禀函文件须署名以明责任文》,《临时政府公报》1912年2月13日。

《总统府秘书处设立揭事处的广告》,《临时政府公报》1912年2月14日。

《内务部拟定公文用折及封套式样答各部暨各都督文》,《临时政府公报》1912年2月27日。

《外交部职员名单》,《临时政府公报》1912年2月28日。

《令内务部通知各官署革除前清官厅称呼文》,《临时政府公报》1912年3月2日。

《内务部职员名单》,《临时政府公报》1912年3月2日。

《大总统宣布南京府官制公布》,《临时政府公报》1912年3月10日。

《财政部办事通则》,《临时政府公报》1912年3月12日。

《江宁巡警厅质询内务部行用公文程式往复函件》,《临时政府公报》1912年3月13日。

《实业部职员名单》,《临时政府公报》1912年3月14日。

《司法部办事通则》,《临时政府公报》1912年4月2日。

《蜀军政府镇抚使夏之时呈请核示公文程式电文》,《临时政府公报》1912年第44期。

《科学》1912年第2卷第1期。

《行政编查馆奏定府厅州县地方自治章程》,《国风报》1912年3月31日。

《咨文：东督等咨呈国务院东省司道等官衔名请鉴核备案文》,《政府公报》1912年5月11日。

《部令：外交部部令第四号（中华民国元年十一月二十七日）：兹定本部收发文件办理规则》,《政府公报》1912年第213期。

《北洋政府公报》1912年5月初三日第3期。

《咨覆国务院嗣后文件由邮局递送无庸改设递文局文》,《北洋政府公报》1912年5月3日。

《临时大总统令》,《政府公报》1912 年第 190 期。

《国务院呈大总统酌拟公文书程式令变通办法请批示遵行文并批》,《政府公报》1912 年 11 月 13 日。

《政府公报》1912 年 7 月 18 日。

《政府公报》1912 年 11 月 30 日。

《政府公报》1912 年 12 月 2 日。

《司法部文件保存细则》,《司法公报》1912 年第 2 期。

《民政:规定民政长对于团体人民之公文程式》,《江苏省公报》1912 年第 66 期。

《外交部通行嗣后往来文件改由邮局径寄文》,《临时公报（北京）》1912 年第 3 卷第 10 期。

《政府公报》1913 年 1 月 9 日。

《临时大总统令（中华民国 2 年一月八日）:划一现行各省地方行政官厅组织令》,《政府公报》1913 年 1 月 9 日。

《各县知事各货物税公所各厘局各警察厅:特制各项公文书程式并印模范纸通颁遵照》,《江苏省公报》1913 年第 109 期。

《纪事:本省纪事:警厅饬遵公文程式》,《警务丛报》1913 年第 2 卷第 18 期。

《民政长训令:令省外各县知事及分县:饬省外各知事递报公文应按邮局定章》,《贵州政治公报》1913 年第 30 期。

《省行政公署训令:江苏省训令第四百七十二号（各行政议事机关查照省颁公文书程式毋庸依据旧例）》,《江苏自治汇报》1913 年第 1 卷第 1 期。

《工商部批批字四五六号（中华民国 2 年二月五日）》,《政府公报》1913 年 2 月 17 日。

《国务院致各省都督兼民政长各省民政府长电（附各省行政公署暂行办事章程）》,《政府公报》1913 年 3 月 23 日。

《院令:国务院院令第二十号（中华民国 2 年十一月一日）:国务院秘书厅分课办事规则、国务院秘书厅第一课办事细则等》,《政府公报》1913 年第 538 期。

《政府公报》1913 年 9 月 7 日。

《政府公报》1913 年 10 月 21 日。

《政府公报》1913年12月2日。

《陆军总长段祺瑞呈大总统拟定护军使暂行条例暨各省军事长官公文程式章程缮具清摺请鉴核文并批》,《政府公报》1913年12月21日。

《浙江行政公署布告指定官用纸处所：照式印制公文纸并分别划定价目由》,《浙江公报》1913年12月28日。

《本省省令：民政：江苏省行政公署训令（中华民国2年十二月十五日）：令淮扬观察使、徐州观察使各货物税公所、厘捐局等：公文书用纸条例程式》,《江苏省公报》1913年第191期。

《呈省长文（请求县智囊公署与本地方商会往来公文应用何种程式）》,《宝山共和杂志》1913年第6期。

《本省法令：省长训令制定公文书程式条例》,《上海公报》,1913年第3期。

《本省法令：省长训令各行政议事机关查照省颁公文书程式毋庸依据旧例》,《上海公报》1913年第4期。

《本省法令：民政：江苏省行政公署训令第六百四十二号（中华民国2年二月十八日）：令各县知事各货物税公所各厘局各警察厅：特制各项公文书程式并印模范纸通颁遵照》,《江苏省公报》1913年第109期。

《甘肃公报》1913年第236期。

《财政厅公文登报规则》,《江西财政公报》1914年第4期。

《农商部录事规则》,《政府公报》1914年3月1日。

《游戏诗：杂咏（新定官署公文程式）》,《余兴》1914年第3期。

《部令：农商部布告第一号（中华民国3年一月二十二日）：查公文书程式业于元年十一月六日奉大总统令公布》,《政府公报》1914年1月24日。

《大总统令（中华民国3年五月五日）：教令第五十八号：大总统府政事堂机要局官制》,《政府公报》1914年第717期。

《政府公报》1914年5月5日。

《政府公报》1914年5月8日。

《政府公报》1914年5月15日。

《政府公报》1914年5月17日。

《北洋政府公报》1914年8月4日。

《政府公报》1914年8月17日。

《政府公报》1914年8月30日。

《政府公报》1914年第717期。

《政府公报》1914年第743期。

《大总统申令（中华民国3年七月六日）：都统府官制》，《政府公报》1914年7月7日。

《大总统府政事堂公文程式令》，《政府公报》1914年第738期。

《政府公报》1914年12月4日。

《临时法制院办事规则》，《政府公报》1915年1月12日。

《农商部通咨各省民政长、各省都统、各驻外公使订定农工商总分各会公文程式请分别饬遵文》，《政府公报》1914年第609期。

《交通部致各部院各省都督、民政长函（三年五月初四日）：清理官电欠费办法由》，《邮传公报》1914年第5期。

《呈批：邮局寄递军队及衙署公件公电章程》，《邮传公报》1914年第6期。

《法政学报》，1914年第2卷第10期。

《政府公报》1915年2月5日。

《政府公报》1915年4月25日。

《政府公报》1915年5月2日。

《政府公报》1915年8月11日。

《浙江公报》1914年第680期。

《江苏省公报》1914年第312期。

《本县县令：训令十九市乡总乡董暨各局处所奉颁公文书用纸条例程式》，《上海公报》1914年第16期。

《政府公报》1915年10月1日。

《内务公报》1915年第19期。

《陆军部呈拟请变通壮威将军等公文程式仰祈示遵文并批令》，《政府公报》1915年第1236期。

《司法公报》，1915年第42期。

《浙江巡按使公署饬第五千四百三十一号（中华民国4年十二月八日）：通饬准交通部咨请饬属嗣后交寄公文应照章交邮接转并劝谕民局前赴邮局挂号由》，《浙江公报》1915年第1381期。

《江苏省公报》1916年第964期。

《各县司法公文归承审员兼办咨（咨各都统）》，《司法公报》1916年第52期。

《政府公报》1917年第363期。

《政府公报》1917年第367期。

《政府公报》1917年第370期。

《政府公报》1917年第371期。

《政府公报》1917年第373期。

《政府公报》1917年第376期。

《政府公报》1917年第399期。

《政府公报》1917年第384期。

《政府公报》1917年第441期。

《政府公报》1917年第448期。

《京师教育报》1917年第42期。

《国务院秘书厅官制》，《政府公报》1917年第4031期。

《督军署训令各属为邮局限制寄递文件优益办法由》，《兵事杂志》1918年第49期。

《咨：内务部咨各省长、各都统、川边镇守使等厘定警察官署公文程式划一规则通行查照文（中华民国7年十二月三十日）》，《政府公报》1919年1月8日。

《浙江省长咨交通部准咨已再通令嗣后发寄公文概交邮局递送并将各县知事传谕申斥咨复查照文（中华民国8年三月六日）》，《交通月刊》1919年第30期。

《浙江省长公署训令第一千九百五十六号（中华民国8年九月二十六日）：令各道道尹：准交通部咨嗣后公文邮件须赴邮局挂号不得向民局私寄》，《浙江公报》1919年第2692期。

《江苏省公报》1920年第2283期。

《浙江教育》1920年第3卷第8期。

《中华教育界》1920年第9卷第4期。

《政府公报》1920年9月30日。

《政府公报》1920年10月18日。

《政府公报》1921年5月14日。

《江苏省公报》1922年第3077期。

《政府公报》1922年6月10日。

《努力周报》1922年第21期。

《铁路公报 京汉线》，1922年第50期。

《京兆尹薛笃弼呈内务总长送改订京兆各县行政公署组织章程缮摺祈鉴文》，《政府公报》1925年第3231期。

《浙江民政月刊》1927年第1期。

《奉天公报》1927年3月28日。

《江西省政府秘书处组织法》，《江西省政府公报》1927年第1期。

《浙江民政月刊》1927年第1期。

《江苏省政府公报》1927年第4期。

《浙江省政府公报》1927年10月22日第136期。

《政府公报》1927年7月12日。

《江西省政府公报》1927年第1期。

《省政府通令各机关嗣后公文用纸及各项印件统向官印刷局购备以昭划一文》，《河南行政月刊》1927年第3期。

《省政府组织法》，《江苏省政府公报》1927年第10期。

《重庆市市政公报》1928年第1期。

《内政公报》1928年第1卷第6期。

《江苏省政府农工厅总务科文书股办事细则》，《农工公报（镇江）》1928年第3期。

《内政公报》1928年第1卷第6期。

《江苏省农矿厅农矿公报》1928年第3期。

《暨南周刊》1928年第3卷第8期。

《市政公报》1928年第17期。

《河北省政府公报》1928年第31期。

《修正省政府组织法》，《江苏省政府公报》1928年第33期。

《镇江县政公报》1929年第2期。

《铁道部训令各厅司会及各路局注意改良处理文书各点遵照办理由》，《南浔铁路月报》1929年第7卷第10期。

《铁路月刊 津浦线》1930年第1卷第3期。

《文书处理规则》，《暨南校刊》1930年第69期。

《璧山县县政公报》1931年第9—10期。

《行政院处务规程》,《行政院公报》1929年第25期。

《令宜昌林场据呈请准予暂用旧式公文用纸已悉姑准暂时沿用文》,《农矿月刊》1929年第5期。

《浙江省政府公报》1929年第537期。

《绍兴县公报》1929年第41期。

《湖北各部队编遣特派员办事处公报》1929年第1期。

《吉林省教育会月报》1929年第7期。

《训练部整理文书暂行办法》,《训练(福州)》1929年第8期。

《行政院处务规程》,《行政院公报》1929年2月27日第25号。

《中国国民党浙江省余姚县党部工作年刊》1929年12月。

《华北水利月刊》1930年第3卷第4期。

《天津特别市教育局教育公报》1930年第22期。

《湖北教育厅公报》1930年第1卷第17期。

《江阴县政公报》1930年第27—28期。

《湖南民政刊要》1930年第15期。

《通令各机关为规定官文书保存期限转令遵照由(不另行文)》,《宝山县政公报》1930年第23期。

《转知凡来往文书及拟订法规关于名称等不得减省文字通告(中华民国19年八月二十九日)》,《党务月刊》1930年第6期。

《军政部处理文书规则》,《军政公报》1930年第69期。

《山东财政公报》1931年第3卷第2期。

《北宁铁路改革文书制度之成功》,《交大季刊》1932年第9期。

《正太铁路管理局处理文书程序》,《铁路月刊 正太线》1932年第2卷第7期。

《令饬办理涉外事件应用文牍须以本国文字为主案》,《南京市政府公报》1932年第47期。

《浙江省建设月刊》1932年第6卷第5期。

《关于文书事务之讨论》,《交行通信》1933年第3卷第6期。

《京沪沪杭甬铁路日刊》,1933年第765期。

《怎样提高行政效率》,《时代公论(南京)》1934年第95期。

《用科学方法研究行政效率》,《科学的中国》1934年第3卷第12期。

《省府合署办公办法大纲(南昌行营于七月五日以治字八五七五号训

令遵办）》，《湖北省政府公报》1934年第50期。

《省府合署办公制之利弊》，《北平周报》1934年第92期。

《用科学方法研究行政效率》，《科学的中国》1934年第3卷第12期。

李朴生：《公文改革底商榷》，《行政效率》1934年8月1日第3号。

《行政效率》1934年第1卷第2期。

《行政效率》1934年第1卷第3期。

《行政效率》1934年第1卷第5—6期。

《行政效率》1934年第1卷第9期。

《行政效率》1934年第1卷第10期。

《行政效率》1934年第1卷第11期。

《行政效率》1934年第4卷第8期。

《行政效率》1934年第4卷第11期。

《行政效率》1935年第2卷第1期。

《行政效率》1935年第2卷第3期。

《行政效率》1935年第2卷第4期。

《行政效率》1935年第2卷第5期。

《行政效率》1935年第2卷第6期。

《增进县行政效率的几个先决问题》，《行政效率》1935年第2卷第7期。

《行政效率》1935年第2卷第11期。

《行政效率》1935年第3卷第1期。

《行政效率》1935年第3卷第2期。

《行政效率》1935年第3卷第3期。

《行政效率》1935年第3卷第5期。

《如何促进行政效率》，《警醒》1935年第2卷第11—12期。

《如何方可增进行政效率》，《江汉思潮》1935年第2卷第5期。

《如何增进县行政效率》，《苏衡》1935年第1卷第3期。

《行政院通过推行简体字》，《教与学》1935年第1卷第1期。

《我对于所谓简体字之意见》，《中华周刊》1935年第530期。

甘乃光：《公文及档案等处理问题》，《云南民政月刊》1935年第24期。

《湖南省主席何键反对推行简体字》，《论语》1935年第77期。

《县府和省府的合署办公——我国地方行政的组织》，《民间（北平）》1935年第1卷第18期。

《省府合署办公》，《监政周刊》1935年第127—128期。

《文书档案连锁试验中公文用纸之改革》，《行政效率》1935年2卷第1期。

《省政府合署办公暂行规程（民国二十五年十月二十四日行政院公布）》，《浙江省政府公报》1936年第2784期。

《湖北公路月刊》1936年第一卷第一期。

《社会杂写——简体字的反对论》，《中国社会》1936年第2卷第3期。

《三年来闽省政府文书管理及人事管理之改革》，《福建县政》1937年第2卷第2期。

《浙江自治》1937年第2卷第5期。

《公文改革的几个实验》，《行政研究》1937年第2卷第7期。

《省府合署办公》，《独立评论》1937年第230期。

《从现行政制说到省府合署办公》，《浙江自治》1937年第2卷第5期。

《中华民国临时政府公文程式暂行条例》，《政府公报（北平）》1938年第1期。

《省府合署办公制度之研讨》，《政治建设》1939年第1卷第2—3期。

《处理公文应用科学管理之商榷》，《抗震与交通》1939年第18/19期。

《广东省政府限期处理公文办法》，《广东省政府公报》1939年第445期。

《处理文书手续述要》，《西南公路》1939年第57期。

《杂志》1939年第5卷第5期。

《划一中央各机关处理公文办法》，《国民政府公报》1940年第48期。

《政府法规：公文程式制令（成纪七三四年三月三十一日公布）》，《厚和特别市公署市政月报》1940年5月。

《云南省政府公报》1940年第12卷第91期。

《公文内容的简单化》，《新公务员》1940年创刊号。

《从推行新县制谈到县公文改革》,《地方行政》1940 年第 4—5 期。

《文书内容改革意见》,《新公务员》1940 年创刊号。

《厚和特别市公署暂行办理文书规程》,《厚和特别市公署市政月报》1940 年 4 月。

《抗建大业中之灵活政府喉舌问题（下）：统一全国专署县市政府文书管理办法》,《地方建设》1941 年第 1 卷第 6 期。

《幕僚人员怎样处理公文》,《训练月刊》1941 年第 3 卷第 1 期。

《改夏县政府文书登记手续的刍见》,《新西南》1941 年第 1 卷第 12—13 期。

《县政府公文处理程序的研讨》,《行政与训练月刊》1941 年第 1 卷第 2 期。

《修订江西省政府处理公文程序》,《江西省政府公报》1941 第 1209 期。

《战时文书管理与行政效率》,《地方行政（广东曲江）》1941 年第 2 卷第 1 期。

《公布制定苏北行政专员公署公文程式暂行规程之件（附暂行规程）》,《苏北公报》1941 年第 22 期。

《文书革命的先头部队》,《地方行政（福建崇安）》1942 年第 3 期。

《公文程式之演进及其撰拟原则》,《盐务月报》1942 年第 10 期。

《两年来之行政三联制》,《陆军经理杂志》1942 年第 4 卷第 6 期。

《改良文书之建议》,《中央训练团团刊》1943 年第 173 期。

《对文书处理的几点意见》,《训练与服务》1943 年第 1 卷第 5—6 期。

《改革处理公文办法》,《国民政府公报》1943 年第 503 期。

《行政三联制之检讨》,《新福建》1943 年第 2 卷第 5—6 期。

《改良文书之建议》,《中央训练团团刊》1943 年第 173 期。

《一年来之文书》,《川滇东路运输局月刊》1943 年第 12 期。

《公司征求文书人员》,《简讯》1943 年第 714 期。

《中央法规：特种考试文书人员考试规则（三十三年七月二十九日考试院公布）》,《四川省政府公报》1944 年第 277 期。

《"文书政治"与"科学政治"——十月二十五日在桂省府国父纪念周上讲话》,《建设研究》1943 年第 9 卷第 3 期。

黄旭初：《"文书政治"与"科学政治"》，《建设研究》1943 年第 9 卷第 3 期。

《江西省各县乡（镇）公所文书处理办法》，《江西省政府公报》1944 年第 1299 期。

《湖北省各县政府文书处理办法》，《湖北省政府公报》1944 年第 501 期。

《如何建立合理的文书体系》，《缉政月刊》1944 年第 1 卷第 1 期。

《中央党政军提高行政效能及行政三联制总检讨会议决议案》，《役政月刊》1945 年第 1 卷第 4 期。

《役政月刊》1945 年第 1 卷第 4 期。

《文书简化办法》，《资源委员会公报》1945 年第 9 卷第 1 期。

《公布本部文书手续简化办法》，《交通公报》1945 年第 8 卷第 9 期。

《处理文书简化之管见》，《江苏民政》1946 年第 1 卷第 2 期。

《北平市政府分层负责文书简化实施程序》，《北平市政府公报》1946 年第 1 卷第 10 期。

《文书处理改进杂议》，《法商学报》1947 年第 1 卷第 1 期。

《如何建立合理的文书体系》，《缉政月刊》1944 年第 1 卷第 1 期。

《修正教育部缮写人员工作比赛办法（第三三五三八号部令公布，三十三年九月十二日修正）》，《教育部公报》1944 年第 16 卷第 7 期。

《福建省银行总管理处简化公文办法》，《省行通讯》1945 年第 10 卷第 6 期 。

《公文刊载公报暂行办法》，《沈阳市政府公报》1946 年第 1 卷第 7 期。

《谈公文简化与行政区效率》，《闽区直接税通讯》1946 年第 1 卷第 8 期。

《本刊所登各种令文，均与正式公文同效：局令各单位应妥为保存，在新旧交替时专案移交》，《粤汉半月刊》1946 年第 9 期。

《令所属各机关：本部交通公报与正式公文有同等效力在新旧交替时应专案移交》，《交通公报》1946 年第 9 卷第 21 期。

《公文竞赛》，《是非》1946 年第 7 期。

《台湾省各机关处理公务分层负责及简化公文办法》，《台湾省行政长官公署公报》1946［夏字 42］。

《首都警察厅处理公文办法（民国35年三月二十三日起施行）》，《首都警察厅复员……周年纪念专刊》1946年复员一周年纪念专刊。

《总经理重申前意公文字句力求简捷》，《国营招商局业务通讯》1946年第39期。

《胡知之反对中国公文》，《海燕》1946年新7。

《蒋经国论公文》，《一周间（上海1946）》1946年第5期。

《本局现行公文之革新与实施》，《上海警察》1946年第2期。

《福建省政府文书处理竞赛实施办法》，《闽政导报》1946年第38期。

《处理文书简化之管见》，《江苏民政》1946年第1卷第2期。

《提高行政效能及简化处理公文办法（三十五年八月十六日起施行）》，《盐务月报》1946年第5卷第9期。

《本局现行公文之革新与实施》，《上海警察》1946年第2期。

《台湾省行政长官公署训令：为划一文书整理规定须知数点希遵照办理》，《台湾省行政长官公署公报》1946年［秋字70］。

《为规定急要公文处理邮递办法由》，《水利委员会季刊》1946年第3卷第2期。

《市政府传令嘉奖何骧、顾柏华、金保贤战时保全公文公物有功》，《公用月刊》1946年第14期。

《海关公文改用本国文字》，《征信新闻（重庆）》1946年第466期。

陈养晦：《公文程序讲义》，《中流（镇江）》1946年第4卷第7、8期。

《公文手续应再简化——简化之中不简化的地方》，《天津市》1947年第2卷第6期。

《统一各机关公文用纸格式细则（三十四年五月三十一日修正）》，《北平市政府公报》1947年版，第2卷，第13期。

郭培师：《公文改革实验谈（上）》，《政衡》1947年新1第4期。

《论公文革命》，《物调旬刊》1947年第29期。

《关于公文手续简化》，《天津市》1947年第2卷第8期。

《沈阳市政府缮写人员奖惩标准》，《沈阳市政府公报》1947年第2卷第7期。

《中央法规：文书处理竞赛实施办法纲要》，《浙江省政府公报》1947

年第 3426 期。

《中央法规：缮写工作竞赛实施办法纲要》，《浙江省政府公报》1947 年第 3426 期。

《中央法规：档案管理工作竞赛实施办法纲要》，《浙江省政府公报》1947 年第 3426 期。

《杜流弊节公物！局订公文纸类处理办法》，《浙赣路讯》1947 年第 26 期。

《废除公文程式》，《经纬生活》1947 年第 1 卷第 5 期。

《邮局简化公文方法略述》，《现代邮政》1948 年第 2 卷第 1 期。

《配合戡乱简化公文程序——改变陈腐作风提高工作效率》，《天津市》1948 年第 7 卷第 7 期。

《公文旅行三年不回来》，《社会评论（长沙）》1948 年第 75 期。

《彻底改革公文程序建议》，《文藻月刊》1948 年新 1 第 1 期。

《改善行政公文刍议》，《中国评论》1948 年第 7 期。

《浙江公文革命》，《廓清》1948 年第 1 卷第 9 期。

《节省人力物力时间，局颁办法简化公文程式——呈令函等一律改称公文，局内局外分别定期实行》，《浙赣路讯》1948 年第 322 期。

《请各级行政机关努力公文程式简化节省时间人力物力》，《浙江省政府公报》1949 年［春字 52］。

殷钟麒：《文书档案连锁办法的主要内容和批判》，《档案工作》1958 年第 2 期。

李柞明：《袁世凯时期北洋政府文书工作制度》，《历史档案》1983 年第 2 期。

李柞明：《1916 年后北洋政府的文书制度》，《历史档案》1983 年第 4 期。

于桐：《北洋政府的文书和文书工作制度》，《档案学通讯》1984 年第 6 期。

辛白：《公文程式杂议》，《秘书之友》1985 年第 1 期。

张瑞良：《文书、文件、公文概念之异同》，《秘书之友》1987 年第 4 期。

顾文栋：《民国时期贵州邮政事业的发展》，《贵州文史丛刊》1989 年第 4 期。

茆邦寿：《文书定义评说》，《档案学通讯》1998年第4期。

郭卫东：《"照会"与中国外交文书近代范式的初构》，《历史研究》，2000年第3期。

丁海斌、葛宏源：《从〈二十五史〉看中国古代档案名词的演变》，《档案学通讯》2003年第2期。

许纪霖：《近代中国的公共领域：形态、功能与自我理解——以上海为例》，《史林》2003年第2期。

孙武：《蒋介石手令处理规程考略》，《民国档案》2004年第2期。

杨玉昆：《民国时期北平市政府的一次缮写打字竞赛》，《北京档案》2004年第8期。

孙宏云：《行政效率研究会与抗战前的行政效率运动》，《史学月刊》2005年第2期。

徐辛酉：《"行政效率运动"对中国近代档案学产生的影响》，《山西档案》2006年第4期。

刘文鹏：《清代驿传体系的近代转型》，《清史研究》2003年第4期。

何庄：《历史文书、档案人员地位变迁的政治分析》，《档案学通讯》2006年第6期。

侯吉永：《民国时期的通电公文》，《四川档案》2007年第6期。

林绪武、奚先来：《南京国民政府的省政府合署办公问题探析》，《南开学报》2007年第6期。

苏全有：《论清末的裁驿》，《重庆邮电大学学报》2008年第1期。

胡元德：《古代公文程式解析》，《档案与建设》2008年第2期。

王雪华：《清代官弱吏强论》，《武汉大学学报》（人文科学版），2008年第3期。

侯吉永：《南京临时政府档案中的公文纸式及程式变革述论》，《档案管理》2009年第4期。

王芹：《民国公文程式演变的内在规律》，《秘书》2009年第12期。

赵彦昌：《中国古代档案工作者地位变迁考》，收录于瞿林东、葛志毅主编《史学批评与史学文化》，黑龙江人民出版社2009年版。

沈蕾：《民国时期的"公文程式"考辨》，《北京档案》2010年第2期。

林琳：《我国新式标点符号诞生的几个问题》，《湖南科技学院学报》

2010 年第 2 期。

夏维奇:《排拒与接纳:晚清朝野关于自建电报的论争——从中国首条自建电报线问题说起》,《学术研究》2010 年第 9 期。

李全德:《从堂帖到省札——略论唐宋时期宰相处理政务的文书之演变》,《北京大学学报》(哲学社会科学版)2011 年第 2 期。

周联合:《论新县制的体制性腐败》,《广东社会科学》2011 年第 5 期。

赵彦龙、李晶:《西夏公文程式初探》,收录于杜建录主编《西夏学》(第八辑),上海古籍出版社 2011 年版。

何庄:《古代公文文种变迁原因探析》,《档案学通讯》2012 年第 3 期。

侯吉永:《民国公文的白话化转型》,《汉语言文学研究》2014 年第 4 期。

侯吉永:《民国时期的"文书政治"刍议》,《档案》2014 年第 6 期。

龙廷彰:《公务员铨叙与行政效率》,国立武汉大学第四届毕业论文,1934 年。

傅荣校:《南京国民政府前期(1928—1937)行政机制与行政能力研究》,博士学位论文,浙江大学,2004 年。

郑金钢:《"文书转述"与清代地方行政运作》,博士学位论文,中国人民大学,2007 年。

王双见:《20 世纪 40 年代四川省"新县制"研究》,硕士学位论文,西南大学,2007 年。

王斌:《湖南邮政研究(1899—1937)》,硕士学位论文,湘潭大学,2008 年。

史雷:《晚清民国关中地区邮政发展研究——以邮政局所的变迁为中心》,硕士学位论文,陕西师范大学,2012 年。

胡贝贝:《民国时期陕西邮政发展研究——以 1931—1945 年为中心的考察》,硕士学位论文,延安大学,2013 年。